2015
개정 교육과정
고등학교

내신+대학수학능력시험 대비

단원별 문제집

성공적인 직업생활

(주) 삼양미디어

CONTENTS

차례

Ⅳ 취업과 창업

Ⅴ 근로관계와 산업안전

Ⅵ 직업윤리와 직업 사회

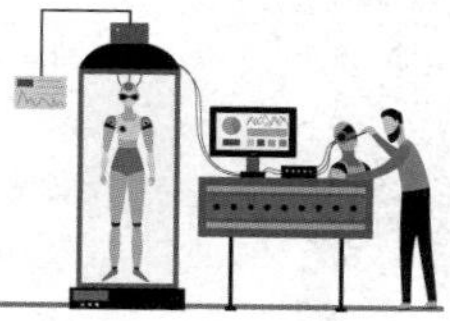

I 일과 직업생활

01 일과 직업의 가치

02 직업생활의 의미

03 생애 발달과 직업적 성공

01 일과 직업의 가치

1 일과 직업의 개념

(1) 일의 개념

❶ 자신이나 다른 사람을 위해 어떤 가치를 창조하는 의도적인 활동
❷ 휴식과 놀이 또는 여가 활동을 제외한 모든 생산적인 활동
❸ 우리의 몸과 마음을 건강하게 하는 힘
❹ 일을 통해 얻어지는 적당한 피로감과 성취감은 삶의 원동력이 됨.

《 일(Work)
인간의 생활 속에서 일어나는 모든 활동을 비롯하여 직업의 영역도 포함

(2) 직업의 개념

❶ 사회 구성원으로서 생계유지를 위하여 자신의 적성과 능력에 따라 일정 기간 지속적으로 종사하여 보수를 얻는 활동
❷ 생계유지를 위한 경제적 안정 외에도 자아실현과 사회 활동 참여의 기회를 제공
❸ 어떤 직업을 선택하느냐에 따라 삶의 방향이 달라짐.

《 직업(Job)
경제적 소득을 얻기 위한 활동으로, 불로소득(직접 일을 하지 않고 얻는 수익)이나 취미 활동과는 구별

(3) 직업의 요건

❶ **계속성:** 매일, 매주, 매월 등 주기적으로 활동
❷ **경제성:** 경제적인 거래 관계가 성립되어 수입이 있는 활동
❸ **윤리성:** 비윤리적이거나 반사회적인 활동이 아닌 이익 추구 활동
❹ **사회성:** 사회적 기여와 공동체에서의 의미 있는 활동

(4) 일과 직업의 차이

일	직업
• 경제적인 대가를 받지 않는 모든 활동 예 가사, 학업, 봉사, 취미 활동 등 • 직업과 같은 경제적 대가를 받고 하는 모든 활동	• 일정한 기간을 두고 지속적으로 수행하는 경제적 활동 • 주어진 직무와 역할을 수행하는 사회적 활동

《 '청소하기'라는 일과 관련된 직업의 예
가사도우미, 환경미화원, 청소 대행업, 청소용품 판매업 등

(5) 직업의 의미

경제적 측면
• 개인에게 일할 기회를 제공하여 경제적 활동을 할 수 있게 함.
• 일의 대가로 소득을 얻기 위해 직업을 가지고, 직업을 통해 생계를 유지

사회적 측면
• 사회의 구성원으로서 직업에 따라 나누어진 각자의 역할을 수행
• 조직적이고 유기적인 분업 관계 속에서 직업을 통해 사회 발전과 유지에 도움

심리적 측면
• 자신의 능력을 발휘하여 사회적으로 인정받을 수 있음.
• 개인의 잠재적 능력, 소질, 적성 등을 계발하여 이상을 실현하고, 욕구를 충족

2 일과 직업의 가치

(1) 일의 가치

❶ 일은 사람을 건강하게 해 주는 힘이자 원동력

❷ 사회의 한 일원으로서 일한다는 것은 자신의 존재 이유와 함께 인생의 주인공이 바로 자신이라는 주인의식을 갖게 함.

> **책임의식**
> 직업에 대한 사회적 역할과 직무를 충실히 수행하고 책임을 다하는 것

▶ 일을 즐겁고 재미있게 할 때
▶ 관심 있는 일에 완전히 집중하여 자신의 역량을 최고로 발휘할 때
▶ 현재 하는 일에서 보람과 의미를 느낄 때

→ **일에 대한 행복감과 가치 상승**

(2) 직업의 가치

❶ 직업은 생활에 필요한 경제적인 가치를 창출

❷ 자신의 능력을 발휘할 기회를 제공

❸ 동료들과 함께하는 협력적 관계를 통해 공동체적인 만족감을 줌.

> **워라밸**
> 워크 앤 라이프 밸런스(Work and Life Balance)의 줄임말로, 일과 개인의 삶 사이의 균형을 이르는 말

적성과 재능을 살리고, 보람과 가치를 느낄 수 있는 직업을 선택하여 행복한 직업생활을 하는 것

⇄ **행복한 삶을 위해 매우 중요**

자신에게 맞는 일을 찾아 직업으로 연결하는 일에 최선을 다해야 함.

(3) 직업 가치관

❶ 직업생활을 통하여 충족하고자 하는 욕구 또는 상대적으로 중요시하는 것

❷ **내적 직업 가치관과 외적 직업 가치관의 차이**

내적 직업 가치관	외적 직업 가치관
자신의 내적인 만족과 사회적 기여를 중시하는 것 예 사회봉사, 자아실현, 즐거움, 보람 등	외부적으로 주어지는 보상과 특권을 중요하게 생각하는 것 예 명예, 지위, 능력 인정, 보수 등

❸ 직업과 관련된 다양한 욕구 및 가치들에 대해 상대적으로 무엇을 얼마나 더 중요하게 여기는가를 살펴보고, 그 가치가 충족될 가능성이 높은 직업을 탐색하는 것이 중요

> **가치관**
> 가치에 대한 관점. 사회 현상이나 인간 생활과 관련된 여러 일들을 판단하는 기준

Tip 어떤 일을 할 때 행복할까?

사람마다 일에 대한 가치 기준이 다르겠지만 하고 싶은 일을 즐겁고 재미있게 할 때, 하고 있는 일에 온전히 집중하고 몰입하여 자신의 역량을 최고로 발휘하며 목표를 성취해 낼 때, 자신이 하는 일이 누군가에게 보탬이 되고 이 사회를 발전시키며 이롭게 한다는 보람과 의미를 느낄 때 일에 대한 행복감과 가치는 더 높아질 수 있다.

Step A 실력 점검 문제

01 일과 직업의 가치

01 다음에서 설명하는 개념은?

> 인간의 생활 속에서 일어나는 모든 정신적 또는 육체적 활동이다.

① 진로 ② 경제 ③ 직업 ④ 관습 ⑤ 일

02 다음 (   ) 안에 들어갈 말을 쓰시오.

> (   )은(는) 생계유지를 목적으로 일정 기간 동안 지속적으로 행하는 경제적 활동을 의미한다.

(   )

03 일에 대한 설명으로 옳지 않은 것은?

① 우리의 몸과 마음을 건강하게 하는 힘이다.
② 자신이나 다른 사람을 위해 어떤 가치를 창조하는 의도적인 활동이다.
③ 직업활동은 일의 영역에 해당하지 않는다.
④ 삶의 원동력이 되는 성취감과 만족감을 가질 수 있는 활동이다.
⑤ 자원 봉사 활동과 가사 노동은 일에 해당한다.

04 직업에 대한 설명으로 옳은 것은?

① 현재의 여러 직업은 앞으로 없어지지 않을 것이다.
② 개인의 행복하고 건강한 삶과는 관계없다.
③ 취미나 여가를 즐기기 위한 활동이다.
④ 개인 일상에서의 모든 활동이 직업에 속한다.
⑤ 생계를 유지하는 수단인 동시에 사회적 역할을 하는 것이다.

05 다음 중 옳은 것은 ○표, 틀린 것은 X표 하시오.

(1) 직접 일을 하지 않고 얻는 수익(불로소득)이 있다면 직업 활동에 속한다. (   )
(2) 일의 영역에는 취미 활동, 학업, 직업 등이 포함된다. (   )
(3) 직업은 노동의 대가 외에도 자아실현과 사회 활동 참여의 기회를 제공한다. (   )

06 직업의 요건에 해당하지 않는 것은?

① 전문성 ② 계속성
③ 경제성 ④ 사회성
⑤ 윤리성

07 다음에서 설명하는 직업의 요건은 무엇인지 쓰시오.

> 고등학교의 급식실에서 조리사로 일하면서 경제적 대가(보수)를 받아 가족을 부양하고 생계를 유지한다.

(   )

08 보기 에서 직업의 의미에 해당하는 것을 모두 고르시오.

> **보기**
> ㉠ 윤리적 측면 ㉡ 경제적 측면 ㉢ 사회적 측면
> ㉣ 인간적 측면 ㉤ 심리적 측면

(   )

09 직업의 요건에서 사회성에 해당하는 것은?

① 개인에게 일할 기회를 제공하여 경제적 활동을 할 수 있게 한다.
② 사회의 구성원으로서 직업에 따라 나누어진 각자의 역할을 수행한다.
③ 일의 대가로 소득을 얻기 위해 직업을 가진다.
④ 비윤리적이거나 반사회적인 활동이 아닌 이익 추구 활동을 수행한다.
⑤ 자신을 위해 어떤 가치를 창조하는 의도적인 활동을 수행한다.

10 다음 내용은 직업의 의미 중 어떤 측면에 해당하는지 쓰시오.

- 자신의 능력을 발휘하여 사람들에게 인정받을 수 있다.
- 개인의 잠재적 능력, 소질, 적성 등을 계발하여 이상을 실현하고, 욕구를 충족시킨다.

( )

11 직업의 의미 중 생계유지 수단으로 임금을 받는 것과 관계있는 설명은?

① 직무를 통한 자신의 능력 인정 욕구 충족
② 사회 구성원들과의 교류를 통한 사회적 역할 수행
③ 소속감을 가지고 사회 발전에 기여하는 사회적 역할
④ 자신의 재능과 적성을 발휘하여 자아실현 욕구 충족
⑤ 가족을 부양하고 개인의 삶을 풍부하게 하는 고용 안정

12 다음 ( ) 안에 들어갈 말을 쓰시오.

( )은(는) 직업생활을 통하여 충족하고자 하는 욕구 또는 상대적으로 중요시하는 것을 말한다.

( )

13 다음 내용에 해당하는 것을 보기 에서 고른 것은?

자신의 내적인 만족과 사회적 기여를 중요하게 생각하는 직업 가치관

보기

㉠ 지위	㉡ 보수	㉢ 자아실현
㉣ 명예	㉤ 즐거움	㉥ 재능 기부

① ㉠, ㉡, ㉣
② ㉠, ㉡, ㉤
③ ㉡, ㉢, ㉣
④ ㉢, ㉤, ㉥
⑤ ㉣, ㉤, ㉥

14 다음에서 설명하는 것은 무엇인지 쓰시오.

명예, 지위, 능력 인정, 보수 등 외부적으로 주어지는 보상이나 특권 등의 가치를 중요하게 생각하는 직업관이다.

( )

Step B 수능 대비 문제

문제 해결의 길잡이

《 일의 개념과 의미를 파악하는 문제이다.

일의 의미를 정확하게 이해하고, 다양한 일의 종류를 구분해야 한다.

01 다음 글을 읽고 보기 에서 일에 해당하는 것을 모두 골라 묶은 것은?

일이란 몸이나 정신을 써서 가치를 창조하는 모든 활동을 의미한다. 일 대신 노동이라는 용어를 사용하기도 한다.

보기

㉠ 저녁을 먹은 후 설거지를 하였다.
㉡ 수업 시간에 수학 문제를 열심히 풀었다.
㉢ 몸이 피곤하여 집에서 하루 종일 누워 있었다.
㉣ 학교 도서관에서 책을 정리하는 봉사 활동을 하였다.
㉤ 토요일 오후에는 농구를 좋아하는 친구들과 만나 시합을 한다.

① ㉠, ㉡, ㉢ ② ㉠, ㉡, ㉣ ③ ㉠, ㉢, ㉤
④ ㉠, ㉡, ㉣, ㉤ ⑤ ㉠, ㉢, ㉣, ㉤

《 직업이 지닌 계속성, 경제성, 사회성, 윤리성 등에 관한 문제이다.

직업과 일을 구분하는 능력이 필요하다. 또한, 경제적인 활동이라 할지라도 직업에 속하지 않는 활동과 직업의 차이점도 이해해야 한다.

02 다음 글과 관련하여 직업의 의미를 바르게 설명한 것은?

- A는 모 월간지에 정기적으로 기고하고, 때때로 소설을 발표하기도 하는 작가이다. A의 아내는 학교에서 학생을 지도하는 진로 교사이다. A는 스스로 작업 시간과 휴식 시간을 조절할 수 있기 때문에 가사노동을 분담하고, 학교에 다니는 두 아이를 챙기기도 한다.
- B는 정부 투자 기관에서 금융 관련 업무를 담당하다 정년을 맞아 은퇴한 후 연금을 받아 생활한다. 증권에 관심이 많아 주식 투자를 하며, 주말마다 경마장에 가서 경기를 보고, 소액을 투자하여 배당을 받기도 한다.

① A는 글을 써서 생활하므로, A의 모든 글쓰기는 직업 활동에 해당한다.
② A의 아내가 학생들과 상담하고 진로를 제시하는 것은 직업 활동이다.
③ A의 자녀는 학생이므로 학교에서 열심히 공부하는 것은 직업 활동이다.
④ B가 연금을 받는 것은 금융인으로서 일한 대가이므로, 직업 활동에 해당한다.
⑤ B가 주식에 투자하거나 경마에서 소득을 얻는 것은 직업 활동의 결과이다.

>> 정답과 해설 | 138쪽

03 다음은 직업의 의미와 역할을 도표로 구분한 것이다. 그 설명이 <u>잘못된</u> 것은?

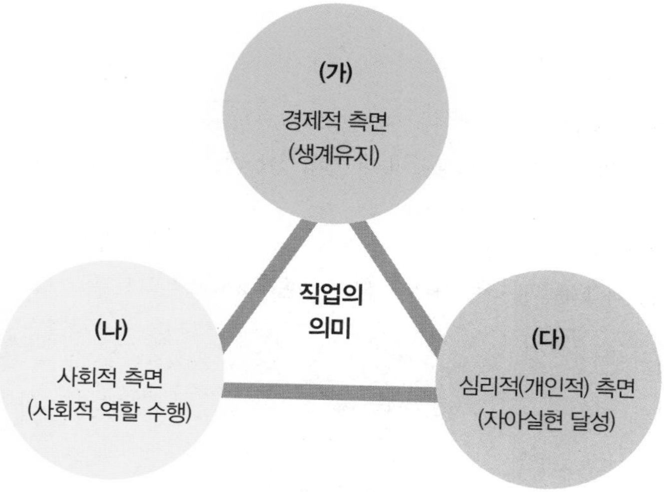

① (가) 측면이 해결되어야 심리적 측면도 안정될 수 있다.
② (나) 측면은 개인의 잠재적 재능과 적성을 발휘하는 것을 목표로 한다.
③ (나) 측면을 달성하기 위해서는 개개인이 사회에 대한 소속감을 지녀야 한다.
④ (다) 측면은 개인의 능력을 발휘하고, 자신의 한계를 극복하는 경험과 관계 깊다.
⑤ 매슬로(Maslow)의 인간 욕구 5단계 이론에서 (가)는 하위 욕구, (다)는 상위 욕구에 해당한다.

문제 해결의 길잡이

« 직업의 경제적, 사회적, 심리적(개인적) 의미와 역할에 관한 문제이다.
직업이 지닌 생계유지와 직결된 경제적 측면, 사회적 역할 분담과 관련된 사회적 측면, 그리고 자아실현과 관련된 심리적(개인적) 측면을 이해하는 것이 필요하다.

04 다음 글의 밑줄 친 결론과 같은 관점을 지닌 주장을 보기 에서 골라 묶은 것은?

나의 적성에 맞는 즐거운 직업, 나의 재능을 맘껏 발휘할 수 있는 직업, 그 일을 통해 보람과 가치를 느끼고 찾을 수 있는 직업을 선택하여 행복한 직업생활을 하는 것은 인생에서 행복한 삶을 위한 매우 중요한 부분이다. 따라서 <u>우리는 자신에게 맞는 일을 찾아 직업으로 연결하는 일에 최선의 노력을 다해야 한다.</u>

보기

㉠ "일하지 않는 영혼은 타락한다." – 알베르 카뮈
㉡ "땅은 너로 인하여 저주를 받고 너는 종신토록 수고하여야 그 소산을 먹으리라." – 구약성서(창세기)
㉢ "나는 평생 단 한 번도 재미없는 일을 한 적이 없다. 그것은 모두 재미있는 놀이였다." – 토머스 에디슨
㉣ "가장 좋아하고 가장 잘할 수 있는 일을 찾아라. 그리고 그에 대한 대가를 지급할 사람을 찾아라." – 캐서린 화이트혼
㉤ "일에는 두 종류가 있다. 첫째는 지표면에 놓인 물질의 상대적 위치를 바꾸는 것이고, 둘째는 다른 사람들에게 그렇게 하게 시키는 것이다." – 버트런드 러셀

① ㉠, ㉢　② ㉠, ㉣　③ ㉡, ㉢
④ ㉢, ㉣　⑤ ㉣, ㉤

« 직업을 통해 재능과 적성을 발현함으로써, 행복한 삶을 누릴 수 있음을 파악하는 문제이다
의무나 강제에 의한 노동, 생계유지만을 목적으로 한 직업 활동 등의 한계점을 파악하고, 일과 직업이 행복 추구와 자아실현의 수단임을 이해해야 한다.

02 직업생활의 의미

1 다양한 직업생활

« 직업생활과 학교생활의 차이
- 직업생활
  - 일에 대한 평가와 주어진 일을 감당해 내야 하는 근로의 의무가 주어짐.
  - 능력 발휘 여부에 따라 기회가 주어짐.
  - 노동력을 제공하고, 그에 대한 보수를 받음.
  - 다양한 수직 · 수평의 사회적 복합 관계 형성
  - 조직의 목표를 위해 일함.
- 학교생활
  - 배움에 대한 대가를 지불
  - 특별한 의무가 존재하진 않음.
  - 교사와 학생의 단순한 관계
  - 교육 성취 목표에 따라 배움에 충실하기
  - 성취 목표에 따른 학업 능력에 대한 평가
  - 다양한 배움의 기회가 조건 없이 주어짐.

« 직무
직업상 직위에 따라 배당된 업무(일)를 말하는 것으로, 직무에는 직무 수행과 관련된 권한과 책임이 따름.

« 직위
직무에 따라 규정되는 사회적 · 행정적 위치

(1) 일의 내용과 직업생활

❶ **사회와 산업 환경의 변화:** 직업생활이 다양화, 전문화, 세분화되고, 새로운 직업의 탄생과 기존 직업의 소멸이 반복됨.

❷ **직업의 분류:** 한국 표준 직업 분류(직능 수준 중심), 한국 고용 직업 분류(직능 형태 중심)

예 한국 표준 직업 분류에 따른 사무직, 생산직, 판매 서비스직의 분류

사무직	생산직	판매 서비스직
• 경영 및 회계 관련 사무직 • 금융 및 보험 사무직 • 법률 및 감사 사무직 • 상담/안내/통계 및 기타 사무직	• 식품 가공 • 섬유 및 신발 • 화학, 금속 및 비금속 • 기계제조 관련 기계 • 전기 및 전자 • 운전 및 운송 • 상/하수도 및 재활용 • 목재/인쇄 및 기타	• 영업직 • 매장 판매직 • 방문/노점 및 통신 판매 관련직

예 한국 고용 직업 분류에 따른 건설 분야의 관련 직업

구분	일의 내용	관련 직업
건설	건축, 토목, 조경과 관련된 건물이나 구조물 및 각종 기반 시설 등을 만드는 일	측량 전문가, 철골공, 철근공 및 콘크리트공, 조적공 및 석공, 미장공 및 방수공, 단열공, 배관공

❸ **바람직한 직업생활:** 자신의 성격, 흥미, 가치관, 적성과 능력, 지식 등이 직업생활의 직무나 주요 업무로 연결되는 것

(2) 직업 환경 변화와 직업생활

❶ **산업 구조의 변화**
- 소득 수준의 향상과 서비스 질에 대한 욕구가 높아짐.
- 서비스업의 비중이 높아지고, 농림어업의 비중은 낮아질 전망
- **유망 서비스업 관련 분야:** 정보처리, 통신, 사회복지, 사업지원, 여행, 운송, 방송 및 공연 등

❷ **정보화와 세계화**
- 미래는 지식과 정보가 산업의 흐름을 좌우하는 시대가 될 것으로 전망
- **정보화와 교통수단의 발전:** 세계화를 가속화시키고 국가와 국가 규제 완화
- 전 세계를 대상으로 새로운 부가가치를 창출해 내는 개인의 지식과 경험을 활용한 콘텐츠 생산 능력이 중요

❸ **친환경주의**
- **화석 에너지 사용 제한:** 지구 온난화에 따른 이상 기후 현상을 줄이고, 환경 보호를 위해 석유, 석탄, 가스 등의 사용을 줄이는 추세

- **대체 에너지 개발:** 태양광, 풍력, 지열, 조력 등을 이용한 전기 생산
- 환경을 지키며 자원과 에너지를 활용하는 산업을 발전시키는 녹색 성장의 중요성 강화

(3) 일의 장소 및 방식과 직업생활

❶ **직업생활의 중요한 요소:** 근무 장소, 근무 형태, 근무 시간, 근무 방법 등의 근무 환경은 직업의 만족도에 큰 영향

❷ **근무 환경의 다양화:** 기술의 발전과 제도의 변화로 시간과 공간의 제약이 사라지면서 근무 환경도 다양한 형태로 변화

❸ **근무 형태와 일하는 방식의 예**

구분		방식
근무 형태	전일제 근무	하루 종일 정해진 시간을 일한다.
	시간제 근무	자신이 원하는 만큼 전일제 근무보다 짧은 시간을 일한다.
근무 장소	재택근무	사무실이나 특정 장소가 아닌 자신의 집에서 일한다.
근무 시간	탄력 근무	하루에 정해진 시간을 근무하되 출근과 퇴근 시간이 자유롭다.
	선택근무	주 5일을 근무하되 주 40시간 범위에서 1일 근무 시간을 자유롭게 조정할 수 있다.

≪ 기간제 근로자와 무기계약 근로자의 차이
- 기간제 근로자: 근로 계약 기간의 종료일을 미리 정하여 그 근로 계약의 종료일까지만 고용하는 근로 계약을 체결한 근로자
- 무기계약 근로자: 근로 계약 기간의 종료일을 정하지 않고 기한 없이 고용하는 근로 계약을 체결한 근로자로 정규직과 비정규직의 중간 형태

2 직업생활의 의미와 중요성

(1) 직업생활의 의미

❶ **직업생활:** '일'에 대한 보상이 이루어지는 '직업'을 수행하는 과정에서 일어나는 모든 사회적 활동

❷ **개인의 행복과 사회 발전:** 다양하게 변화하고 있는 직업생활의 모습은 개인의 행복뿐 아니라 사회 구조의 유지 및 발전적인 측면에서도 매우 중요

(2) 개인적 측면에서 직업생활의 중요성

❶ **생계유지:** 일에 대한 보상(경제적 수입)은 개인으로 하여금 스스로 생계를 책임지는 독립적이고 주체적인 존재로서 자존감을 느끼게 함.

❷ **자아실현:** 자신의 능력을 맘껏 발휘할 수 있는 직업생활은 자존감과 자기 효능감은 물론이고 무한한 잠재력을 발휘할 수 있는 기회

❸ **인격수양:** 협동과 나눔, 배려와 절제, 책임, 성실과 같은 태도들은 직업생활의 어려운 문제들을 해결하고 극복하는 과정에서 개인의 인격을 더욱 성숙하게 갖추는 데 도움

≪ 자존감
자신을 소중하고 가치 있는 존재로 생각하는 마음

≪ 자기 효능감
어떤 일을 성공적으로 수행할 수 있을 것이라는 개인의 능력에 대한 믿음

(3) 사회적 측면에서 직업생활의 중요성

❶ **소속감:** 직장인으로서의 소속감은 여러 사람과 관계를 형성하고 발전시켜 나가면서 직업이 갖는 의미와 보람을 한층 더 높여주는 중요한 요소

❷ **사회적 역할:** 직업생활을 통해 사회 구성원으로서의 책임과 역할을 다할 때 개인에게는 나누고 봉사하는 공헌의 기회가 주어지고 사회는 더욱 발전

Step A 실력 점검 문제

02 직업생활의 의미

01 직업생활에 대한 설명으로 옳은 것은?

① 직업생활은 직장의 종류, 주어지는 업무, 직장의 장소나 일하는 방식이 대부분 비슷한 모습으로 나타날 수 있다.
② 자신에게 맞는 회사나 일, 근무하고 싶은 환경이나 분위기 등은 직업을 선택할 때 중요한 조건과 기준이 될 수 없다.
③ 하나의 직업으로 정년을 보장해주는 시기까지 안정적으로 일하는 것이 미래의 직업생활 중 하나일 것이다.
④ 직장의 고용 형태는 크게 기간제와 계약직으로 구분한다.
⑤ 개인의 능력과 환경에 따라 두세 개의 일을 동시에 할 수도 있는 다중 직업 시대가 가능해졌다.

02 다음 (　　) 안에 공통으로 들어갈 말을 쓰시오.

> 직업상 직위에 따라 배당된 일을 말하는 것으로, (　　) 에는 (　　) 수행과 관련된 권한과 책임이 따른다.

(　　　　　　)

03 직업생활에 대한 설명으로 옳지 않은 것은?

① 사회성 또는 대인 관계가 중요하다.
② 취미나 여가를 즐기기 위한 활동이다.
③ 수입을 얻기 위한 경제 활동이다.
④ 넓은 의미에서 일에 포함된다.
⑤ 학교생활은 포함되지 않는다.

04 변화하는 직업 세계에 대한 설명으로 옳지 않은 것은?

① 고용 관계의 유연화
② 서비스업 비중 감소
③ 새로운 기술을 적용한 일자리 증가
④ 산업 구조의 변화 가속
⑤ 인구 구조의 급격한 변화

05 다음에서 설명하는 것은?

> 정규직과 비정규직의 중간 형태로, 근로 계약 기간의 종료일을 정하지 않고 기한 없이 고용하는 근로 계약을 체결한 근로자이다.

① 시간제 근로자
② 기간제 근로자
③ 계약직 근로자
④ 무기계약 근로자
⑤ 자유 시간제 근로자

06 다음에서 설명하는 것은 무엇인지 쓰시오.

> 근로 계약 기간의 종료일을 미리 정하여 그 근로 계약의 종료일까지만 고용하는 근로 계약을 체결한 근로자이다.

(　　　　　　)

07 직업생활에 대한 설명으로 옳지 않은 것은?

① 사회의 한 구성원으로서의 직업생활은 개인의 행복뿐 아니라 사회 구조의 유지 및 발전적인 측면에서도 매우 중요하다.
② 삶의 목표를 달성하고 가치 있는 것을 만들어내기 위하여 행하는 정신적 · 육체적 활동을 '일'이라고 정의할 때, 그에 대한 보상이 이루어지는 것을 '직업', 그리고 그러한 활동이 일어나는 모든 사회적 활동을 '직업생활'이라고 할 수 있다.
③ 일에 대한 보상으로 얻어지는 경제적 수입은 개인으로 하여금 자신의 생계를 사회에 의존하게 하는 수동적인 모습을 느끼게 한다.
④ 일하는 과정에서 각자 자신의 능력을 맘껏 발휘할 수 있는 직업생활은 무한한 잠재력을 통해 자신의 꿈을 이뤄나갈 수 있는 최고의 기회가 된다.
⑤ 직장인으로서의 소속감은 여러 사람과 관계를 형성하고 발전시켜 직업이 갖는 의미와 보람을 한층 더 높여준다.

08 사회적인 측면에서 직업생활의 중요성에 대한 설명으로 옳은 것을 모두 고르면?

① 직업생활은 개인에게 생계유지의 수단이다.
② 직업생활은 자아실현의 기회를 제공한다.
③ 몸과 마음으로 익히는 협동과 나눔, 배려와 절제, 책임, 성실과 같은 태도들은 직업생활에서의 어려운 문제들을 해결하고 극복할 수 있게 공동체감을 높여주고 개인의 인격을 더욱 성숙하게 한다.
④ 조직화되고 분업화된 사회 속에서 개인이 각자의 직업생활을 통해 사회 구성원으로서의 책임과 역할을 다할 때 개인에게는 나누고 봉사하는 공헌의 기회가 주어지고 사회는 더욱 발전될 수 있다.
⑤ 직장생활은 개인의 소속감 욕구를 충족시켜준다는 점에서 사회적 의미가 있다.

09 다음에서 설명하는 것은 무엇인지 쓰시오.

> 어떤 일을 성공적으로 수행할 수 있을 것이라는 개인의 능력에 대한 믿음이다.

( )

10 다음에서 설명하는 개념은?

> 자신을 소중하고 가치 있는 존재로 생각하는 마음이다.

① 자존감
② 자신감
③ 사명감
④ 존재감
⑤ 이기심

11 다음 중 옳은 것은 ○표, 틀린 것은 X표 하시오.

(1) 직업생활에서의 성실함과 수입은 개인의 행복한 삶에 영향을 줄 수 있다. ( )
(2) 일반적으로 개인의 삶에서 많이 시간을 보내는 것은 취미 · 여가 생활이다. ( )
(3) 앞으로 우리가 일하는 모습과 방식은 더욱 다양해질 것이다. ( )

12 직업생활의 바람직한 모습으로 옳지 않은 것은?

① 직업생활 자체의 가치를 올바르게 이해해야 한다.
② 자신의 직무 수행에 대해 책임감을 가져야 한다.
③ 자신의 일이 적성이나 능력에 맞지 않으면 최대한 빨리 그만두는 것이 좋다.
④ 직업에 대한 의미를 스스로 부여하고, 즐거운 마음으로 생활한다.
⑤ 자신이 하는 일에 흥미를 갖고 전문성을 갖기 위해 노력한다.

Step B 수능 대비 문제

02 직업생활의 의미

문제 해결의 길잡이

《 **직업생활의 변화 양상을 묻는 문제이다.**
신 기술의 발달, 경제의 개방화, 인구 구조의 변화 등 환경적, 사회적 측면의 변화도 고려해야 한다.

01 최근 직업생활 변화의 유형을 나타낸 것이다. 이와 관련한 설명으로 잘못된 것은?

- 산업 · 직업의 변화
- 조직 · 근무 형태의 변화
- 생활 양식과 경력 유형의 변화

① 전문직과 사무직의 비중이 높아지고, 여성 경제 활동 인구가 증가하였다.
② 적성과 흥미, 가치관을 실현할 수 있는 업무에 지원하려는 경향이 강해졌다.
③ 농업과 제조업이 산업에서 차지하는 비중이 감소하고 서비스업이 증가하였다.
④ 환경과 봉사, 웰빙에 대한 관심이 높아지는 등 새로운 생활 양식이 등장하였다.
⑤ 시간제 근무, 탄력 근무제 등이 줄어들고, 전일 근무제가 일반화하여 고용 안정성이 높아졌다.

《 **고졸 취업률 증가에 따른 부정적 측면과 그 개선 방안을 알아보는 문제이다.**
고졸 취업자에 대한 취업 환경 개선, 임금 격차 해소, 사회적 인식 변화 등 종합적인 관점에서 문제 해결 방안을 모색해야 한다.

02 다음은 고졸 취업률 증가에 관한 신문 기사이다. 고졸 취업률 증가에 따른 부작용 개선책으로 거리가 먼 것은?

교육부는 직업계 고등학교 졸업생 취업률이 17년 만에 50%대를 회복했다고 밝혔다. 졸업자의 취업률을 조사한 결과 50.6%로 전년(47.2%)보다 3.4% 높아졌으며, 학교 유형별로 마이스터고 취업률은 93.0%, 특성화고는 50.8%, 일반고 직업반은 22.4%였다. 정부의 지속적인 고졸 취업 활성화 정책이 주효했다는 평가다. – ○○일보(201△. 11. 22.)

① 고졸 취업자 고용의 질을 개선한다.
② 고졸과 대졸 학력 출신 간의 임금 격차를 해소한다.
③ 학벌보다 능력을 중시하도록 사회적 인식을 개선한다.
④ 일자리의 양과 질을 함께 고려한 실질적인 취업 대책을 수립한다.
⑤ 고졸 취업자가 중소기업에 우선 취업하도록 정부 지원을 강화한다.

03 다음 글을 읽고 직업을 선택할 때 고려해야 할 사항을 보기 에서 모두 골라 묶은 것은?

직업생활은 직장의 종류, 주어지는 업무, 직장의 장소나 일하는 방식에 따라 다양한 모습으로 나타날 수 있다. 따라서 자신에게 맞는 회사나 일, 근무하고 싶은 환경이나 분위기 등은 직업을 선택할 때 중요한 조건과 기준이 되기도 한다.

보기

㉠ 자기의 적성
㉡ 직업과 직장의 장래성
㉢ 직업의 안정성
㉣ 소득

① ㉠, ㉣ ② ㉠, ㉡, ㉢ ③ ㉠, ㉡, ㉣
④ ㉠, ㉢, ㉣ ⑤ ㉠, ㉡, ㉢, ㉣

문제 해결의 길잡이

« 직업 선택 시 고려 사항을 묻는 문제이다.
직업을 선택할 때는 자신의 현재 상태와 능력 및 발전 가능성, 직장이나 직업의 안정성과 장래성 등 현재 및 미래 가치를 종합적으로 분석하여 결정하는 것이 바람직하다.

04 다음은 직업의 의의와 역할을 도표로 구분한 것이다. 그 설명이 잘못된 것은?

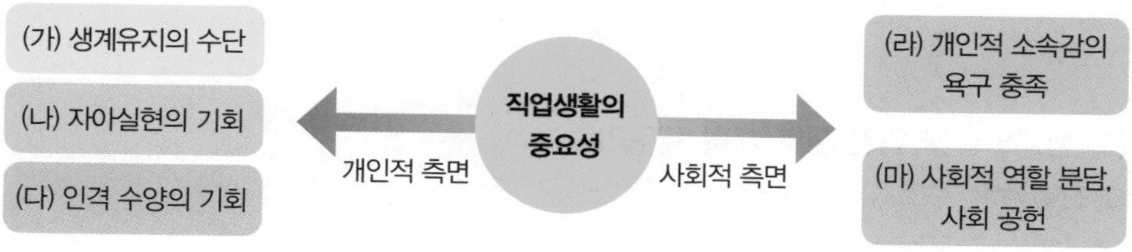

① (가)는 의식주 해결을 위한 경제적 보상이다.
② (나)는 직업생활 최고의 가치로서, 여타의 가치보다 우선한다.
③ (다)는 직업생활에서 부딪치는 문제를 해결하고 극복하는 과정에서 함양할 수 있다.
④ (라)는 여러 사람과 관계를 맺고 발전시키는 과정에서 형성되는 사회적 가치이다.
⑤ (마)는 개인이 직업생활을 통해 사회 구성원의 책임과 역할을 다하는 것을 의미한다.

« 직업생활의 중요성을 개인적 측면과 사회적 측면에서 파악하는 문제이다.
직업생활은 개인의 행복뿐 아니라 사회 구조의 유지 및 발전에도 매우 중요함을 깨달아야 한다.

03 생애발달과 직업적 성공

1 생애발달 과정과 특성

(1) 생애발달 과정

❶ **생애발달:** 한 인간이 태어나서 사망할 때까지 시간의 흐름에 따라 변화하는 일정한 단계

❷ **생애발달 단계:** 영유아기, 아동기, 청소년기, 성년기, 중년기, 노년기로 구분

❸ **발달 과업:** 생애발달의 각 단계마다 수행해야 할 중요하고 특징적인 일들

(2) 생애발달 단계별 발달 과업

생애발달 과정은 크게 6단계로 구분할 수 있으며 각 단계별 발달 과업은 다음과 같다.

영유아기(1~6세)
• 젖떼기, 걷기, 말하기
• 돌봐주는 사람에 대한 신뢰와 애착 형성
• 식사, 수면, 배변 등의 기본 생활 습관 형성
• 공동생활에 필요한 생활 습관 형성
• 언어로 의사소통
아동기(7~13세)
• 사고 능력 형성, 공동체 생활의 중요성 학습
• 적절한 성 역할 학습
• 도덕성 학습, 또래 친구들과의 관계 익히기
• 학습 습관 형성
청소년기(14~19세)
• 자아 정체감 형성
• 성인이 되기 위한 신체적·지적·사회적·도덕적 발달 이루기
• 진로 탐색 및 학업 정진
성년기(19~40세)
• 개인적 신념과 가치 체계 확립
• 직업 선택, 직업생활
• 배우자상 확립, 배우자 선택과 결혼
• 책임 있는 사회 구성원으로서의 역할 수행
• 사회적 가치 수용
중년기(41~60세)
• 가정과 직장을 안정적으로 유지
• 자녀 양육 및 주택 마련, 노후 준비
• 인생 철학 확립, 중년기의 위기 관리
• 건강 약화에 대비한 심신 단련
노년기(61세 이후)
• 은퇴 여가·건강 관리
• 신체적 노화의 긍정적 수용
• 경제적 대책 마련

▲ 생애발달 과정

(3) 생애발달을 위한 진로 계획 세우기

❶ **진로 계획:** 주로 성년기 이전에 자신에게 적합한 진로를 탐색하면서 자신의 능력, 적성, 흥미 등을 고려하여 효율적으로 정할 수 있도록 구상하는 것

❷ **진로 계획이 필요한 이유**

- 진로 계획을 통해 자신의 미래를 이상적인 모습으로 만들 수 있는 많은 선택의 과정에 도움
- 미래에 성취할 과업을 계획하면서 현 생애발달 단계에서 수행해야 할 과업을 성공적으로 이루기 위해 필요

« 과업
마땅히 해야 할 일이나 임무

« 청소년기의 발달 과업
미국의 교육학자인 로버트 해비거스트(Robert Harvighurst, 1900~1991)는 청소년기의 발달 과업을 다음과 같이 제시했다.

① 남녀 또래와의 새롭고 보다 성숙한 관계 형성
② 사회적으로 인정된 성 역할과 행동 학습
③ 자신의 신체 수용과 몸을 효과적으로 사용하는 법 학습
④ 부모와 다른 성인들로부터의 정서적 독립 성취
⑤ 경제적 독립을 위한 직업 목표 설정
⑥ 흥미와 능력을 고려한 직업 선택과 준비
⑦ 결혼 및 가정생활에 대한 준비
⑧ 시민으로서 필요한 기능과 개념 개발
⑨ 사회의 가치를 고려, 사회적으로 책임 있는 행동 지향과 실천
⑩ 행동의 지침으로서의 가치관과 윤리 체제 습득
⑪ 이러한 목표들을 달성하기 위한 현실적 목표와 계획 설정

2 직업적 성공의 의미와 요건

(1) 직업적 성공의 의미

❶ 직업을 통해 경제적 · 정신적으로 안정된 생활과 동시에 자아실현을 이루는 것

❷ 직업에 대한 소명 의식을 갖고 사회 발전에 기여하면서 보람과 기쁨을 느끼는 것

(2) 직업적 성공의 요건

❶ 일의 의미를 잘 알고, 해당 분야에 필요한 전문적인 능력을 최대한으로 발휘하여 사회에 기여하려는 자세

❷ 일과 생활의 균형을 통한 삶의 질 향상, 개인 성장을 통한 긍정적 감정을 지속적으로 유지하려는 노력

❸ 타인과의 원만하고 올바른 상호 관계를 맺으면서 협업하여 상생하려는 자세

(3) 생애발달 과정에서 직업적 성공을 위해 필요한 준비

청소년기는 성년기 바로 전 단계로 직업 선택을 위해 사회 구성원으로 해야 할 역할을 준비하는 중요한 시기이다. 따라서 청소년기를 어떻게 보내느냐에 따라 직업, 직장, 삶의 모습이 매우 달라질 수 있다.

단계	필요한 준비
청소년기	• 자기 이해를 바탕으로 다양한 진로 탐색 및 경험 쌓기 • 자아 정체감을 확립하면서 학업 성취감, 유능감 늘려가기 • 올바른 생활 습관과 학습 습관 형성하기
성년기	• 적성에 맞는 직업을 선택하고, 행복한 직장 생활 • 자신만의 전문 영역 넓혀가기 • 원만한 대인관계, 예절과 매너, 긍정적 마인드 • 활발한 정보 교류와 공유
중년기	• 안정적인 직업생활과 경제적인 안정 • 직장생활 경력자로서의 역할과 책임 • 노후에 할 수 있는 일과 취미 활동 탐색
노년기	• 은퇴 후 생활수준 유지를 위한 준비 • 체력 감소 적응 및 건강관리 • 직업생활의 경력을 활용한 일자리 및 봉사 활동

▲ 생애발달 단계별 직업적 성공을 위해 필요한 준비

Tip 청소년기의 자아 정체감 형성의 중요성

청소년기에 형성되는 자아 정체감은 동일시 대상에 대해 비판적으로 생각하게 되어 동일시 대상을 무조건 받아들이는 것이 아니라 자기가 스스로를 평가하고 결정하는 '내면적 자아'를 형성하게 된다. 이렇게 형성된 내면적 자아의 특성을 인식하는 것이 바로 자아 정체감이다.

청소년기에 자아 정체감을 확립하여 발달 과업을 달성하면 삶에 대해 성실한 자세를 갖게 되지만, 그렇지 않은 경우 성인이 되어서도 자신이 익숙하지 않은 역할과 가치를 거부하는 등 자아 정체감 혼란이 지속될 수 있다.

« 소명 의식
자신의 일에 자부심과 책임감을 가지고, 자랑스러운 마음을 갖는 것

« 직업 기초 능력 10가지
① 의사소통 능력
② 수리 능력
③ 문제 해결 능력
④ 자기 계발 능력
⑤ 자원 관리 능력
⑥ 대인 관계 능력
⑦ 정보 능력
⑧ 기술 능력
⑨ 조직 이해 능력
⑩ 직업윤리
출처 국가직무능력표준(NCS)

« 유능감
아무리 어려운 일도 해결할 수 있는 능력이 자신에게 있다는 믿음

Step A 실력 점검 문제

01 다음 (　　　) 안에 들어갈 말을 쓰시오.

> 한 인간이 태어나서 사망할 때까지 시간의 흐름에 따라 변화하는 일정한 단계별 주기를 (　　　　　　)(이)라고 한다.

(　　　　　　　　　　)

02 생애발달의 단계와 각 단계별 발달 과업을 알맞게 연결하시오.

(가) 아동기 •　　　• ㉠ 은퇴 후 생활수준 유지를 위한 준비 및 건강 유지
(나) 청소년기 •　　　• ㉡ 자신에게 맞는 직업을 선택하고 직업생활 시작하기
(다) 성년기 •　　　• ㉢ 자기 이해 및 다양한 진로 탐색과 경험
(라) 중년기 •　　　• ㉣ 사회적 책임 수행 및 생계유지에 필요한 활발한 경제 활동
(마) 노년기 •　　　• ㉤ 놀이에 필요한 신체적 기능 학습

03 생애발달 과정에서 청소년기에 수행할 발달 과업은?

① 자기 탐색 과정을 거치면서 진로 탐색
② 일반적 놀이에 필요한 신체적 기능 학습
③ 책임 있는 사회 구성원으로서의 역할 수행
④ 개인적 신념과 가치 체계 확립
⑤ 식사, 수면, 배변 등의 기본 생활 습관 형성

04 생애발달 단계와 과업에 대한 설명으로 옳지 않은 것은?

① 생애발달의 각 단계마다 수행해야 할 중요하고 특징적인 일을 발달 과업이라고 한다.
② 일반적으로 생애발달 과정은 영유아기, 아동기, 청소년기, 성년기, 중년기, 노년기로 구분한다.
③ 아동기에는 자기 이해를 바탕으로 다양한 경험을 쌓고, 자아 정체감을 올바르게 형성하는 것이 중요하다.
④ 성년기에는 자신에게 맞는 직업을 선택하고, 배우자를 만나 가정을 이루기도 한다.
⑤ 노년기에는 은퇴 후 안정된 생활수준을 유지하기 위한 준비를 해야 한다.

05 다음에서 설명하는 과업에 해당하는 생애발달 단계는?

> • 자신만의 전문 영역 넓혀가기
> • 책임 있는 사회 구성원으로 역할 수행
> • 원만한 대인관계, 예절과 매너, 긍정적 마인드, 활발한 정보 교류와 공유

① 아동기　　② 청소년기
③ 성년기　　④ 중년기
⑤ 노년기

06 생애발달 과정에서 노년기에 해당하지 않는 내용을 모두 고르면?

① 은퇴 후 여가, 건강관리, 죽음에 대한 준비가 필요한 시기
② 직장생활 경력자로서의 역할과 책임이 주어지는 시기
③ 신체적 노화에 대한 긍정적 수용이 필요한 시기
④ 배우자상 확립, 배우자 선택과 결혼이 필요한 시기
⑤ 직업생활의 은퇴와 함께 수입이 감소할 수 있는 시기

07 성공적이고 행복한 직업생활을 하기 위해 유의해야 할 사항이라고 볼 수 없는 것은?

① 근무시간을 철저히 지키려는 성실한 자세
② 늘 밝은 미소로 환하게 먼저 인사하는 태도
③ 철저한 업무 계획과 시간 관리를 통해 직무를 효율적으로 수행하려는 태도
④ 꾸준한 체력 관리를 통해 생기 있는 직업생활이 될 수 있도록 실천하는 태도
⑤ 직무 파악보다는 근무 요령을 먼저 익혀 상사의 맘에 들도록 노력하는 태도

08 다음에서 설명하는 개념을 쓰시오.

- 직업적 성공을 위해 청소년기에 필요한 준비 중 하나
- 아무리 어려운 일도 해결할 수 있는 능력이 있다는 믿음

( )

09 바람직한 직업 선택 기준이라 볼 수 없는 것은?

① 개인마다 다른 특성을 고려해야 한다.
② 외면적 가치보다 내면적 가치를 존중하여 삶을 설계하여야 한다.
③ 자신의 경험을 토대로 단계적으로 계획을 수립한다.
④ 다양한 정보를 수집하여 미래의 산업 구조를 예측하고 설계하여야 한다.
⑤ 스스로 설계하는 것보다 부모님이나 선생님이 정해준 대로 결정한다.

10 다음의 직업적 성공을 위해 필요한 준비를 해야 하는 시기는?

- 안정적인 직업생활과 경제적인 안정
- 직장생활 경력자로서의 역할과 책임
- 노후에 할 수 있는 일과 취미 활동 탐색

① 성년기 ② 중년기
③ 노년기 ④ 탐색기
⑤ 확립기

11 성공한 직장인의 모습이라고 볼 수 없는 것은?

① 자신이 원하는 직업을 갖기 위하여 꾸준히 노력한 사람
② 꾸준한 체력 관리를 통해 생기 있는 직업생활이 될 수 있도록 실천하는 태도
③ 자신이 관심 있고 잘할 수 있는 분야에서 능력을 인정받은 사람
④ 인기와 수입을 얻기 위해서는 어떤 일이든 무조건 할 수 있다는 태도
⑤ 철저한 업무 계획과 시간 관리를 통해 직무를 효율적으로 수행하려는 태도

12 보기 에서 성공적인 직업생활과 사회 발전을 위해 필요한 항목을 모두 고르시오.

보기

㉠ 소명 의식	㉡ 책임 의식	㉢ 민족의식
㉣ 역사의식	㉤ 봉사 정신	㉥ 천직 의식

( )

13 직업적 성공의 요건에 해당하지 않는 것은?

① 개인의 이익만을 추구하지 않고 타인과 소통을 원활하게 한다.
② 삶의 질 향상을 위해 개인의 생활보다는 일에만 모든 시간을 소비한다.
③ 타인과 원만하고 올바른 상호 관계를 맺으면서 상생하는 마음을 갖는다.
④ 긍정적인 사고를 지니고, 다른 사람의 입장도 생각하면서 일한다.
⑤ 관심 진로 분야와 관련하여 구체적인 계획을 세워 실천해 나간다.

Step B 수능 대비 문제

03 생애발달과 직업적 성공

문제 해결의 길잡이

《 **생애발달 단계 중 청소년기의 특징을 이해하는 문제이다.**
생애발달 단계 중 청소년기의 특징을 파악하고, 해당 시기의 발달 과업을 이해하는 것이 필요하다.

《 **생애 주기별 발달 과업에 관한 문제이다.**
생애 주기별 발달 과업의 내용을 이해하고, 그 특징과 중요성을 파악해야 한다.

[01~02] 다음 글을 읽고 물음에 답하시오.

인간은 태어나서 사망할 때까지 영유아기, 아동기, (가) 청소년기, 성년기, 중년기, 노년기의 생애발달 단계를 거친다. 각각의 생애발달 단계마다 수행해야 할 중요하고 특징적인 일을 (나) 발달 과업이라고 하는데, 인간은 이러한 발달 과업을 이루어가면서 사회적 존재로 성장한다.

01 위의 (가) 단계의 특징에 해당하는 것을 보기 에서 골라 묶은 것은?

보기
ㄱ 자아 정체감, 자율성, 사회성 등을 발달시킨다.
ㄴ 신체적으로 급격히 성장하면서 2차 성징이 나타난다.
ㄷ 또래 집단을 형성하고 또래와 상호 관계를 익혀 간다.
ㄹ 급격한 정서적 변화를 경험하는 '질풍노도의 시기'이다.
ㅁ 사회 구성원의 역할을 수행하며, 직업과 배우자를 선택한다.

① ㄱ, ㄴ, ㄷ　② ㄱ, ㄴ, ㄹ　③ ㄱ, ㄷ, ㅁ
④ ㄱ, ㄷ, ㄹ　⑤ ㄴ, ㄹ, ㅁ

02 (나)와 관련한 설명으로 거리가 먼 것은?

① 청소년기에는 자아 정체감을 형성하고 진로를 탐색한다.
② 성년기에는 사회적 가치를 수용하고 직업과 배우자를 선택한다.
③ 중년기에는 인생철학을 확립하고 안정된 가정생활과 직업생활을 수행한다.
④ 노년기에는 은퇴 후 생활 수준을 유지하기 위한 준비를 한다.
⑤ 특정 시기의 발달 과업을 이루지 못하더라도 다음 발달 과업을 수행하는 데 어려움을 겪지는 않는다.

03 다음 질문에 대한 답변으로 적절하지 않은 것은?

> 김기자 씨는 직업적으로 성공을 거두고 최근 은퇴한 이성공 씨를 인터뷰하였다.
> 김기자: 성공적인 직업생활을 위해서는 어떤 요소가 필요할까요?
> 이성공: ______________________________
> ______________________________

① 새로운 목표를 세우고 도전하는 자세를 가져야 합니다.
② 성실한 태도를 지니고 시간 관리를 철저히 해야 합니다.
③ 자신의 장단점을 파악하고 자기 극복을 실천해야 합니다.
④ 다양한 업무를 경험하기보다는 특정한 분야에서 전문성을 가져야 합니다.
⑤ 주변 사람과 활발히 소통하고 타인을 배려하고 나눔을 실천하는 자세를 지녀야 합니다.

문제 해결의 길잡이

≪ 직업적 성공의 필요 요소를 알아보는 문제이다.
직업적 성공을 위해서는 개인적 측면의 요소와 사회적 측면의 요소를 함께 갖추어야 한다.

04 (가) ~ (마) 시기에 대한 설명으로 잘못된 것은?

> 도널드 슈퍼(Donald W. Super)는 생애발달 단계와 연계하여 다음과 같은 5단계의 직업 발달 이론을 제시하였다.
> (가) 성장기(0~13세): 자신에 대한 지각이 생기면 직업에 대한 기본적인 이해를 하는 시기
> (나) 탐색기(14~24세): 미래에 대한 계획을 세우는 시기
> (다) 확립기(25~44세): 자신에게 적합한 분야를 발견하고 해당 분야에서 일하는 시기
> (라) 유지기(45~64세): 직업적으로 확고한 위치를 갖고, 이를 유지하는 시기
> (마) 쇠퇴기(65세 이후): 직업에서 물러나는 시기

① (가) – 자신이 좋아하는 것을 중심으로 진로를 정하려 한다.
② (나) – 학업과 여가 활동, 아르바이트 등을 통해 직업 탐색을 시도한다.
③ (다) – 일단 직업을 선택한 후에는 직업을 바꾸지 않고 적응하는 것이 중요하다.
④ (라) – 다른 단계에 비해 상대적으로 안정된 삶을 누린다.
⑤ (마) – 은퇴 이후 여가를 즐기거나 제2의 활동을 모색한다.

≪ 생애발달 단계별로 직업적 성공의 대비책에 차이가 있음을 파악하는 문제이다.
도널드 슈퍼는 성장기, 탐색기, 확립기, 유지기, 쇠퇴기로 이어지는 직업 발달 이론을 제시하였다. 단계별로 직업적 성공을 위한 준비가 달라야 함을 파악해야 한다.

대단원 마무리 문제

01 다음 (　　) 안에 들어갈 말을 순서대로 쓰시오.

> 자신이나 다른 사람을 위해 어떤 가치를 창조하는 의도적인 활동을 (　　)(이)라 하고, 사회 구성원으로서 생계유지를 위하여 자신의 적성과 능력에 따라 일정 기간 지속적으로 종사하여 보수를 얻는 일을 (　　)(이)라 한다.

(　　　　　　　　), (　　　　　　　　)

02 다음 중 직업의 요건에 해당하지 않는 것은?

① 계속성　② 경제성
③ 사회성　④ 윤리성
⑤ 강제성

03 보기 에서 직업 활동에 해당하는 것을 골라 묶은 것은?

> 보기
> ㉠ 조리사가 식당에서 식사한다.
> ㉡ 교사가 학교에서 수업을 진행한다.
> ㉢ 유명 작가가 친구에게 편지를 쓴다.
> ㉣ 의류 디자이너가 여성복을 스케치한다.
> ㉤ 프로야구 선수가 관중이 들어찬 경기장에서 시합한다.

① ㉠, ㉡, ㉢　② ㉠, ㉢, ㉣
③ ㉠, ㉣, ㉤　④ ㉡, ㉣, ㉤
⑤ ㉢, ㉣, ㉤

04 다음 중 직업에 해당하는 것은?

① 군인이 행군 훈련을 받는 것
② 경비원이 아파트를 순찰하는 것
③ 학생이 학교에서 수업에 참여하는 것
④ 다른 사람을 속여서 돈을 빼돌리는 것
⑤ 은행 이자, 주식 배당 등으로 수입을 얻는 것

05 직업에 대한 설명 중 (가), (나)에 해당하는 내용을 적절하게 나열한 것은?

> 사람들이 일하고 직업을 갖는 이유는 단순히 생계유지 때문만은 아니다. 직업은 생계유지 외에도 (가) 및 (나) 의 기회를 제공한다.

	(가)	(나)
①	노후 보장	재산 증식
②	자아실현	재산 증식
③	생활 안정	가족 협력
④	자아실현	사회 활동 참여
⑤	생활 안정	사회 활동 참여

06 오늘날 직업생활의 변화 요인과 거리가 먼 것은?

① 농림어업의 비중 강화
② 과학 기술의 발전
③ 인구 구조의 변화
④ 소득과 사회의 양극화
⑤ 가치관과 생활 양식의 변화

07 직업생활의 구분에 관한 내용이 잘못된 것은?

① 업무 내용에 따라 사무직, 판매직, 생산직, 서비스직 등으로 분류한다.
② 업무 장소에 따라 내근, 외근, 재택근무, 원격 근무 등으로 분류한다.
③ 업무 방식에 따라 전일제, 시간제, 자유 시간제 등으로 분류한다.
④ 고용 방식에 따라 정규직과 비정규직으로 분류한다.
⑤ 유연 근무가 늘어나면서 직업의 안정성은 강화되었다.

08 행복하고 성공적인 직업생활을 위해 필요한 자세라고 보기 어려운 것은?

① 긍정적인 마인드를 가진다.
② 근무 시간을 철저히 지킨다.
③ 어려움을 극복하는 도전 정신을 가진다.
④ 꾸준한 체력 관리로 활기찬 직업생활을 한다.
⑤ 근무 요령을 우선하여 익혀 상사의 맘에 들도록 노력한다.

09 용어 설명이 잘못된 것은?

① 재택근무: 사무실에 출근하지 않고 집에서 업무를 보는 형태
② 원격 근무: 편리한 장소에 별도로 마련된 사무실이나 다른 장소에서 업무를 보는 형태
③ 탄력 근무제: 하루 근무 시간을 기준으로 출퇴근 시간을 자유롭게 정해 운영하는 시차 출퇴근제
④ 근무 시간 선택제: 통상적인 근무 시간(주 5일, 하루 8시간)보다 짧게 일정한 시간을 정해 근무하는 제도
⑤ 무기 계약 근로자: 근로 계약 기간의 종료일을 미리 정하여 그 근로 계약의 종료일까지만 고용하는 근로 계약을 체결한 근로자

10 다음 설명에 해당하는 근무 방식을 쓰시오.

> A는 목요일부터 일요일까지 4일 동안 하루 10시간씩 근무한다. 일주일 중 3일은 집에서 휴식하거나 취미 생활을 즐긴다.

( )

11 다음 ( ) 안에 들어갈 말을 순서대로 쓰시오.

> 한 인간이 태어나서 사망할 때까지 영유아기, 아동기, ( ), 성년기, ( ), 노년기 등 6단계의 생애발달 과정을 거친다.

( ), ( )

12 보기 에서 청소년기의 발달 과업에 해당하는 것을 골라 묶은 것은?

보기
> ㉠ 건강 악화에 대비하여 심신을 단련한다.
> ㉡ 다양한 진로를 탐색하고 경험을 쌓는다.
> ㉢ 올바른 생활 습관과 학습 습관을 형성한다.
> ㉣ 책임 있는 사회 구성원으로서 역할을 수행한다.

① ㉠, ㉡ ② ㉠, ㉢ ③ ㉡, ㉢
④ ㉡, ㉣ ⑤ ㉢, ㉣

13 성년기의 발달 과업에 해당하지 않는 것은?

① 자신에게 맞는 직업을 선택한다.
② 자신만의 전문 영역을 넓혀 간다.
③ 학업 성취감과 유능감을 높여 간다.
④ 행복하고 가치 있는 직장 생활을 한다.
⑤ 원만한 대인 관계를 바탕으로 정보를 교류하고 공유한다.

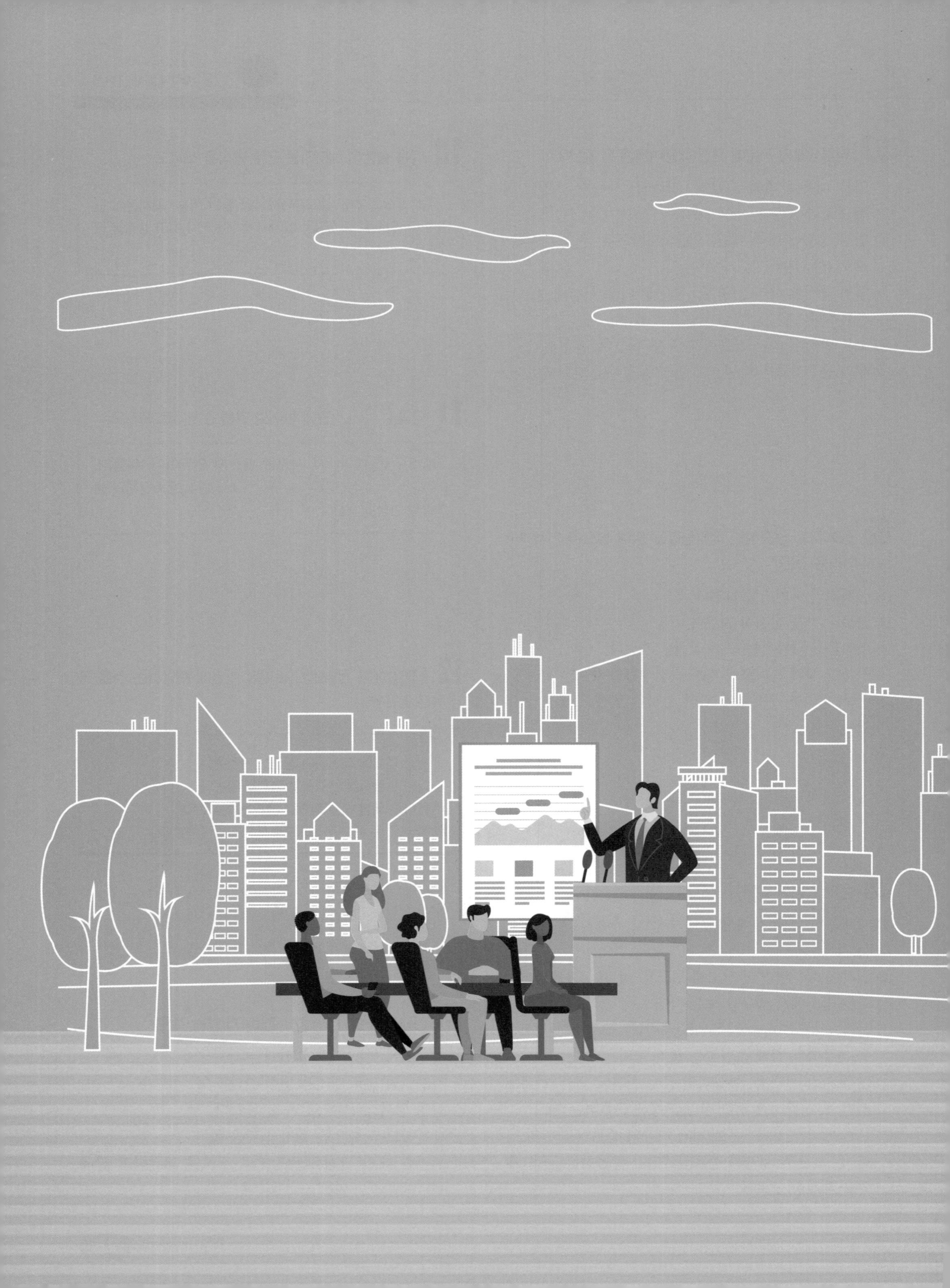

Ⅱ 기업과 산업 활동

01 기업과 기업 활동

02 제조업과 제품 생산 활동

03 서비스업과 서비스 생산

01 기업과 기업 활동

1 기업의 의미와 특징

(1) 기업의 의미

❶ **개념:** 인간에게 필요한 재화나 서비스를 생산하고 판매하여 영리를 추구하는 경제 주체

❷ **역할:** 생산 요소(토지, 노동, 자본, 기술 등 각종 자원)를 이용하여 생산 활동을 전개하고, 가계, 정부와 상호 작용을 하면서 국민 경제를 담당하는 중요한 조직체

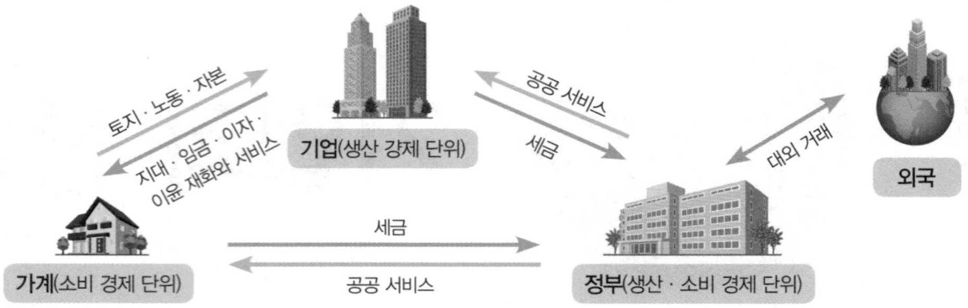

▲ 경제 주체의 활동

(2) 기업의 특징

❶ **수요 창출 개발:** 생산 요소를 결합하여 사회에 필요한 물질적 욕구를 충족시켜 주고, 이윤을 획득

❷ **영리 목적:** 영리를 목적으로 하는 생산 경제 단위라는 점에서 학교, 정부 등의 비영리 경제 조직과 구별

❸ **개별 경제 단위:** 소비자에게 재화와 서비스를 공급하여 소비자의 욕구 충족

❹ **경제 계산 단위:** 기업이 존속하려면 성장이 가능해야 하는데, 이를 위해 재생산이 이루어짐.

2 기업의 종류

기업의 종류는 규모, 설립 주체, 업종에 따라 다음과 같이 분류한다.

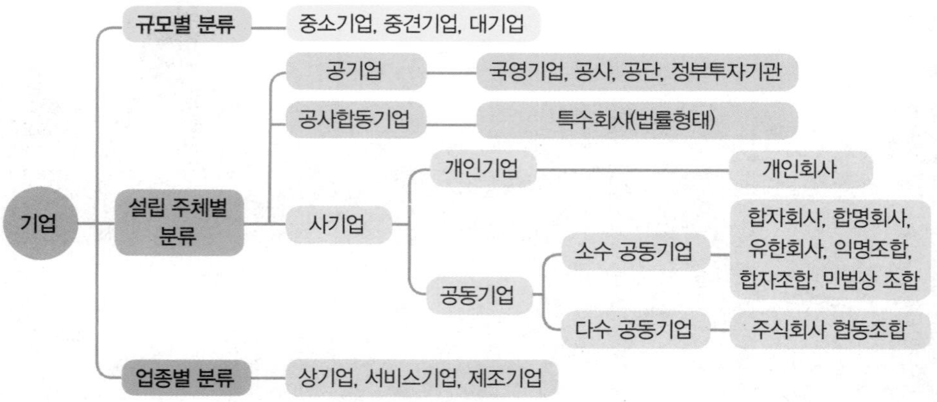

▲ 기업의 종류

《 국민 경제
경제 활동 전체를 국가를 단위로 하여 상품 생산과 재화 유통의 모든 단계를 종합적으로 파악한 것

《 기업의 역할
- 소비자가 필요로 하는 제품과 서비스를 생산하여 소비자의 욕구를 충족
- 인재를 발굴하여 일자리를 제공
- 국가의 부가 가치를 창출하여 국가 경제 발전의 원동력
- 인적 자원의 역량과 능력을 개발하여 자아를 실현
- 사회적 책임을 통해 사회 복지를 실현

《 합자회사
1인 이상의 무한책임사원과 유한책임사원으로 구성된 회사

《 합명회사
2인 이상의 무한책임사원으로 구성되는 대표적인 회사

《 유한회사
2인 이상 50인 이하의 유한책임사원으로 구성된 회사

《 익명조합
채무에 대해 유한책임을 지는 익명조합원과 채무에 대해 무한책임을 지는 현명조합원으로 구성된 회사

《 합자조합
경영을 맡은 무한책임조합원과 투자를 하는 유한책임조합원으로 구성된 회사

《 민법상 조합
2인 이상이 지분을 출자하여 공동으로 운영하는 기업

《 협동조합
생산자나 소비자가 공동으로 자금을 출자하여 조직한 기업

3 설립 주체에 따른 기업의 분류

(1) 공기업

❶ 사회공공의 복지를 증진하기 위해 정부가 직·간접적으로 투자해 소유권을 갖거나 통제권을 행사하는 기업

❷ 사기업에서 맡을 수 없는 사회 복리 향상이라는 공공성이 요구된다는 점에서 사기업과 구분

❸ 조직 형태에 따라 정부부처형·주식회사형·공사형 공기업으로, 운영 주체에 따라 국가 공기업과 지방 공기업으로 분류

(2) 사기업

❶ **개인기업:** 개인이 출자하여 사업을 경영하는 기업, 소규모 사업에 적합

❷ **공동기업:** 2명 이상이 공동으로 출자하고 경영하는 기업, 주식회사가 대표적 형태

구분	개인기업	공동기업
장점	• 기업의 설립과 폐업 절차 간단 • 기업의 수익=개인의 수익 • 신속한 의사 결정 가능	• 투자 유치 및 자금 조달 용이 • 경영상의 책임 공동 부담 • 중견기업이나 대기업으로 발전 가능
단점	• 대량 자본 조달 한계 • 기업의 손실=개인의 손실 • 기업의 성장과 지속성에 한계	• 기업의 설립과 폐업 절차 복잡 • 의사 결정에 오랜 시간 필요 • 고객과 밀접한 관계 유지에 한계

《 규모에 따른 기업의 분류

① 중소기업
- 소유와 경영의 독립성을 확보하고 있으며, 규모가 상대적으로 작은 기업
- 상시근로자 수에 따라 다시 중기업, 소기업, 소상공인으로 분류

② 중견기업
- 중소기업이 아니면서 대기업 계열사가 아닌 기업
- 3년 평균 매출액이 1,500억 원 이상이지만 공정거래법상 상호출자제한 기업집단(자산 총액 10조 원 이상인 기업집단)에 속하지 않는 기업

③ 대기업
- 대규모의 생산 자본과 영업 조직을 갖춘 기업
- 중소기업 및 중견기업에 포함되지 않고, 자산 10조 원 이상의 상호출자제한을 받는 기업

4 기업 경영 활동

(1) 기업 경영 활동의 이해

❶ **기업 경영 활동:** 이윤 창출을 목적으로 기업이 가지고 있는 인적 자원과 물적 자원, 기술이나 금융·정보와 같은 제한된 자원을 효율적으로 활용하고 조직 구성원 간의 협동적인 노력을 끌어내 조직의 목표를 달성해 가는 과정

❷ **기업 경영 각 부문의 활동 목표:** 고객 가치(핵심 관리 활동)와 기업 가치(자원 관리 활동) 극대화

핵심 관리 활동		지원 관리 활동		
생산 관리	마케팅 관리	재무 관리	인적 자원 관리	회계 정보 관리
소비자가 원하는 품질의 재화나 서비스를 효율적으로 생산하는 활동	소비자 욕구에 맞는 제품 개발, 가격 결정, 유통 경로 결정, 판매 촉진과 관련된 활동	기업 활동에 필요한 자금을 조달하고, 조달된 자금을 효율적으로 운용·관리·통제하는 활동	조직의 목표 달성을 위하여 인적 자원을 확보·개발·유지하고 노사관계의 합리화, 근로 환경 개선을 위한 활동	기업의 경영 성과와 재무 상태를 파악하여 경영자의 경영 관리에 도움을 주고, 기업의 이해관계자에게 보고하는 활동

▲ 기업의 경영 목표

《 인적 자원

사람이 가지고 있는 경제적 가치, 즉 경영 노하우, 경영 능력 등

《 물적 자원

자금이나 토지, 건물, 생산이나 판매 설비 등의 시설

Step A 실력 점검 문제

01 기업과 기업 활동

01 다음 설명에 해당하는 것은?

> 인간에게 필요한 재화나 서비스를 생산하고 판매하여 영리를 추구하는 경제 주체이다.

① 자본 ② 자영업 ③ 기업
④ 사업가 ⑤ 국가

02 경제 활동의 주체로서 상호간에 재화와 서비스를 생산 · 소비 · 분배하는 역할을 하는 경제 단위 세 가지를 쓰시오.

( ), ( ), ( )

03 기업의 특징에 대한 설명으로 옳지 않은 것은?

① 기업은 소비 경제 단위인 동시에 재생산의 단위이다.
② 생산을 담당하는 개별 경제 단위로서 소비자가 필요로 하는 재화와 서비스를 공급하여 소비자의 욕구를 충족시킨다.
③ 영리를 목적으로 한다는 점에서 학교, 정부 등의 비영리 경제 조직과 구별된다.
④ 인재를 발굴하여 일자리를 제공하고, 국가의 부가가치를 창출하며, 국가 경제 발전의 원동력이 된다.
⑤ 생산 요소를 결합하여 사회에 필요한 물질적 욕구를 충족시켜 주고, 이를 통해 이윤을 획득한다.

04 기업의 설립 주체별 분류에 대한 내용을 알맞게 연결하시오.

(가) 합자회사 • • ㉠ 생산자나 소비자가 공동으로 자금을 출자하여 조직한 기업
(나) 합명회사 • • ㉡ 1인 이상의 무한책임사원과 유한책임사원으로 구성된 회사
(다) 유한회사 • • ㉢ 2인 이상이 계약을 맺고 지분을 출자하여 공동 운영하는 기업
(라) 협동조합 • • ㉣ 2인 이상 50인 이하의 유한책임사원으로 구성된 회사
(마) 민법상 조합 • • ㉤ 2인 이상의 무한책임사원으로 구성되는 대표적인 회사

05 기업의 종류에 대한 설명으로 옳은 것은?

① 중소기업은 근로자 수가 1,000명 이하인 기업이다.
② 중소기업은 상시근로자 수에 따라 중기업 · 소기업 · 중견기업 · 소상공인으로 분류한다.
③ 중견기업은 중소기업 기본법상 3년 평균 매출액이 1,500억 원 이상이며, 공정거래법상 상호출자제한 기업집단에 속한다.
④ 대기업은 자산 총액이 10조 원 이상인 기업 집단을 뜻하며, 계열사 간의 상호출자제한을 받는 기업집단이다.
⑤ 공기업은 사회공공의 복지를 증진하기 위해 민간인이 투자해 소유권을 갖거나 통제권을 행사하는 기업이다.

06 경영상 모든 책임과 권한은 물론 모든 위험과 손실까지 직접 부담하는 대신 이익을 단독으로 소유하는 기업은?

① 공기업 ② 합명회사
③ 개인기업 ④ 소수 공동기업
⑤ 주식회사

07 다음에서 설명하는 것은 무엇인지 쓰시오.

국가 또는 지방자치단체에서 운영하던 공기업을 민간인이 경영하게 하는 것이다.

( )

08 다음 기업에 대한 설명 중 옳은 것은 ○표, 틀린 것은 X표 하시오.

(1) 공동기업은 5명 이상이 공동으로 출자 및 경영하는 기업 형태이다. ( )

(2) 주식회사는 공동기업을 대표하는 형태로, 발기인이 주식을 발행하여 설립하는 회사이다. ( )

(3) 다수 공동기업에는 합명회사, 합자회사, 유한회사, 민법상 조합 등이 있다. ( )

09 기업의 형태별 특징에 대한 설명으로 옳지 않은 것은?

① 공동기업은 출자자 수가 적은 소수 공동기업과 출자자 수가 많은 다수 공동기업으로 나뉜다.

② 개인기업은 신용도가 높아 대량 자본의 조달이 쉽기 때문에 기업을 장기적으로 유지할 수 있다.

③ IT 기술의 발달, 기업의 아웃소싱 증가, 개인의 창의성을 존중하는 사회 분위기가 확산하면서 1인 창조 기업이 증가하고 있다.

④ 벤처기업은 개인 또는 소수의 창업인이 새로운 아이디어와 독창적인 신기술을 가지고 새로운 시장을 개척하는 기술집약적인 중소기업이다.

⑤ 공사합동기업은 공기업과 사기업의 장점, 즉 공공의 이익과 수익성 등을 동시에 달성할 목적으로 설립된 기업이다.

10 자본 조달에 중점을 둔 다수 공동기업에 속하는 것은?

① 합명회사 ② 유한회사
③ 합자조합 ④ 협동조합
⑤ 익명조합

11 다음에서 설명하는 것은 무엇인지 쓰시오.

이윤 창출을 목적으로 기업이 가지고 있는 인적 자원과 물적 자원, 그리고 기술이나 금융 · 정보와 같은 제한된 자원을 효율적으로 활용하고 조직 구성원 간의 협동적인 노력을 끌어내 조직의 목표를 달성해 가는 과정이다.

( )

12 기업의 경영 관리 활동에 대한 내용을 알맞게 연결하시오.

(가) 생산 관리 •	• ㉠ 소비자 욕구에 맞는 제품 개발, 가격 결정, 유통 경로 결정, 판매 촉진과 관련된 활동
(나) 마케팅 관리 •	• ㉡ 경영 성과를 파악하여 경영 관리에 도움을 주는 활동
(다) 재무 관리 •	• ㉢ 재화나 서비스를 생산하는 활동
(라) 인적 자원 관리 •	• ㉣ 기업에 필요한 자금을 운용 · 관리 · 통제하는 활동
(마) 회계 정보 관리 •	• ㉤ 인재 확보, 노사관계 및 근로 환경 개선 등을 위한 활동

13 보기 에서 고객(소비자)의 가치를 극대화하기 위한 기업의 경영 관리 활동을 모두 골라 그 기호를 쓰시오.

보기

㉠ 인적 자원 관리 ㉡ 마케팅 관리
㉢ 재무 관리 ㉣ 회계 정보 관리
㉤ 생산 관리

( )

Step B 수능 대비 문제

01 기업과 기업 활동

문제 해결의 길잡이

≪ 가계, 기업, 정부 등 경제 활동 주체의 개념과 역할을 파악하는 문제이다.
각 개별 경제 주체의 역할을 이해하고, 국민 경제와 국제 경제의 개념을 파악해야 한다. 아울러 현대 국제 경제의 개방화 현상과 자유 무역주의 강화 현상을 염두에 두어야 한다.

≪ 기업의 부문별 활동 내용과 경영 전략 방향 설정에 관한 문제이다.
인적 자원 관리, 생산 운영 관리, 마케팅 관리, 재무 관리, 회계 정보 관리의 영역을 구별해야 한다. 아울러 기업 CEO의 관점에서 기업 각 부문의 활동 방향을 어떻게 설계하고, 필요한 자원을 어떻게 분배할지 고민해 보는 것이 필요하다.

01 다음 그림에 대한 설명으로 잘못된 것은?

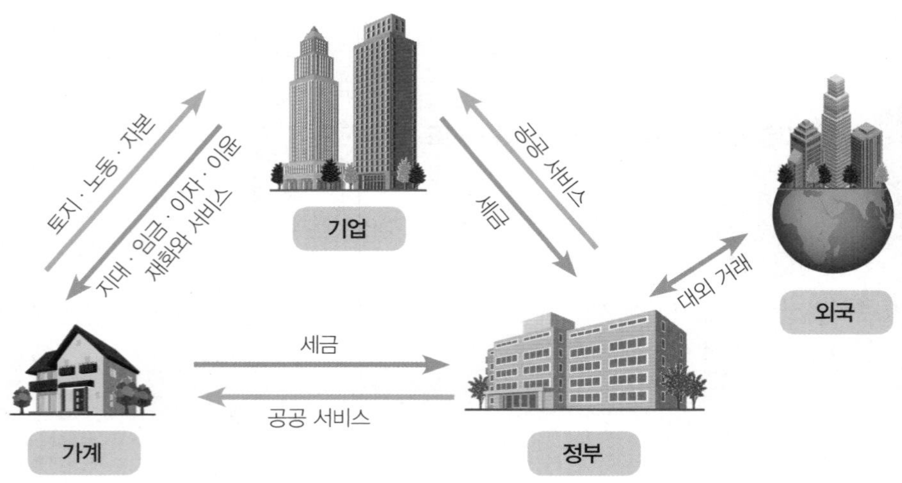

① 기업이 생산하는 데 사용하는 토지, 노동, 자본 등을 생산 요소라 한다.
② 인재 발굴과 일자리 제공, 국가의 부가가치 창출 등은 정부가 전담한다.
③ 기업은 생산 경제 주체, 가계는 소비 경제 주체, 정부는 생산 및 소비 경제 주체이다.
④ 기업, 정부, 가계의 경제 활동 범위를 국가 경제라 하고, 여기에 외국을 합해 국제 경제라 한다.
⑤ 오늘날 자유 무역주의와 경제의 상호 의존성이 강화됨에 따라 국제 경제의 중요성이 매우 커지고 있다.

02 아래의 상황에서 기업 CEO의 경영 활동 방향을 잘못 설계한 것은?

> 자본금 1억 원과 직원 3명으로 시작한 공기청정기 제조회사 A 기업의 첫해 연평균 매출액은 5억 원이었다. 그런데 창업한 지 3년 만에 갑자기 매출액이 50배로 늘어나 회사의 규모를 늘려야 하는 상황이 되었다. 내가 CEO라면 이때 기업 경영 활동을 어떻게 해야 할까?

① 인적 자원 관리 – 신규 인력을 어떤 방법으로 채용할 것인가?
② 생산 관리 – 소비자가 원하는 새로운 상품 개발은 어떻게 할까?
③ 마케팅 관리 – 판촉 활동은 어떻게 할까?
④ 재무 관리–신제품 개발에 필요한 자금 투자 금액은?
⑤ 회계 정보 관리–새로 개발한 신제품 가격은 얼마로 결정할까?

03 다음 신문 기사에 보도된 기업의 특징을 가장 잘 설명한 것은?

"내가 만드는 뉴스, 머잖아 10만 명이 볼 겁니다."

– 1인 뉴스 미디어 '○○뉴스'

국○○(20) 씨는 최근 페이스북, 유튜브 등 소셜미디어에서 인기를 얻고 있는 '1인 뉴스 미디어' 제작자다.

그는 매주 10~20대의 젊은 세대가 관심을 가질 만한 뉴스를 3분 분량의 '○○뉴스'로 만든다. 삼각대에 동영상 촬영이 가능한 카메라를 올려놓고 자신이 뉴스 해설위원처럼 논평하는 방식이다. 그는 "젊은 층의 문법에 맞게 딱딱하지 않게 뉴스를 만들 필요가 있다."고 말한다. 그의 뉴스에 대해 일부에선 '너무 자신만의 관점을 시청자들에게 주입하려 한다.'는 비판도 나오지만 인기가 상당하다.

– 중앙일보(2016. 4. 5.)

① 소유와 경영을 분리하여 운용한다.
② 발기인이 주식을 발행하여 설립한다.
③ 대중에게 잘 알려져 있지는 않지만 각 분야에서 세계시장을 지배한다.
④ 새로운 아이디어와 독창적 신기술을 가진 개인이나 소수의 창업인이 새로운 시장을 개척한다.
⑤ 인터넷 기반 기술의 발달, 개인의 창의성을 존중하는 사회 분위기 등이 확산되면서 증가하고 있다.

문제 해결의 길잡이

≪ 새롭게 등장하는 기업의 종류와 특징을 묻는 문제이다.

오늘날 인터넷 기반 기술의 발달, 신기술의 개발, 개인의 창의성 발현 등을 바탕으로 기존의 기업 형태에서 벗어난 새로운 기업들이 등장하고 있다. 비록 규모는 작지만 독자적 영역과 기술, 발전 전망 등을 지닌 새로운 형태의 기업들에 대해 정리해 두어야 한다.

04 다음 글과 관련하여 기업의 사회적 책임과 윤리 경영에 대한 내용으로 거리가 먼 것은?

소비자의 안전과 생명에 관한 사례로 자주 거론되는 것이 1982년에 일어난 타이레놀 사건이다. 시카고에서 존슨앤드존슨이 생산한 타이레놀 병에 누군가 청산가리를 투입한 범죄가 발생해 6명이 사망한 것이다.

사건 발생 즉시 존슨앤드존슨은 투명성이 최선이라는 판단 아래 제조 과정을 비롯한 회사의 경영 프로세스를 언론에 적극적으로 공개했다. 동시에 막대한 비용을 감수하고 모든 제품을 수거해 폐기함으로써 오히려 소비자들의 신뢰를 높이는 계기로 삼았다.

① 오늘날 윤리적 기업 경영 마인드는 기업가 정신의 중요 요소이다.
② 이익의 일부를 사회로 환원시키고자 하는 기업의 활동이 증가하고 있다.
③ 기업 윤리 경영의 핵심은 타인에게 불편을 주거나 해가 되는 일을 하지 않는 것이다.
④ 기술력과 기업 운영 능력뿐만 아니라 사회와의 협력 여부가 기업 성공의 중요 요소이다.
⑤ 비윤리적 기업은 고객과 사회로부터 부정적 평판을 받아 결국 업계에서 퇴출당할 수 있다.

≪ 기업의 사회적 책임과 윤리 경영에 관한 문제이다.

자본주의의 발달과 더불어 기업의 사회적 영향력이 확대됨에 따라 기업의 사회적 책임과 윤리적 경영에 대한 요구가 커졌다. 오늘날 기업은 소비자 및 사회와 국가에 대해 어떤 역할과 책임을 다해야 할지 생각해 보자.

02 제조업과 제품 생산 활동

1 제조업의 의미와 특징

(1) 제조업의 의미

❶ **제조업:** 자연 그대로의 1차 생산물에 사람이 기술을 써서 물리적 · 화학적 변화를 주어 새로운 제품을 만들어 내는 산업 활동

❷ 제품의 본질적 성질을 변화시키지 않는 단순 처리 활동은 제조업에 해당하지 않음.
예 상품의 선별, 정리, 분할, 포장 등

(2) 제조업의 특징

≪ 제조업의 생산 활동 단계
① 수요 예측
② 제품 설계
③ 생산 능력 결정
④ 입지 선정
⑤ 설비 배치
⑥ 품질 관리

❶ **제조업의 분류:** 생산물의 성격에 따라 개인에 의한 최종 소비를 목적으로 하는 '소비재 제조업'과 이를 만드는 데 필요한 중간 생산물인 '생산재 제조업'으로 분류

❷ **소비재 제조업과 생산재 제조업의 차이**

구분	소비재 제조업	생산재 제조업
특징	• 일반 개인 소비자가 거래 대상 • 다수의 소비자와 다수의 판매자 간 거래 • 일반 소비자가 직접 사용하는 상품 제조 • 기업 이미지 홍보와 마케팅 활동이 중요	• 주로 기업과 기관이 거래 대상 • 소수의 수요자와 소수의 생산자 간 거래 • 생산에 필요한 설비, 장치, 부품 등 제조 • 뛰어난 기술력으로 안정적인 수요 확보
업종	식료품, 의류, 신발, 가구, 제약, 가전, 화장품 등	반도체, 디스플레이, 철강, 기계, 섬유, 정밀화학 등

(3) 제조업의 발달 단계

❶ **재래 공업:** 단순한 기술과 기구를 이용한 가내 수공업 형태의 제품 생산

❷ **경공업:** 기술의 발전과 제도의 변화로 시간과 공간의 제약이 사라지면서 근무 환경도 다양한 형태로 변화

❸ **중화학 공업:** 기계, 선박, 철강, 자동차 등의 중공업과 에너지, 석유화학, 비료 제조 등의 화학공업

❹ **첨단 산업:** 신소재, 로봇, 정보통신, 바이오, 우주 개발 등 미래 지향적이고 부가가치가 높은 산업

Tip 영국 경제학자 콜린 클라크(Colin Clark)의 산업 구조 분류

1차 산업	농업, 목축업, 수렵업 등 자연에서 필요한 자원이나 동력을 얻는 산업
2차 산업	광업, 제조업 등 자연에서 얻은 자원을 이용하여 새로운 물건을 만드는 산업
3차 산업	상업, 의료업, 운수업 등 사람들의 생활을 편리하게 도와주는 활동으로 이루어진 산업

2 제품 생산 방식과 생산 체제

(1) 제품 생산 방식

❶ 작업 공정에 따른 생산 방식

생산 방식	특징	생산 제품
연속 생산	• 특정 품목의 제품을 연속적으로 대량 생산 • 제품 단위당 생산 원가가 낮으며, 다품종 소량 생산에 적합	자동차, 석유, 화학, 가전 등
개별 생산	• 고객의 개별적인 주문에 따라 제품을 생산 • 제품 제작에 오랜 시간 소요, 소품종 대량 생산에 적합	선박, 기계, 항공기, 맞춤 가구 등
로트 생산	• 일정한 수량의 같은 제품을 필요에 따라 생산 • 연속 생산과 개별 생산의 혼합 형태	반도체, 부품, 의류, 제화 등

❷ 주문 형태에 따른 생산 방식

생산 방식	특징	생산 제품
계획 생산	• 시장 수요에 따라 생산 계획을 세워 제품 생산 • 판매 부진 시 재고 발생 우려, 소품종 대량 생산에 적합	가전, 의류, 식품, 자동차 등
주문 생산	• 고객의 주문에 맞추어 제품 생산 • 재고 우려는 없으나 제품 가격이 높음, 다품종 소량 생산에 적합	항공기, 주택, 기계, 선박 등

❸ 생산량과 종류에 따른 생산 방식

생산 방식	특징
소품종 대량 생산	• 일정한 생산 공정을 설계하고 반복해서 대량으로 생산하는 연속 생산 형태 • 생산 설비가 대부분 자동화되어 제품 단위당 생산 원가가 낮음. • 다양한 수요 변화에 대한 제품 생산의 탄력성이 낮음.
중품종 중량 생산	• 품종과 수량이 많지도 적지도 않은 경우 적용되는 생산 방식 • 1회 경제적 생산량과 원가 구조, 작업 전환에 따른 준비시간 등의 조정 가능
다품종 소량 생산	• 제품의 종류가 다양하지만 품종당 생산량은 적은 주문 생산 방식 • 수요에 따라 제품 생산의 탄력적 대처가 가능하나 표준화 및 규격화가 어려움.

(2) 제품 생산 체제

❶ **생산 체제:** 생산 목표에 맞춰 노동, 자본, 원자재 등의 생산 요소를 투입한 후 생산 공정을 거쳐 사람의 욕망을 충족시킬 수 있는 새로운 제품을 만드는 것

❷ **피드백 기능:** 산출된 결과를 측정하고 생산 목표와 비교한 다음 개선된 방향으로 새로운 대책을 마련하는 등의 통제 역할을 하는 것

투입(input)	생산 공정(process)	산출(output)
• 노동 • 자본 • 원자재	• 형태 변화(가공) • 시간 변화(보관) • 장소 변화(운송) • 소유 변화(매매) • 행위 변화(검사)	• 제품

피드백(feedback)

▲ 제조업의 제품 생산 체제

▲ **연속 생산의 예** 자동차 제조업의 경우 전용 설비를 이용하여 특정 품목의 제품을 연속적으로 생산

▲ **개별 생산의 예** 선박회사의 경우 고객 주문에 따라 맞춤형 제품을 생산

▲ **로트 생산의 예** 반도체 제조 기업은 1회 생산 물량(로트량)이 어느 정도 확보되기를 기다려 생산

로트(lot)
일정 시간 동안 생산된 제품, 반제품 또는 원료들을 모은 것. 공장의 경우는 1회 생산 분량을 말함.

Step A 실력 점검 문제

02 제조업과 제품 생산 활동

01 제조업의 특징으로 옳지 않은 것은?

① 원재료를 가공하여 생활에 필요한 새로운 제품을 생산한다.
② 소품종 소량 생산의 흐름이 앞으로도 이어질 것이다.
③ 제조업은 원재료를 가공하여 유형의 제품을 생산하는 2차 산업을 의미한다.
④ 생산재 제조업은 기업과 기업 간의 대량 거래가 이루어진다.
⑤ 대규모 생산 설비가 필요하고, 품질의 측정이 용이하다.

02 소비재 제조업의 특징으로 옳지 않은 것은?

① 우리가 생활하는 데 직접 사용하는 물건을 생산하는 제조업이다.
② 반도체, 철강, 석유 · 정밀화학, LED, 기계 제조업 등이 있다.
③ 다수의 구매자와 다수의 판매자 사이에 거래가 이루어진다.
④ 타사의 제품과 질적 차별화가 어려운 경우가 많다.
⑤ 기업의 홍보와 대중 커뮤니케이션 관리의 중요성이 더욱 높아지고 있다.

03 다음 글의 ㉠, ㉡에 해당하는 말을 각각 쓰시오.

> 제조업은 생산물의 성격에 따라 개인에 의한 최종 소비를 목적으로 하는 (　㉠　)와(과) 이를 만드는 데 필요한 중간 생산물인 (　㉡　)(으)로 분류할 수 있다.

㉠ (　　　　　　　), ㉡ (　　　　　　　)

04 생산재 제조업의 특징으로 옳은 것은?

① 식료품 제조업, 가정용품 제조업, 의류 제조업, 가구 제조업 등이 있다.
② 일반 대중이 쉽게 접할 수 있으며, 마케팅의 역할이 중요하다.
③ 일반 개인 소비자가 거래 대상이며, 소수의 구매자와 다수의 판매자로 구성되어 있다.
④ 수요와 공급의 원리에 따라 거래처가 수시로 바뀐다.
⑤ 기술력이 안정적인 수요 확보의 원천이다.

05 보기 에서 경공업의 특징에 해당하는 것을 모두 고르시오.

> 보기
> ㉠ 제품과 생산 공정의 혁신 비율이 높은 산업
> ㉡ 경제 개발 단계 초기에 발달
> ㉢ 가족 단위의 소규모 제품 생산 활동
> ㉣ 섬유, 가발, 피혁, 인쇄 공업 등이 해당
> ㉤ 제품의 부가가치를 극대화하는 지식 집약 사업
> ㉥ 대규모의 생산 시설과 첨단 기술을 기반으로 시작

(　　　　　　　　)

06 보기 의 우리나라 제조업 발달 단계를 순서대로 나열한 것은?

> 보기
> ㉠ 경공업　　　　㉡ 첨단 산업
> ㉢ 중화학 공업　　㉣ 가내 수공업

① ㉠, ㉡, ㉢, ㉣　　② ㉠, ㉢, ㉣, ㉡
③ ㉢, ㉣, ㉡, ㉠　　④ ㉣, ㉠, ㉢, ㉡
⑤ ㉣, ㉢, ㉡, ㉠

07 다음에서 설명하는 생산 방식은?

> 생산량이 많지도 적지도 않아 1회 생산 물량이 어느 정도 확보되기를 기다려 생산하는 방식

① 주문 생산　② 재고 생산
③ 로트 생산　④ 다품종 생산
⑤ 소품종 생산

08 다음에서 옳은 것은 ○표, 틀린 것은 X표 하시오.

(1) 연속 생산 방식은 제품마다 품질과 가공 방법이 다르다. (　　)
(2) 개별 생산 방식은 기계 수리업, 조선업, 소규모 가구 제조업 등에 적용된다. (　　)
(3) 로트 생산 방식은 같은 제품을 일정한 수량만큼 모아서 생산하는 방식이다. (　　)
(4) 반도체 제조 기업은 로트 생산 방식을 사용하는 경우가 많다. (　　)

09 다품종 소량 생산의 특징으로 옳지 않은 것은?

① 전용 설비를 통해 연속적으로 생산하는 방식이며, 생산 시스템이 단순하게 설계되어 있다.
② 고객의 빈번한 제품 사양의 변경으로 생산 계획에 문제가 발생할 수도 있다.
③ 잦은 설비 교체로, 생산 준비 시간이 많이 소비된다.
④ 고객의 요청에 따라 제품을 제조하는 형태로 선박, 항공기, 기계, 신발, 가구 등의 생산 방식에 적합하다.
⑤ 생산해야 할 제품이 다양하기 때문에 제품 생산 비용이 많이 든다.

10 보기 에서 특정 품목의 제품을 연속으로 생산하는 방식에 대한 설명을 모두 고른 것은?

> 보기
> ㉠ 제품 단위당 생산 원가가 높다.
> ㉡ 다양한 수요에 대응하는 유연성이 적다.
> ㉢ 제품을 설계하고 제조하는 데 상당한 시간이 필요하다.
> ㉣ 기계 수리업, 조선업 등에서 사용하는 방식이다.
> ㉤ 고객의 주문에 의해 개별로 생산하는 방식이다.
> ㉥ 표준 제품을 대량으로 생산하는 것이 가능하다.

① ㉠, ㉣　② ㉠, ㉤　③ ㉡, ㉥
④ ㉢, ㉥　⑤ ㉣, ㉥

11 개별 생산 방식에 대한 설명으로 옳은 것은?

① 제품 단위당 생산 원가가 낮다.
② 고객의 주문에 의해 연속적으로 생산하는 방식이다.
③ 제품을 설계하고 제조하는 데 상당한 시간이 필요하다.
④ 다양한 수요 변화에 대한 탄력성이 적다.
⑤ 석유정제업, 화학공업, 자동차 등의 제조업에 적합하다.

12 다음에서 설명하는 것은 무엇인지 쓰시오.

> 기업이 원하는 제품을 효율적으로 생산하기 위하여 노동, 자본, 원자재 등의 생산 요소를 투입하여 최종 생산물을 얻는 과정

(　　　　　　　　)

Step B

수능 대비 문제

02 제조업과 제품 생산 활동

문제 해결의 길잡이

≪ **제품 생산 방식을 구별하고, 그 내용을 이해하는지를 평가하는 문제이다.**

연속 생산 방식, 개별 생산 방식, 로트 생산 방식의 개념을 이해하고, 각 생산 방식과 관련된 산업과 제품군을 알고 있어야 한다.

01 다음 글의 밑줄 친 (가) ~ (다) 생산 방식에 관한 설명으로 잘못된 것은?

제품의 생산 방식은 생산의 연속성에 따라 연속 생산, 개별 생산, 로트 생산으로 분류할 수 있다.

(가) 연속 생산은 특정 품목의 제품을 연속적으로 대량 생산하는 방식으로 석유 정제업, 화학 공업, 자동차 제조업 등에서 볼 수 있다. (나) 개별 생산은 고객 주문에 따라 개개별로 제품을 생산하는 방식으로 기계 수리업, 조선업, 소규모 가구 제조업 등에서 볼 수 있다. (다) 로트(묶음) 생산은 1회 생산 물량이 어느 정도 확보되기를 기다려 생산하는 방식으로 반도체, 기계 및 기구, 부품 등의 제조업 등에서 많이 볼 수 있다.

① (가)는 작업의 분업화로 생산성을 높일 수 있다.
② (가)는 다양한 수요에 대응하는 유연성이 큰 편이다.
③ (나)는 다품종 소량 생산 체제에 적합하다.
④ (나)는 제품을 설계하고 제조하는 데 상당한 시간이 필요하다.
⑤ (다)는 연속 생산과 개별 생산의 중간 정도의 제품 수량을 생산하는 경우에 이용한다.

≪ **제품 생산 체제의 개념과 그 프로세스를 파악하는 문제이다.**

제품 생산 체제를 구성하는 투입, 생산 공정(변환), 산출, 피드백의 프로세스를 이해하고, 단계별 작업 과정을 알아야 한다.

02 다음은 제품의 생산 체제를 도식화한 것이다. 이에 대한 설명으로 잘못된 것은?

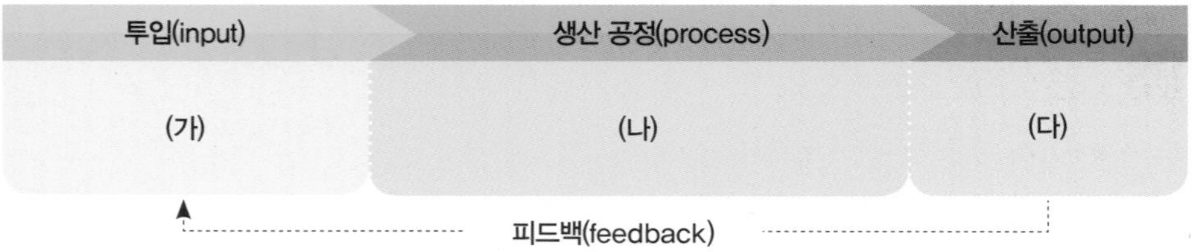

① (가)는 원자재 등의 물질적 요소나 노동, 자본, 기술 등 비물질적 요소가 투입되는 단계이다.
② (나)는 생산된 투입 요소를 가공 처리하여 제품을 생산하는 단계이다.
③ (다)는 가공, 처리된 결과물인 제품을 얻는 단계이다.
④ 피드백은 생산 과정과 제품을 평가하여 더 나은 제품을 얻기 위한 과정이다.
⑤ 피드백을 위한 제품 평가는 소비자가 제공하는 정보만으로 이루어져야 한다.

03 다음 글에 등장하는 제품에 관한 설명으로 옳은 것은?

> 1963년 우리나라에서 처음 라면이 나왔을 때는 큰 인기를 끌지 못하였다. 인식 부족이 가장 큰 원인이었는데, 정부의 밀보리 혼 · 분식 장려 운동과 더불어 기업의 무료시식 같은 끊임없는 홍보 덕에 조금씩 서민들 사이에서 자리를 잡아나갔다. 그리하여 1969년 한 해 동안 천오백만 봉지가 팔렸으며, 1970년대에 들어서는 즉석 자장면 · 칼국수 · 냉면 등의 다양한 제품이 나오게 되었다. 1980년대 중반 이후에는 라면의 고급화가 이루어지고 용기에 직접 뜨거운 물을 부어 먹는 즉석 라면 등이 등장하여 큰 인기를 끌었다.

① 마케팅의 역할이 중요한 제품이다.
② 타사 제품과의 질적 차별화가 쉬운 제품이다.
③ 개별 생산 방식으로 출시되는 대표적인 제품이다.
④ 기관이나 기업 간 대량 거래가 이루어지는 제품이다.
⑤ 콜린 클라크의 산업 분류에 따르면 3차 산업 제품에 해당한다.

문제 해결의 길잡이

≪ **일상생활에서 쉽게 접할 수 있는 '라면'을 통해 소비재 제품의 의미를 파악하는 문제이다.**
소비재 제조업과 생산재 제조업의 개념과 차이점, 해당 제품의 구체적 사례 등을 알아야 한다.

04 다음 그래프는 제품 수명 주기에 따른 매출액과 이익의 변화를 표시한 것이다. 이 그래프에 대한 설명으로 잘못된 것은?

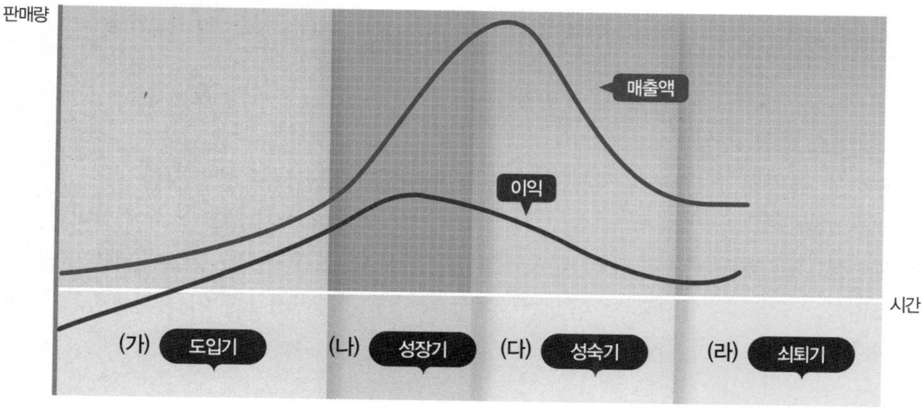

① 제품 수명 주기는 하나의 제품이 출시되어 폐기되기까지의 과정을 의미한다.
② (가) 시기에는 매출액이 적은 반면, 판촉 활동과 유통망 확보에 많은 비용이 들어 적자가 나기 쉽다.
③ (나) 시기에는 구매 확산의 가속화로 대량 생산과 가격 인하가 이루어져 매출액은 더욱 늘어나고 이익도 흑자로 전환되어 증가하기 시작한다.
④ (다) 시기에는 많은 시장 참여자들과 과잉 생산 능력에 의하여 경쟁이 심화되고, 과도한 가격 인하 경쟁으로 이윤이 감소하기 시작한다.
⑤ (라) 시기에는 다양한 제품을 공급하는 경쟁자가 많아서 제품 차별화의 기회가 오히려 제한받는다.

≪ **제품 수명 주기(PLC: product life cycle)의 개념을 파악하는 문제이다.**
제품 수명 주기는 교과 과정에서 다소 벗어난 내용이라 볼 수도 있지만, 제조업이나 제품과 관련하여 매우 중요한 주제이다. 제품 수명 주기의 의미를 이해하고, 도입기, 성장기, 성숙기, 쇠퇴기 등 각 단계별 제품 매출액과 이익의 변화 양상을 알아둘 필요가 있다. 각 단계별 마케팅 전략까지 공부한다면 금상첨화라 할 수 있겠다.

03 서비스업과 서비스 생산

1 서비스업의 의미와 특징

(1) 서비스업의 의미

❶ **서비스업:** 제조업처럼 물건을 생산하는 것이 아니라 용역을 만들어내는 일을 주로 하는 산업으로, 다른 사람을 위해서 봉사하고 그 대가를 받는 산업

❷ **업종 예:** 음식업, 숙박업, 금융 · 보험업, 부동산업, 광고업, 자동차 등의 수리업, 영화 · 연극 등의 흥행업, 의료 · 보건업, 종교 · 교육 · 법무 관계업 및 그 밖의 비영리 단체 등

(2) 서비스업의 분류

❶ **공급하는 주체에 따른 분류:** 공공 서비스업과 민간 서비스업

구분	공공 서비스업	민간 서비스업
의미	공공의 이익을 위해 정부 기관이나 공기업이 공급하는 서비스	이윤 추구를 위해 기업이나 개인이 공급하는 서비스
관련 업종	행정, 경찰, 소방, 교통 등	도 · 소매업, 음식점업, 운수업 등

❷ **제공받는 대상에 따른 분류:** 소비자 서비스업과 생산자 서비스업

구분	소비자 서비스업	생산자 서비스업
의미	소비자에게 직접 제공하는 서비스	기업의 생산 활동을 지원하는 서비스
관련 업종	도 · 소매업, 음식점업, 숙박업 등	금융 · 보험업, 부동산업, 광고업 등

(3) 서비스업의 특징

❶ **무형성:** 측정하거나 저장할 수도 없는 무형(intangibility)의 특성을 지님.

❷ **비분리성:** 제품과 달리 서비스는 생산과 소비가 분리되어 있지 않고 동시에 일어남.

❸ **가변성:** 표준화된 제품과 달리 서비스 성과는 생산자, 고객, 시간, 장소에 따라 달라짐.

❹ **소멸성:** 서비스는 생산과 소비가 현장에서 동시에 이루어져 보관이 불가능하고 한 번 제공된 서비스는 그 순간 소멸하는 특성이 있음.

2 서비스의 생산 방식과 생산 체제

(1) 서비스 생산 방식

생산 방식	특징	적용 예
생산라인 접근방식	• 서비스 환경이나 과정을 표준화 및 분업화하여 설계한 방식 • 서비스 품질 균일 및 생산 능률 향상 효과	자동차 수리, 패스트푸드 전문점 등
고객참여 접근방식	• 서비스 과정에 고객의 참여를 유도하여 서비스의 능률을 향상하는 방식 • 서비스의 경제성, 신속성, 편의성 등의 효과	셀프 주유소, 자동판매기 등

《 서비스
서비스(service)란 단어는 14세기부터 사용하기 시작하였는데, 그 어원은 고대 라틴어의 servus에서 유래된 것으로 라틴어의 servitium(노예 제도)과 프랑스어 servise(공공에 봉사하다)로 변환되어 현재의 service(봉사하는 행위)를 뜻하게 됨.

《 용역
생산과 소비에 필요한 육체적 · 정신적 노력을 제공하는 일

《 서비스 마케팅 목표 설정 시 고려 사항

우리의 주 고객은 누구인가?
⇓
그들의 욕구는 무엇인가?
⇓
그들의 욕구를 만족시키기 위해 어떻게 할 것인가?
⇓
우리를 둘러싼 환경은 어떠한가?

《 서비스 품질 관리
서비스 품질은 소비자의 경험에 의해 이루어지므로 고객이 기대하는 정도와 성과에 대해 느끼는 정도의 차이로 정의될 수 있다. 그리고 서비스 품질 관리는 품질에 대하여 어떤 표준이나 한계를 미리 정해 놓고 이에 맞도록 어떤 행동을 제어해 나가는 것을 의미한다.

고객접촉 분리방식	• 고접촉 서비스: 고객 참여가 있어야 서비스 활동이 일어나는 것	호텔, 병원, 은행 등
	• 저접촉 서비스: 고객들과 실질적으로 접촉하지 않아도 서비스 활동이 일어나는 것	전화, 우편, 배송 등
고객응대 접근방식	• 서비스에 대한 고객의 만족도와 기대의 차이를 고려하여 특정 고객에게 차별화된 서비스 제공	특정 백화점이나 호텔 등

(2) 서비스 생산 체제

❶ **의미:** 제품 생산 체제와 같이 투입, 공정, 산출의 세 단계로 구성

❷ **목표:** 고객이 기대하는 서비스를 합리적인 품질과 비용으로 제공하는 것

투입	공정 과정	산출
• 고객, 제품, 정보 • 고객이 원하는 욕구 • 환경 정보(경제력, 경쟁, 기술 정보)	• 서비스 조직, 서비스 제공자의 재량 및 태도, 고객 • 서비스 제공자의 역할 및 정보 처리 • 개인별 요구에 의한 디자인 및 설계의 변경	• 고객 • 제품 • 정보

피드백

㉊ 서비스업의 생산 체제

« **서비스 생산체제의 예(커피 전문점)**

투입	다양한 커피를 맛볼 수 있고, 혼자서 공부하기도 좋고, 친구와 대화하기도 편안한 공간 필요
공정 과정	친절한 직원 교육, 다양한 커피와 디저트 준비, 편안하고 빈티지한 분위기로 넓고 분위기 있는 공간 마련, 접근하기 편한 위치, 24시간 영업
산출	1층은 대화하기 편안한 공간, 2층은 혼자서 공부하기도 좋은 공간으로 구성된 카페를 설립하여 서비스 제공. 또한 다른 곳에서 맛보기 힘든 다양한 커피와 음료 및 베이커리 판매 등으로 고객의 욕구 충족

(3) 서비스 상품 유형

시간 절약형 서비스	비용(돈)이 지급되더라도 여가에 더 큰 가치를 부여하는 서비스로 KTX나 항공기 등을 이용하는 운송 서비스, 패스트푸드점, 택배업, 포장이사 등이 있다.
자아 창조형 서비스	물질적 욕구, 지식, 문화, 건강 등 인간의 자아를 충족시키는 서비스로 레저, 스포츠, 건강, 교육, 금융, 정보 서비스 등이 있다.
인간 중심형 서비스	사람의 역할을 통해 서비스가 제공되는 것을 말하며 가사 서비스업, 의료업, 미용업, 경영 자문, 교육, 식당업 등이 있다.
설비 중심형 서비스	주로 설비 기능에 의해 이루어지는 서비스를 말하며 정보 서비스업, 금융업, 통신업, 숙박업, 유통업, 운송업 등이 있다.

Tip 서비스업과 제조업의 차이

서비스업	제조업
• 무형적이다. • 일반적으로 소유권을 이전할 수 없다. • 재판매가 불가능하다. • 보관과 저장을 할 수 없다. • 생산과 소비는 동시에 일어난다. • 생산과 소비는 같은 장소에서 발생한다. • 운송할 수 없다. • 고객이 생산 과정에 참여할 수 있다.	• 유형적이다. • 판매와 동시에 소유권이 이전된다. • 재판매가 가능하다. • 재고로 보관할 수 있다. • 생산과 소비를 분리할 수 있다. • 생산과 소비는 공간적으로 떨어져 있다. • 운송할 수 있다. • 제조업자가 생산한다.

Step A

실력 점검 문제

01 서비스업의 특징으로 옳은 것은?

① 판매와 동시에 소유권이 이전된다.
② 생산과 소비의 분리가 가능하다.
③ 재고로 보관이 가능하다.
④ 유형적이고 운송할 수 있다.
⑤ 생산과 소비가 같은 장소에서 발생한다.

02 서비스업의 특성에 속하지 않는 것은?

① 무형성　② 일관성
③ 가변성　④ 비분리성
⑤ 소멸성

03 서비스업에 대한 설명으로 옳지 않은 것은?

① 1차 산업과 2차 산업의 모든 업종이 해당된다.
② 재화의 운반, 배급, 판매로 용역을 만들어내는 일을 주로 한다.
③ 물질적인 것이 아닌 무형의 노무를 제공하는 모든 업종이다.
④ 서비스업에는 금융, 의료, 교육, 광고, 숙박 관련 업종 등이 있다.
⑤ 고객의 취향에 따라 서비스를 제공하기 때문에 서비스 품질을 표준화하기 어렵다.

04 서비스업의 특징에 해당하는 것을 보기 에서 골라 묶은 것은?

보기
㉠ 생산과 소비가 동시에 일어나지 않는다.
㉡ 재판매가 불가능하다.
㉢ 대량 생산이 가능하다.
㉣ 고객이 생산 과정에 참여할 수 있다.
㉤ 무형적이다.

① ㉠, ㉡, ㉢　② ㉠, ㉡, ㉤
③ ㉠, ㉢, ㉣　④ ㉡, ㉣, ㉤
⑤ ㉢, ㉣, ㉤

05 서비스업에 대한 설명으로 옳지 않은 것은?

① 서비스 시설을 배치할 때는 운영 효율성보다 고객과의 상호 작용이 더욱 중요하다.
② 서비스를 개발하기 위해서는 고객의 요구를 파악하는 것이 먼저 이루어져야 한다.
③ 서비스 전략이 수립되고 나면 서비스를 제공할 입지를 선정하고, 설비를 배치한다.
④ 서비스의 품질은 고객의 경험으로 평가해야 하므로 매우 주관적이다.
⑤ 서비스 시설의 입지 선정 시에는 고객과의 근접성보다 자원 획득이 얼마나 쉬운가가 중요하게 작용한다.

06 다음 나열한 업종과 관계있는 산업은 무엇인지 쓰시오.

- 수도업, 폐기물 수집업, 환경 정화 및 복원업
- 자동차 및 부품 판매업, 도매 및 상품 중개업
- 출판업, 방송업, 우편 및 통신업, 정보서비스업
- 금융업, 보험 및 연금업, 부동산업, 연구개발업

(　　　　　　　　)

07 **서비스업이 갖는 특징 중 산출물의 보관과 축적이 불가능한 이유로 옳지 않은 것은?**

① 서비스업은 인간의 욕망을 직접 충족하기 때문이다.
② 서비스업은 대량 생산이 가능하기 때문이다.
③ 서비스업의 산출물은 무형이기 때문이다.
④ 서비스업은 생산과 소비가 동시에 이루어지기 때문이다.
⑤ 서비스업은 고객 밀착형이기 때문이다.

08 **서비스 환경이나 과정을 표준화 및 분업화하여 서비스를 제공하도록 설계한 생산 방식은?**

① 고객참여 접근방식
② 고객접촉 분리방식
③ 고객응대 접근방식
④ 생산라인 접근방식
⑤ 서비스 내용 접근방식

09 **서비스 상품의 유형에 대한 내용을 바르게 연결하시오.**

(가) 설비 중심형 서비스 •	• ㉠ 물질적 욕구, 지식, 문화, 건강 등 인간의 자아를 충족시키는 서비스
(나) 시간 절약형 서비스 •	• ㉡ 비용이 지불되더라도 여가 시간에 더 큰 가치를 부여하는 서비스
(다) 인간 중심형 서비스 •	• ㉢ 교육업, 의료업, 미용업, 외식업 등 사람의 역할을 통해 제공되는 서비스
(라) 자아 창조형 서비스 •	• ㉣ 정보 서비스업, 금융업, 통신업등과 같이 주로 설비 기능에 의해 이루어지는 서비스

10 **다음에서 설명하는 서비스 생산 방식을 쓰시오.**

> 서비스 과정에 고객의 참여를 유도하여 서비스의 능률을 향상시키는 방식으로 서비스의 경제성, 신속성, 편의성 등의 효과가 있지만 소비자 교육과 쉽게 작동하는 기계 장비의 설계가 뒷받침되어야 한다. 주유소의 셀프 급유기, 간이식당의 샐러드 바, 뷔페식당, 자동판매기, 자동 응답기, 자동 현금 인출기 등이 해당한다.

( )

11 **다음에 나열하는 서비스업에 해당하는 서비스 상품 유형은?**

> 기차 · 항공기 · 배 등을 이용하는 운송업, 패스트푸드점 등의 외식업, 택배업, 포장이사업, 배달 앱 서비스업

① 설비 중심형 서비스
② 시간 절약형 서비스
③ 인간 중심형 서비스
④ 자아 창조형 서비스
⑤ 생활 밀착형 서비스

12 **서비스 생산 체제에 대한 설명으로 옳지 않은 것은?**

① 서비스 생산 체제는 투입, 공정, 산출의 세 부분으로 구성되어 있고 이들은 상호 밀접한 관계를 맺고 있다.
② 서비스 생산 체제의 투입 요소에는 서비스를 받으려는 고객, 자산, 서비스에 필요한 정보, 고객이 원하는 서비스에 대한 욕구, 경제적인 상황, 경쟁 환경, 기술 정보 등이 있다.
③ 서비스를 처리하는 과정에서 디자인된 서비스는 고객의 요구에 따라 디자인을 변경하거나 서비스의 일부만을 개별적으로 판매할 수 없다.
④ 서비스 생산 체제에서의 고객은 투입뿐만 아니라 산출이 되고 서비스 공정의 일부분의 역할에 참여하기도 한다.
⑤ 서비스 공정은 서비스에 참여하는 요원들의 구조, 서비스 제공자의 역할, 서비스 과정에서 디자인된 서비스의 변경이 요구되는 정도로 형성된다.

Step B 수능 대비 문제

03 서비스업과 서비스 생산

문제 해결의 길잡이

≪ **산업별 고용 구성비와 업종별 GDP 비중이 시기별로 어떻게 변화했는지를 보고, 우리나라 경제의 변화 양상을 짚어보는 문제이다.**

우리나라 경제의 시기별 변화의 원인과 과정을 개략적으로 숙지해야 한다. 아울러 경제 성장에 따라 산업 구조도 변하였음을 이해해야 한다.

01 다음 그래프는 우리나라 산업의 변화를 표시한 것이다. 이를 통해 알 수 있는 사실을 보기 에서 고른 것은?

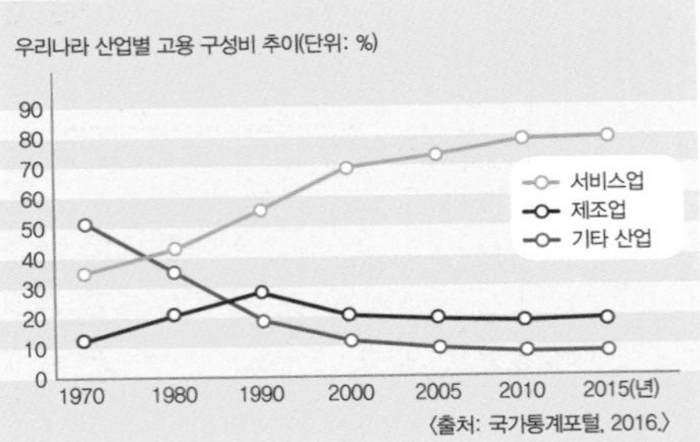

〈출처: 국가통계포털, 2016.〉

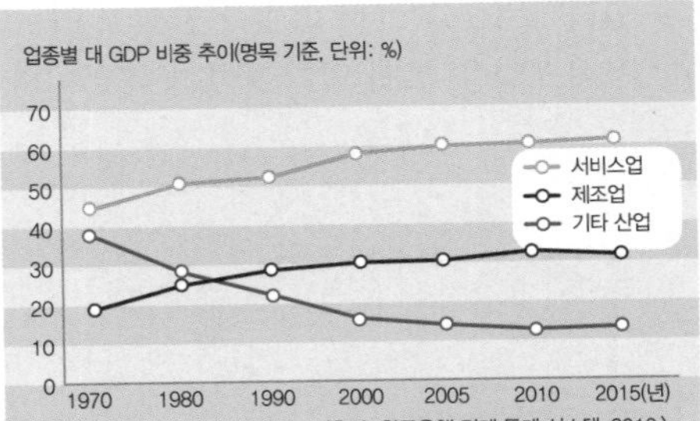

〈출처: 한국은행 경제 통계 시스템, 2016.〉

보기

ㄱ 제조업의 성장은 1990년대 후반의 IMF 관리 체제의 결과이다.
ㄴ 그래프는 콜린 클라크의 산업 구조 변화 이론과 상관관계를 보여 준다.
ㄷ 1970년대 이후 제조업과 서비스업의 구조 변화는 산업화를 반영한 것이다.
ㄹ 그래프를 통해 서비스업 종사자보다 제조업 종사자의 임금 수준이 높다는 것을 알 수 있다.

① ㄱ, ㄴ　② ㄱ, ㄷ　③ ㄴ, ㄷ
④ ㄴ, ㄹ　⑤ ㄷ, ㄹ

≪ **학생의 관점에서 일상생활에서 경험하는 서비스의 종류를 알아보는 문제이다.**

일상에서 경험하는 다양한 서비스 상품을 4개의 범주(시간 절약형 서비스, 자아 창조형 서비스, 인간 중심형 서비스, 설비 중심형 서비스)로 구분할 수 있어야 한다.

02 다음 ㉠ ~ ㉤의 서비스 상품 유형을 잘못 분류한 것은?

중기네 가족은 어제 부산에서 서울로 이사를 왔다. ㉠ 포장이사를 이용해서 많이 고생하진 않았지만, 처음 등교하는 학교에 늦지 않기 위해 일찍 잠자리에 들었다.

다음 날 아침! 중기는 ㉡ 휴대폰 알람 소리를 듣고 7시에 일어나 ㉢ 버스를 타고 등교하여 열심히 공부를 하고 오후 4시에 하교했다. 새롭게 사귄 같은 반 친구들과 ㉣ 분식집에 들러 떡볶이를 먹고, 미용실에 들러 머리를 자른 후 집으로 왔다. 오후 7시 30분에 엄마가 차려주신 맛있는 카레를 먹고 공부를 했다. 그리고 학교에 제출할 ㉤ 주민등록표등본을 인터넷으로 발급받아 가방에 챙겨 넣은 후 잠자리에 들었다.

① ㉠ 포장이사 – 시간 절약형 서비스
② ㉡ 휴대폰 알람 – 자아 창조형 서비스
③ ㉢ 버스 이용 – 시간 절약형 서비스
④ ㉣ 분식집, 미용실 이용 – 인간 중심형 서비스
⑤ ㉤ 인터넷을 이용한 등본 발급 – 설비 중심형 서비스

≫ 정답과 해설 | 145쪽

03 다음은 서비스 프로세스를 분류하기 위해 슈메너가 개발한 '서비스 매트릭스'이다. 이에 대한 설명으로 잘못된 것은?

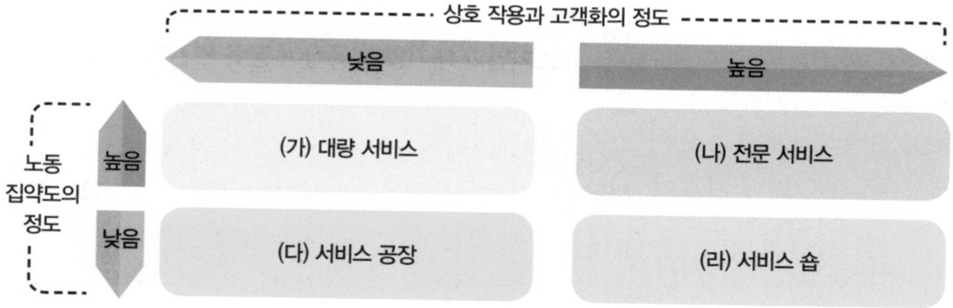

① 고객과의 상호 작용과 고객화의 정도 및 노동 집약도의 정도를 기준으로 구성되었다.
② (가)는 노동 집약도가 높고 고객과의 상호 작용이 낮은 도매업, 소매업 등이 해당된다.
③ (나)는 노동 집약도와 고객과의 상호 작용이 모두 높은 의료 서비스, 법률 서비스 등이 해당된다.
④ (다)는 표준화된 서비스를 대량으로 공급하며 제조업과 가장 유사한 방식이다.
⑤ (라)는 높은 고객 서비스를 제공하며 설비 투자 시설의 중요도가 낮은 방식이다.

04 다음 글의 '진실의 순간(MOT)'에 관한 설명으로 잘못된 것은?

> "지난 한 해 동안 천만 명의 우리 고객이 서비스를 받기 위해 다섯 번 정도 우리 직원들과 만났는데, 이 만남은 평균 15초 정도 지속하였다. 따라서 우리 스칸디나비아 항공사는 한 번에 15초 정도, 1년에 5천만 번 창조된다고 할 수 있다. 이 5천만 번이나 되는 진실의 순간(MOT: moment of truth)이 우리 회사의 성패를 결정하는 순간이다."
>
> – 얀 칼슨, "진실의 순간(Moment of Truth)"
>
> 스칸디나비아 항공(SAS)의 얀 칼슨(Jan Carlzon)은 사장에 취임한 지 1년 만에 적자에 시달리던 회사를 흑자로 전환하고, 회사는 '올해의 최우수 항공사' 및 '고객 서비스 최우수 항공사'로 선정되었다. 이를 계기로 MOT가 회사의 이미지와 사업의 성패를 좌우한다고 널리 알려지면서 그 중요성이 강조되었다.

① 고객과 서비스 제공자 사이의 직접적 상호 작용이 발생하는 순간을 의미한다.
② 직원의 태도가 고객 만족을 결정하며, 기업 매출에까지 영향을 미친다는 관점을 반영한다.
③ 직접 고객을 접하는 순간에도 기업은 언제든지 최상의 서비스를 제공할 것을 강조하고 있다.
④ 고객이 회사 건물로 들어설 때, 직원과 만날 때, 제품을 처음 접할 때 등도 MOT에 해당한다.
⑤ 양질의 서비스를 여러 번 받은 고객의 경우는 짧은 순간 불만족스러운 서비스를 받더라도 만족도가 크게 떨어지지 않는다.

문제 해결의 길잡이

≪ 서비스를 제공 방식에 따라 범주화하는 문제이다.
제시된 서비스 매트릭스의 횡축(상호 작용과 고객화의 정도)과 종축(노동 집약도의 정도)을 기준으로 각각의 서비스 개념을 유추해야 한다. 즉, 고객화의 높낮이와 노동 집약도의 높낮이에 따라 서비스를 4개의 범주로 나누고, 그에 해당하는 서비스를 포지셔닝해야 한다.

≪ 진실의 순간(MOT, 서비스 접점)의 개념과 중요성을 알아보는 문제이다.
MOT의 개념과 유래를 이해하고, 특히 서비스업에서 MOT가 왜 중요한지 그 이유를 파악해야 한다.

대단원 마무리 문제

01 다음 설명에 해당하는 조직체의 명칭을 쓰시오.

- 인간에게 필요한 재화나 서비스를 생산하고 판매하여 영리를 추구한다.
- 생산 요소인 토지, 노동, 자본, 기술 등을 이용하여 생산 활동을 한다.
- 국민 경제의 한 축을 담당한다.

( )

02 보기 에서 기업의 역할에 해당하는 것을 모두 고르면?

보기
㉠ 제품과 서비스를 생산하여 소비자의 욕구를 충족시킨다.
㉡ 인재를 발굴하여 일자리를 제공한다.
㉢ 국가의 부가 가치를 창출하여 국가 경제 발전의 원동력이 된다.
㉣ 인적 자원의 역량과 능력을 개발하여 자아를 실현하게 한다.
㉤ 사회적 책임을 통해 사회 복지를 실현한다.

① ㉠, ㉡, ㉢ ② ㉠, ㉡, ㉣
③ ㉠, ㉢, ㉤ ④ ㉠, ㉡, ㉢, ㉣
⑤ ㉠, ㉡, ㉢, ㉣, ㉤

03 기업에 관한 설명으로 옳지 않은 것은?

① 기업은 규모에 따라 중소기업, 중견기업, 대기업으로 분류한다.
② 기업은 업종에 따라 상기업, 서비스 기업, 제조 기업으로 분류한다.
③ 기업은 설립 주체에 따라 공기업, 공사 합동기업, 사기업으로 분류한다.
④ 공사 합동기업은 민간인과 국가 또는 지방 자치 단체가 공동으로 출자하고 공동으로 경영한다.
⑤ 주식회사, 협동조합 등은 소수 공동기업에 해당한다.

04 중소기업과 대기업의 특징이 잘못 연결된 것은?

	〈중소기업〉	〈대기업〉
①	신속한 의사 결정	체계적 근무 시스템
②	다양한 업무 경험	업무의 효율적 분업화
③	빠른 승진 기회	높은 연봉
④	다양한 복리 혜택	자유로운 의견 제시
⑤	개인의 역량 발휘 용이	자본 조달 용이

05 용어 설명이 잘못된 것은?

① 이노비즈(innobiz) – 혁신(innovation)과 경영(business)의 합성어
② 히든챔피언 – 대중에게 잘 알려져 있지는 않지만 각 분야에서 세계시장을 지배하는 우량 강소기업
③ 강소기업 – 규모는 작아도 틈새시장을 적절히 공략하여 기술력과 성장 가능성이 큰 중소기업
④ 벤처 기업 – 혁신적 기술과 아이디어를 보유한 설립된 지 얼마 되지 않은 창업 기업
⑤ 아웃소싱 – 기업 업무의 일부분이나 과정을 제삼자에게 위탁해 처리하는 것

06 제조업에 관한 설명으로 잘못된 것은?

① 클라크(C. Clark)의 산업 분류상 2차 산업에 해당한다.
② 인쇄 및 기록 매체 복제업은 제조업에 해당한다.
③ 원재료에 물리적, 화학적 작용을 가하여 새로운 제품을 만드는 활동이다.
④ 제품의 용도에 따라 소비재 제조업, 생산재 제조업 등으로 분류할 수 있다.
⑤ 우리나라의 제조업체 수와 종업원 수는 산업에서 가장 큰 비중을 차지한다.

07 보기 에서 생산재 제조업에 관한 내용을 고르면?

보기
㉠ 핵심 경쟁력은 기술력이다.
㉡ 식료품, 가정용품, 의류, 제약, 가구 등을 생산한다.
㉢ 주로 기관이나 기업 간(B2B)에 대량 거래가 이루어진다.
㉣ 다수의 구매자와 다수의 판매자 간에 거래가 이루어진다.
㉤ 반도체, LED, 철강, 석유 · 정밀화학, 기계 제조업 등을 생산한다.
㉥ 제품과의 질적 차별화가 크지 않으므로 마케팅의 역할이 중요하다.

① ㉠, ㉡, ㉢ ② ㉠, ㉡, ㉤
③ ㉠, ㉢, ㉣ ④ ㉠, ㉢, ㉤
⑤ ㉠, ㉢, ㉥

08 다음 제품 생산 방식에 관한 설명 중 옳은 것은 ○표, 틀린 것은 X표 하시오.

(1) 연속 생산은 특정 품목의 제품을 연속적으로 대량 생산하는 방식으로 석유 정제업, 화학 공업, 자동차 제조업 등에서 볼 수 있다. (　　　)
(2) 개별 생산은 제품 단위당 생산 원가가 낮다는 장점이 있으나, 다양한 수요에 대응하는 유연성은 적은 편이다. (　　　)
(3) 로트(lot) 생산은 1회 생산 물량(로트량)이 어느 정도 확보되기를 기다려 생산하는 방식이다. (　　　)

09 다음 설명에 해당하는 용어를 쓰시오.

• 생산 목표에 맞춰 노동, 자본, 원자재 등의 생산 요소를 투입한 후 생산 공정을 거쳐 사람의 욕망을 충족시킬 수 있는 새로운 제품을 만드는 것을 말한다.
• 산출된 결과를 측정하고 생산 목표와 비교한 다음 개선된 방향으로 새로운 대책을 마련하는 등의 통제 역할을 하는 피드백 기능도 있다.

(　　　　　　　　　　)

10 보기 에서 서비스업의 특징에 해당하는 것을 모두 고르면?

보기
㉠ 무형적이다.
㉡ 재판매할 수 없다.
㉢ 재고로 보관할 수 있다.
㉣ 생산과 소비가 동시에 일어난다.

① ㉠, ㉡, ㉢ ② ㉠, ㉡, ㉣
③ ㉠, ㉢, ㉣ ④ ㉡, ㉢, ㉣
⑤ ㉠, ㉡, ㉢, ㉣

11 다음 서비스 생산 방식에 관한 설명 중 옳은 것은 ○표, 틀린 것은 X표 하시오.

(1) 생산라인 접근방식은 서비스 과정에 고객의 참여를 유도하여 서비스의 능률을 향상시키는 방식으로 서비스의 경제성, 신속성, 편의성 등의 효과가 있다. (　　　)
(2) 고객참여 접근방식은 서비스 품질이 균일해지고 생산 능률이 향상되는 효과가 있지만 다양한 서비스를 자유자재로 제공할 수 없다는 단점이 있다. (　　　)
(3) 고객접촉 분리방식(서비스 내용 접근방식)은 서비스 제공 과정에서 고객과 접촉하는 방식으로, 고접촉 서비스와 저접촉 서비스로 나눌 수 있다. (　　　)
(4) 고객응대 접근방식은 서비스의 내용과 제공 과정이 고객별로 다를 수 있다는 점에서 제시된 방식이다. (　　　)

12 서비스 상품 유형 중 다음 내용에 해당하는 서비스는?

• 물질적 욕구, 지식, 문화, 건강 등 인간의 자아를 충족시키는 서비스이다.
• 레저, 스포츠, 건강, 교육, 금융, 정보 서비스 등이 있다.

① 시간 절약형 서비스 ② 자아 창조형 서비스
③ 인간 중심형 서비스 ④ 설비 중심형 서비스
⑤ 요소 복합형 서비스

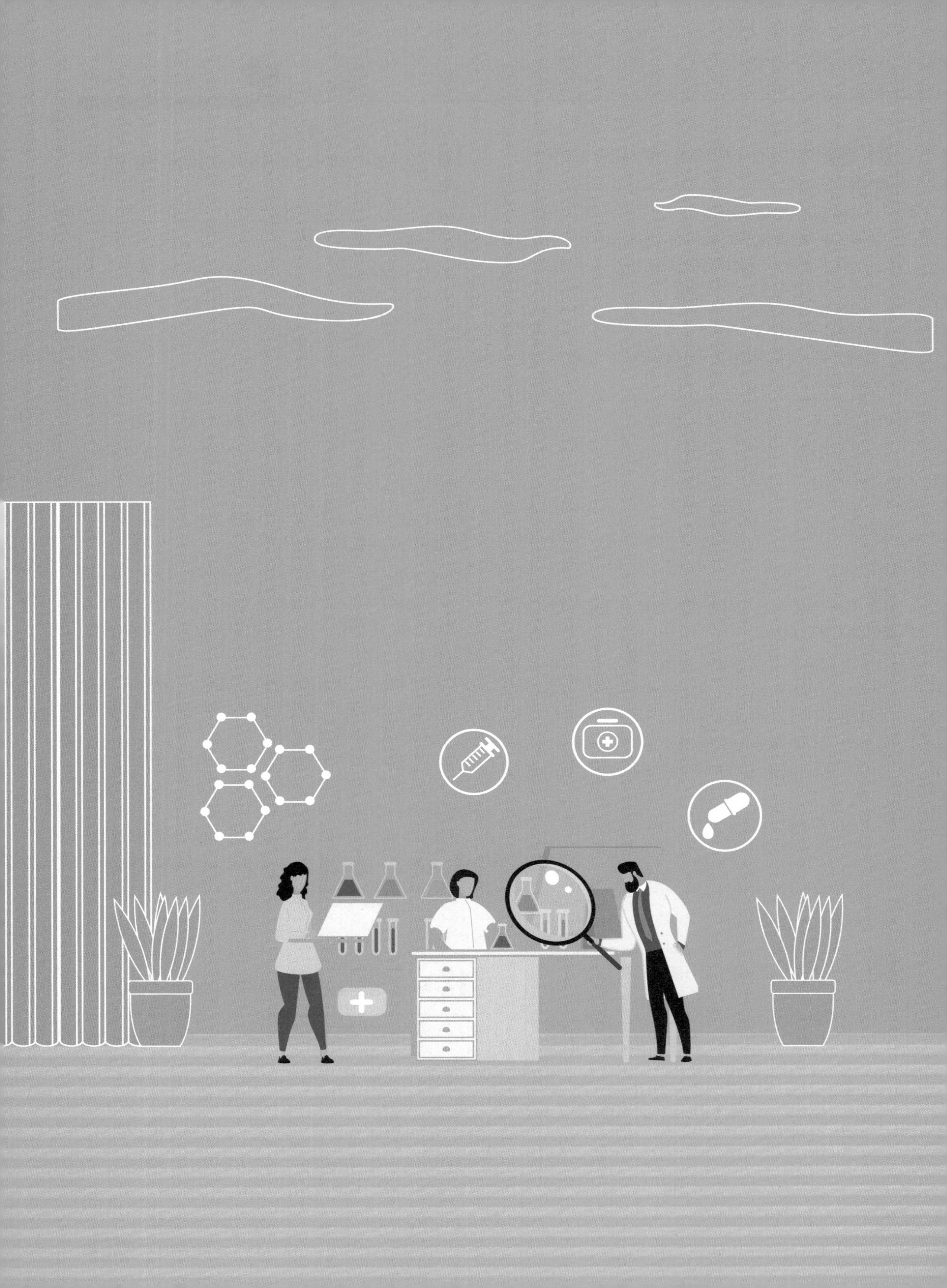

Ⅲ 직업능력개발과 평생학습

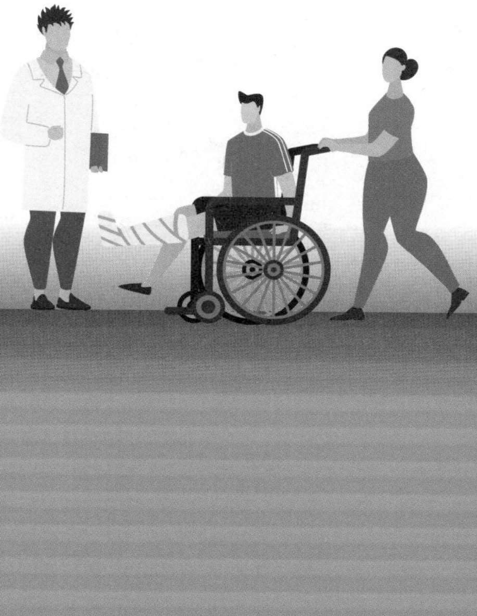

01 직업기초능력 향상

1 직업기초능력의 개념과 중요성

(1) 직업기초능력의 개념

❶ **직무능력:** 직업생활을 하는 데 필요한 능력으로, 직종이나 직위에 상관없이 모든 직업인에게 공통으로 요구되는 직업기초능력과 특정 직종 또는 직업마다 달리 요구되는 직무수행능력으로 이루어짐.

❷ **직업기초능력:** 직업 환경의 변화에 따라 직업인으로서 공통으로 갖추어야 할 기본적인 능력

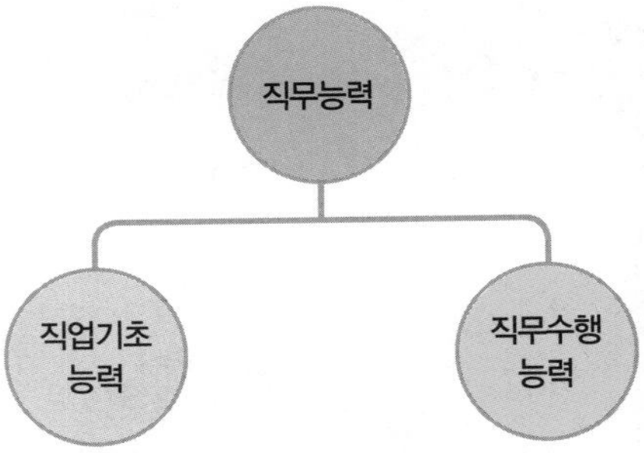

직업기초능력은 직종이나 직위에 상관없이 직업인에게 공통으로 요구되는 능력을 말하며, 여기서의 '기초'는 낮은 수준이 아닌 '공통'을 의미한다.

출처 국가직무능력표준

(2) 직업기초능력의 중요성

지식과 정보의 양 증가, 시공간을 초월한 직업 환경, 산업과 산업 간의 경계 약화로, 직업 환경의 변화에 따른 대처 능력이 필요함.

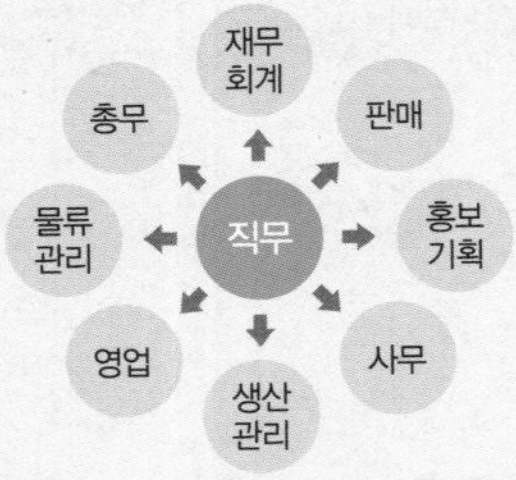

▲ 일반 기업의 직무

« **국가직무능력표준(NCS; National Competency Standards)**
산업현장에서 직무를 수행하기 위해 요구되는 지식, 기술, 태도 등의 내용을 국가가 체계화한 것

« **의사소통**
의사소통(communication)의 원래 뜻은 '상호 공통점을 나누어 갖다.'로 라틴어 communis(공통, 공유)에서 유래하였으며, 어떤 개인이나 집단이 다른 개인이나 집단에 대해서 정보, 감정, 사상, 의견 등을 전달하고 그것들을 받아들이는 과정을 뜻한다.

2 직업기초능력의 종류

직업기초능력	내용	하위 능력
의사소통 능력	다른 사람의 글과 말을 제대로 파악하고, 자기가 뜻한 바를 글과 말을 통해 정확하게 전달하는 능력	문서이해 능력, 문서작성 능력, 경청 능력, 의사표현 능력, 기초 외국어 능력
수리 능력	사칙연산, 통계, 확률의 의미를 정확하게 이해하고, 업무에 적용하는 능력	기초연산 능력, 기초통계 능력, 도표분석 능력, 도표작성 능력
문제해결 능력	문제가 발생했을 때 창조적이고 논리적인 사고를 통하여 상황을 올바르게 인식하고 적절히 해결하는 능력	사고력, 문제처리 능력
자기개발 능력	업무를 수행하는 데 있어 스스로를 관리하고 개발하는 능력	자아인식 능력, 자기관리 능력, 경력개발 능력
자원관리 능력	업무 수행에 필요한 여러 자원을 확인하고, 자원 활용 계획에 따라 확보한 자원을 효율적으로 관리하는 능력	시간관리 능력, 예산관리 능력, 물적자원관리 능력, 인적자원관리 능력
대인관계 능력	조직 내부 및 외부의 갈등을 원만히 해결하고 고객의 요구를 충족시켜줄 수 있는 능력	팀워크 능력, 리더십 능력, 갈등관리 능력, 협상 능력, 고객서비스 능력
정보 능력	컴퓨터를 활용하여 필요한 정보를 수집 · 분석 · 활용하는 능력	컴퓨터활용 능력, 정보처리 능력
기술 능력	업무 수행에 필요한 여러 기술을 이해하고, 적절한 기술을 선택하여 적용하는 능력	기술이해 능력, 기술선택 능력, 기술적용 능력

조직이해 능력	업무를 원활하게 수행하기 위해 국제적인 추세를 포함하여 조직의 체제와 경영에 대해 이해하는 능력	경영이해 능력, 체제이해 능력, 업무이해 능력, 국제감각
직업윤리	업무를 수행함에 있어 원만한 직업생활을 위해 필요한 태도, 매너, 올바른 직업관	근로 윤리, 공동체 윤리

3 직업기초능력 향상 방법

(1) 의사소통 능력 키우기

효과적인 의사소통	• 상대방에게 일방적으로 메시지를 전달하는 것이 아니라 상대방과의 상호작용을 통해 메시지를 주고받는 것이 중요 • 자신이 가진 정보와 의견을 상대방이 이해하기 쉬운 문서나 언어로 전달 • 상대방의 말을 올바른 태도로 경청
효과적인 문서 작성	• 이해하기 쉽게 작성하고, 설득력 있는 문장으로 작성 • 객관적이고 논리적인 내용으로 짜임새 있게 작성
올바른 경청 방법	• 여럿이 대화할 때는 혼자서 대화를 독점하는 행동 자제 • 상대방의 말을 가로막지 않고, 말하는 순서 준수 • 의견이 다르더라도 일단 수용하며, 먼저 상대방의 의견을 들음. • 상대방과 시선을 맞추며, 오감을 동원하여 적극적으로 경청

≪ 직장인에게 요구되는 의사소통 능력

① 문서 관련 의사소통 능력: 대부분의 직업생활에서 필요한 능력이라고 할 수 있으며, 전화 메모부터 고객을 위한 예산서나 주문서, 직장 내에 의견 전달을 위한 보고서나 공문에 이르기까지 다양한 상황에서 요구된다.

② 대화 관련 의사소통 능력: 상대방의 이야기를 듣고 의미를 파악하며 이에 적절히 반응한다. 또한, 자신의 의사를 목적과 상황에 맞게 설득력을 가지고 표현한다.

(2) 대인관계 능력 키우기

내적 자질 향상	• 개인의 마음가짐이나 성품에서부터 자연스럽게 나오는 말과 행동은 상대방과의 관계 형성에 매우 중요 • 다른 사람과 협조적인 관계를 유지하고, 조직 구성원들에게 도움을 줄 수 있으며, 조직 내부 및 외부의 갈등을 원만히 해결하고 고객의 요구를 충족시켜주는 요인 • 대인관계로 쌓이는 신뢰도를 높일 때 대인관계 능력도 향상
대인관계 능력 향상을 위한 태도	• 상대방의 입장을 존중하고 배려하는 마음가짐 • 타인의 마음을 움직이는 진실한 칭찬과 격려 • 친절을 바탕으로 한 지속적인 관심과 감사의 마음 • 정직한 언행일치와 성실한 약속 이행 준수 • 실수했을 때는 용기 있게 인정하고 공손하게 사과

(3) 문제해결 능력 키우기

전략적 · 분석적 사고	• 전략적 · 분석적인 사고를 가지고 당면한 문제를 바르게 인식하여 원인 분석 • 문제의 유형을 파악하여 상황에 맞는 구체적인 해결 방법 모색
문제해결 능력 향상을 위한 태도	• 현재 발생한 문제와 상황을 객관적 · 긍정적으로 인식 • 당면한 문제와 상황이 조직 내에서 어떻게 연결되어 있는가를 생각 • 발생한 문제를 세분화하여 우선순위를 나누고, 구체적인 해결 방법 모색 • 문제해결을 위해서는 기존의 관점을 벗어난 발상의 전환 필요 • 다양한 내 · 외부 자원의 효과적인 활용 방법 모색

≪ 문제해결

현재 상황과 문제를 분석하고, 분석 결과를 토대로 가장 적절한 해결책을 찾아 실행 · 평가해 가는 활동

Step A 실력 점검 문제

01 직업기초능력 향상

01 직종이나 직위에 상관없이 기업에서 직업인에게 요구되는 기본적이고 공통적인 직업 능력에 대한 설명으로 적합하지 않은 것은?

① 개인이 속한 조직의 체제와 경영을 이해하는 것
② 원만한 직업생활을 위한 바람직한 직장 예절과 올바른 직업관
③ 자신이 속한 조직에서 업무를 원활하게 수행하기 위해 가져야 하는 실질적인 전문 능력
④ 다른 사람의 글을 읽거나 대화를 할 때 그 의미를 바르게 알고 전하는 것
⑤ 개인과 조직의 발전을 위해 스스로를 개발하고 관리하는 능력

02 직업기초능력에 대한 설명으로 옳지 않은 것을 모두 고르면?

① 모든 직업에서 요구하는 기본적인 능력
② 개인의 전공과 직무에 따라 달라지는 직업 능력
③ 특정 직종 또는 작업 환경에 따른 상황 대처 능력
④ 직종이나 직위에 상관없이 갖추어야 할 공통적인 능력
⑤ 성공적인 직무 수행을 위해 갖추어야 할 지식, 기술, 태도 등

03 다음은 직업기초능력 중 하나에 대한 설명이다. 이 중 내용이 다른 것 하나를 고르면?

① 나에게 주어진 시간을 낭비하지 않도록 계획을 세워 일을 한다.
② 업무와 관련된 자료를 수집하고 분석하여 일을 한다.
③ 계획된 예산 범위 안에서 업무를 처리하려고 노력한다.
④ 직무 수행을 위해 주어진 재료 및 시설을 잘 관리하며 업무를 처리한다.
⑤ 이용 가능한 자원을 최대한 수집하여 실제 업무에 계획대로 할당하여 처리한다.

04 직업기초능력의 종류와 하위 능력이 바르게 연결된 것은?

① 의사소통 능력 – 의사표현 능력
② 조직이해 능력 – 협상 능력
③ 대인관계 능력 – 경청 능력
④ 기술 능력 – 기초연산 능력
⑤ 조직이해 능력 – 팀워크 능력

05 보기 의 직업기초능력 중 의사소통 능력의 하위 능력에 해당하는 것을 모두 고른 것은?

보기
ㄱ 문서이해 능력　　ㄴ 문서작성 능력
ㄷ 경청 능력　　ㄹ 문제처리 능력
ㅁ 리더십 능력

① ㄱ, ㄴ, ㄷ　　② ㄱ, ㄷ, ㄹ
③ ㄴ, ㄷ, ㅁ　　④ ㄴ, ㄹ, ㅁ
⑤ ㄷ, ㄹ, ㅁ

06 직업기초능력 중 자기개발 능력의 하위 능력에 해당하는 것 세 가지를 쓰시오.

07 다음 직업기초능력과 그에 대한 설명을 바르게 연결하시오.

(가) 수리 능력 • • ㉠ 업무와 관련된 자료를 수집하고 분석하여 이를 업무 수행에 적절하게 관리하며 활용하는 능력

(나) 자원관리 능력 • • ㉡ 업무 수행에 필요한 여러 기술을 이해하고, 적절한 기술을 선택하여 적용하는 능력

(다) 정보 능력 • • ㉢ 사칙연산, 통계, 확률의 의미를 정확하게 이해하고, 업무에 적용하는 능력

(라) 기술 능력 • • ㉣ 자원 활용 계획에 따라 확보한 자원을 효율적으로 관리하는 능력

08 직업기초능력 중 문제해결 능력의 하위 능력에 해당하는 것은?

① 경영이해 능력, 업무이해 능력
② 시간관리 능력, 기술적용 능력
③ 자기관리 능력, 기술이해 능력
④ 기초연산 능력, 협상 능력
⑤ 사고력, 문제처리 능력

09 다음에서 설명하는 직업기초능력은?

> 직장생활에서 협조적인 관계를 유지하고 조직 구성원들에게 도움을 줄 수 있으며, 조직 내부 및 외부의 갈등을 원만히 해결하고 고객의 요구를 충족시켜줄 수 있는 능력이다.

① 의사소통 능력 ② 조직이해 능력
③ 문제처리 능력 ④ 대인관계 능력
⑤ 갈등관리 능력

10 다음은 어떤 직업기초능력의 하위 능력인지 쓰시오.

> • 팀워크 능력 • 리더십 능력
> • 갈등관리 능력 • 협상 능력
> • 고객서비스 능력

( )

11 다음 ( ) 안에 공통으로 들어갈 말을 쓰시오.

> ( )은(는) 업무를 수행함에 있어 원만한 직업생활을 위해 필요한 태도, 매너, 올바른 직업관이다. ( )의 하위 능력으로는 근로 윤리와 공동체 윤리가 있다.

( )

12 성공적인 직업생활을 위해 가져야 하는 역량으로 적합하지 <u>않은</u> 것은?

① 개인의 이익보다는 기업이나 조직생활에 가치를 두고 직무를 수행한다.
② 직업생활에 필요한 기본적이고 공통적인 직업능력을 갖추도록 한다.
③ 자기 계발과 실무 능력 향상을 위해 지속적인 노력을 한다.
④ 부드러운 성품과 바른 마음가짐을 가지고 원만한 대인관계를 형성하도록 노력한다.
⑤ 논리적이고 객관적인 사고로 당면한 문제를 회피하고, 자기주도적으로 문제해결을 한다.

Step B 수능 대비 문제

01 직업기초능력 향상

문제 해결의 길잡이

≪ **직무능력, 직업기초능력, 직무수행능력의 개념을 파악하는 문제이다.**

직무능력이 직업기초능력과 직무수행능력으로 구성되었음을 이해하고, 각 능력의 의미와 중요성을 학습해야 한다. 특히 국가능력표준(NCS)과 직무능력의 관계를 파악하는 것이 중요하다.

≪ **기업에서 선호하는 인재상의 변화에 관한 문제이다.**

오늘날 기업이 가장 중요하게 생각하는 인재상이 무엇인지 생각해 보고, 직업생활을 잘 수행하기 위해서는 어떤 능력이 필요한지 파악해 보도록 한다.

01 다음 그림에 대한 설명으로 잘못된 것은?

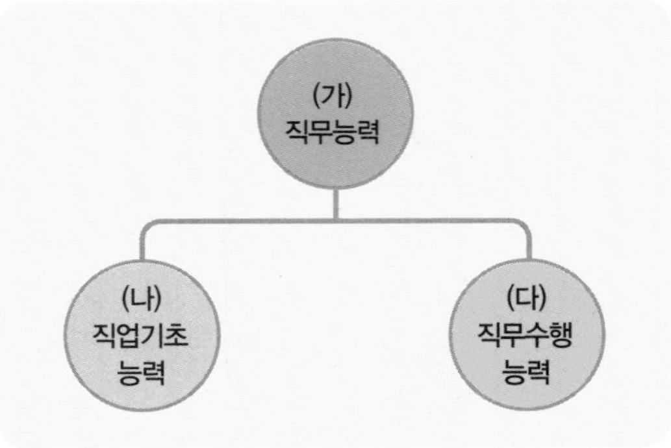

① (가)는 평생직장의 유지에 필요한 능력이다.
② (가)의 내용을 국가 차원에서 표준화한 것이 국가직무능력표준(NCS)이다.
③ (나)는 직무 환경 변화에 능동적으로 대처할 수 있는 능력이다.
④ (나)는 기초 능력군, 업무 처리 능력군, 직장 적응 능력군으로 분류할 수 있다.
⑤ (다)는 특정 업무나 직위를 수행하는 데 필요한 전문 능력이다.

02 그래프에 관한 설명으로 옳은 것을 보기 에서 고르면?

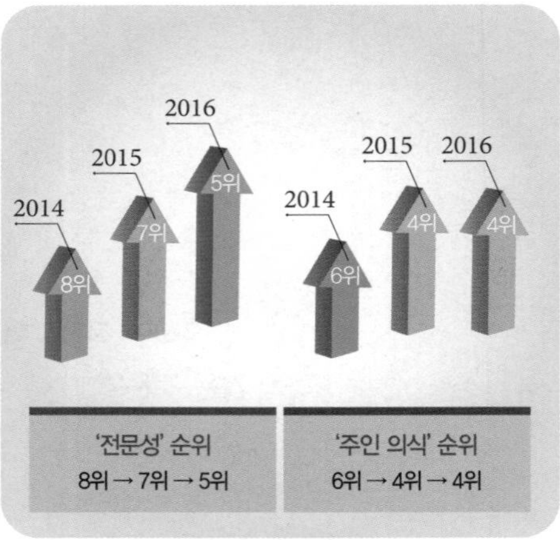

▲ 최근 기업에서 주목받고 있는 인재상

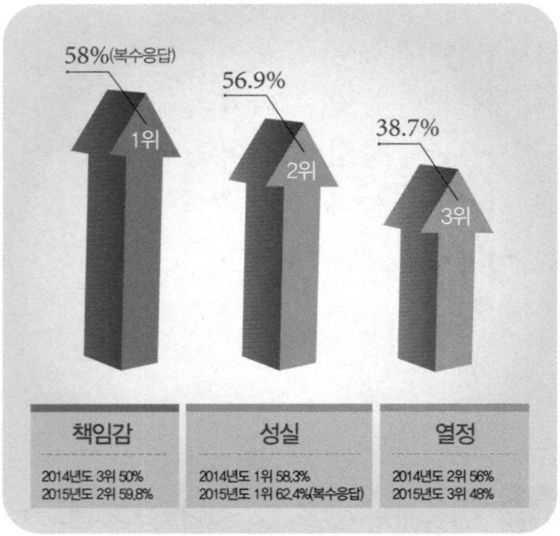

▲ 기업에서 꾸준히 선호하는 인재상

보기

㉠ 기업은 직무를 대하는 개인의 태도와 인성을 중시한다.
㉡ 사회 환경이 달라져도 기업에서 원하는 인재상은 바뀌지 않는다.
㉢ 국가직무능력표준의 도입에 따라 개인의 스펙이 더욱 중요해졌다.
㉣ 개인의 내적 자질과 직무 역량은 성공적인 직업생활의 전제 조건이다.

① ㉠, ㉡　② ㉠, ㉣　③ ㉡, ㉢　④ ㉡, ㉣　⑤ ㉢, ㉣

03 **다음은 K사의 신입사원 박초보 씨의 실수 사례이다. 박초보 씨에게 필요한 직업기초능력과 하위 능력이 잘못 연결된 것은?**

(가) 사전에 연락도 없이 1시간 늦게 출근하였다.
(나) 복사기 사용 방법을 몰라 한참 동안 쩔쩔맸다.
(다) 10만 원짜리 세금계산서를 100만 원으로 처리하고 확인하지 않았다.
(라) 사무실 공용 비품을 구매하면서 자기 취향대로 캐릭터 문구를 주문하였다.
(마) 회식 장소를 알아보라고 하니 밖으로 나가 직접 회사 주변을 헤매고 다녔다.

① (가) 직업윤리 – 근로 윤리, 공동체 윤리
② (나) 기술 능력 – 기술이해 능력, 기술선택 능력, 기술적용 능력
③ (다) 수리 능력 – 기초연산 능력, 기초통계 능력, 도표분석 능력, 도표작성 능력
④ (라) 자기개발 능력 – 자아인식 능력, 자기관리 능력, 경력개발 능력
⑤ (마) 정보 능력 – 컴퓨터 활용 능력, 정보처리 능력

문제 해결의 길잡이

« 사례를 통해 직업기초능력의 개념을 이해하는 문제이다.
국가직무능력표준(NCS)에서 제시하는 10개의 직업기초능력을 구분하고, 그 개념을 파악해야 한다. 아울러 10개 능력의 하위 개념의 의미도 숙지할 필요가 있다.

04 **다음은 어떤 직업기초능력의 부족으로 발생한 사례들이다. 이 문제의 해결을 위한 바람직한 태도로 보기 어려운 것은?**

- K 씨는 입사 시절부터 매일 아침 직장동료의 차를 공짜로 얻어 타고 출근한다. 그러나 그 직장 동료에게 여태껏 단 한 번도 고맙다는 인사를 한 적이 없다.
- 업무 중 인쇄가 잘못되었다며 휴지통에 종이를 그냥 버리는 K 씨에게 옆 부서 L 과장이 이면지를 따로 모으라고 하였다. 그때부터 K 씨는 남자가 저렇게 쩨쩨하니 만년 과장이라고 투덜대며 직장 동료들에게 L 과장의 험담을 늘어놓았다.
- K 씨는 평소 계획 없이 일을 처리하는 습관 때문에 업무 기한을 매번 넘겨 자주 야근을 하는데, 함께 하는 동료에게 미안한 마음도 고마운 마음도 없는 것 같다.

① 실수했을 때는 용기 있게 인정하고 공손하게 사과한다.
② 상대방의 입장을 존중하고 배려하는 마음가짐을 가진다.
③ 친절을 바탕으로 한 지속적인 관심과 감사의 마음을 가진다.
④ 타인의 마음을 움직이는 진실한 칭찬과 격려를 아끼지 않는다.
⑤ 당면한 문제와 상황이 조직 내에서 어떻게 연결되어 있는가를 생각한다.

« 직업기초능력 중 대인관계 능력의 의미와 사례, 향상 방법을 알아보는 문제이다.
직업기초능력 10개 영역의 내용을 숙지하고, 실제 사례에 대응하여 구분하며, 그 해결책과 향상 방법을 제시할 수 있어야 한다.

02 전공별 직무수행능력 탐색

1 직무수행능력의 개념과 종류

(1) 직무수행능력의 개념

❶ 조직이나 기업에서 구성원들이 일하는 데 필요한 실질적인 능력, 즉 특정 직종과 직위에 따라 선택적으로 반드시 요구되는 전문 능력

❷ 특정한 직무 수행에 필요한 전문적인 지식과 기술뿐만 아니라 자신에게 맡겨진 직무에 임하는 마음가짐과 태도까지 포함

❸ 자신이 어느 한 분야에서 전문적인 능력을 얼마나 발휘할 수 있는지 파악할 수 있는 지표

《 **직무**
조직이나 기업에서 직업상 담당자에게 맡겨진 임무 또는 업무

(2) 직무수행능력의 종류

❶ **필수 직업능력:** 해당 분야에서 특정 직무를 수행하기 위해 반드시 갖추어야 하는 능력

❷ **선택 직업능력:** 해당 분야의 업무 범위에 따라 선택적으로 갖추어야 할 능력

❸ **산업공통 직업능력:** 해당 분야에서 직업 혹은 직무와 관계없이 공통으로 갖추어야 하는 능력

《 **직업기초능력과 직무수행능력 구분의 예**
문서를 이해하고 작성하는 것은 대부분 직업에 필요한 직업기초능력이고, 환자에게 주사를 놓는 능력은 간호사라는 특정한 직업에 요구되는 직무수행능력에 해당한다.

필수 직업능력	선택 직업능력	산업공통 직업능력
환자의 치료를 돕는 전문 지식과 기술	자신이 소속된 진료학과나 전문 분야에 따라 필요한 간호 지식과 전문 기술	의료 분야에 종사하는 사람으로서의 사명의식, 타인에 대한 따뜻한 이해와 공감 능력 등

▲ 의료 분야에 종사하는 간호사에게 요구되는 직무수행능력의 예

Tip 직무수행능력과 개인의 역량

- 역량은 조직 환경 속에서 탁월하고 효과적으로 업무를 수행해낼 수 있는 조직원의 행동 특성을 의미 → 조직에서 직무의 질적인 성과나 목표를 달성하고 바람직한 조직 문화를 창출하는 데 요구되는 조직 구성원의 지식, 기술, 태도의 총체적 집합체
- 역량의 예(요리사의 경우): 식재료 및 음식에 대한 역사나 문화까지 총체적으로 이해할 수 있는 전문적 지식, 다양한 조리법에 대한 기술, 그리고 끈기와 열정을 가지고 연구 · 개발하려는 노력과 고객에 대한 마음가짐 등 윤리적 범주 안에서 요리사로서 갖추어야 하는 태도까지 포함함.
- 현대 사회의 조직이나 기업에서는 기업 내부의 조직 구성원들이 가지고 있는 역량, 즉 구성원들의 직무수행능력은 기업의 경쟁력을 강화하고 기업을 성공시키는 핵심 요소가 되고 있음.

2 전공별 직무수행능력 탐색과 향상 방법

(1) 국가직무능력표준(NCS)의 산업 분류

❶ **국가직무능력표준:** 직장에서 업무를 수행하는 데 필요한 능력(지식, 기술, 태도)을 국가가 산업 부문별, 수준별로 정해주는 제도

❷ 전공 분야별로 요구되는 직무수행능력과 이를 향상하기 위한 방법을 자세하게 알아볼 수 있으며, 산업 분야를 다음과 같이 구분함.

▲ 국가직무능력표준 산업 분류

(2) 국가직무능력표준(NCS)를 통한 전공별 직무수행능력 탐색

❶ **탐색 방법:** [웹 사이트(www.ncs.go.kr) 접속]-[NCS 및 학습모듈 검색]-[분야별 검색]-[대분류]-[중분류]-[소분류]-[세분류]-[능력단위] 순으로 선택하여 확인

❷ **능력단위별 검색:** NCS 학습모듈과 직무 기술서를 습득함으로써 전공별로 요구되는 직무수행능력 향상 탐색 가능

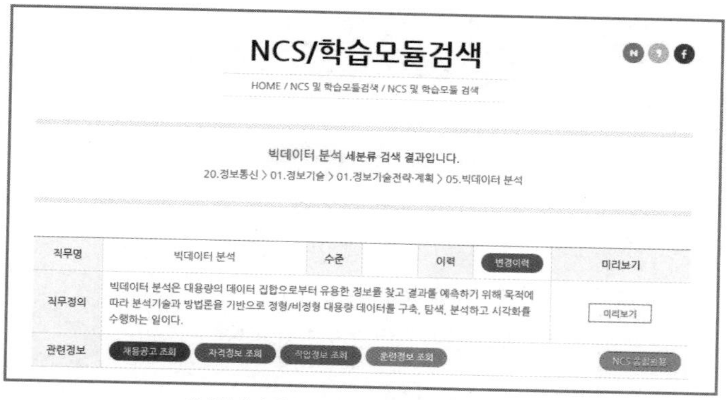

▲ '빅데이터 분석'에 대한 세분류 검색 결과

NCS능력단위

순번	분류번호	능력단위명	수준	변경이력	미리보기	선택
1	2001010506_17v2	통계 기반 데이터 분석	6	변경이력	미리보기	□
2	2001010507_15v1	머신러닝 기반 데이터 분석	6	변경이력	미리보기	□
3	2001010508_17v2	텍스트 데이터 분석	6	변경이력	미리보기	□
4	2001010509_17v2	빅데이터 분석 결과 시각화	5	변경이력	미리보기	□
5	2001010510_17v2	분석용 데이터 구축	5	변경이력	미리보기	□
6	2001010511_17v2	탐색적 데이터 분석	6	변경이력	미리보기	□

▲ '빅데이터 분석'의 능력 단위

(3) 전공별 직무수행능력 향상 방법

❶ 학교 수업과 실습 등을 통한 전공 관련 지식과 기술 습득

❷ 자격증 취득으로 자신만의 기술력 향상

❸ 현장 실습으로 전공 분야에 대한 자세한 직무 기술 분석

❹ 안주하지 않고 지속적으로 자기개발에 힘쓰는 자세

《 능력단위

직업인에게 요구되는 직무능력을 세분화하여 반드시 수행해야 할 일을 구분한 것

《 직무수행능력 향상 방법

- 일을 미루지 않는다.
- 업무를 묶어서 처리한다.
- 다른 사람과 다른 방식으로 일한다.
- 회사와 팀의 업무 지침을 따른다.
- 회사에 역할 모델을 설정한다.

Step A

실력 점검 문제

02 전공별 직무수행능력 탐색

01 다음에서 설명하는 것은 무엇인지 쓰시오.

> 조직이나 기업에서 직업상 담당자에게 맡겨진 임무 또는 업무를 의미한다.

(　　　　　　　　)

02 직무수행능력에 관한 다음 설명 중 (　　　　)에서 맞는 것을 골라 순서대로 쓰시오.

> 직무수행능력은 조직이나 기업에서 구성원들이 일하는 데 필요한 (실질적인, 기초적인) 능력, 즉 특정 직종과 직위에 따라 (선택적, 일반적)으로 반드시 요구되는 (기본, 전문) 능력이다.

(　　　　　　　　), (　　　　　　　　), (　　　　　　　　)

03 보기 의 직무수행능력에 대한 설명으로 옳은 것을 모두 고른 것은?

> 보기
> ㉠ 직종과 전공 분야에 따라 요구되는 직무수행능력은 모두 다르다.
> ㉡ 간호사의 경우, 환자의 치료를 돕는 전문 지식만 가지고 있으면 된다.
> ㉢ 해당 분야에서 특정 직무를 수행하기 위해 반드시 갖추어야 하는 능력을 필수 직업능력이라 한다.
> ㉣ 특정한 직무 수행에 필요한 전문적인 지식과 기술뿐만 아니라 자신에게 맡겨진 직무에 임하는 마음가짐과 태도까지 포함된다.
> ㉤ 전공 분야별로 요구되는 직무수행능력을 탐색하기 위해서는 분야별 직무의 능력단위를 파악하고, 국가직무능력표준 홈페이지를 이용한다.

① ㉡, ㉤　　② ㉠, ㉢, ㉣
③ ㉡, ㉢, ㉣　　④ ㉠, ㉡, ㉢, ㉣
⑤ ㉠, ㉢, ㉣, ㉤

04 직무수행능력을 높이기 위한 태도로 바른 것을 모두 고르면?

① 업무의 능률 향상을 위해 일은 미루어서 처리한다.
② 빠른 업무 처리를 위해 다른 사람의 도움을 지속적으로 받는다.
③ 비슷한 성격의 업무들은 묶어서 처리하여 업무 시간을 단축한다.
④ 회사와 팀의 업무 지침을 따르기보다는 자율적이고 자기주도적으로 업무를 처리한다.
⑤ 맡겨진 직무 수행을 위해 전문 지식과 기술을 축적할 뿐만 아니라 바른 태도로 직무에 임한다.

05 직무수행능력을 향상시키기 위한 방법으로 옳지 않은 것은?

① 이직과 전직의 반복
② 직무 관련 자격증 취득
③ 국가직무능력표준 탐색
④ 각종 수업 및 특강 참여
⑤ 경력개발 프로그램 참여

06 직무수행능력의 활용 분야에 해당하지 않는 것은?

① 국가기술자격 시험　　② 대학 입시 문제 출제
③ 직업능력 및 경력 개발　　④ 직업훈련 및 구직 활동
⑤ 기업체 입사 시험 및 면접 평가

07 다음에서 설명하는 것은 무엇인지 쓰시오.

> 산업현장에서 직무를 수행하기 위해 요구되는 지식, 기술, 태도 등의 내용을 국가가 체계화한 것이다.

(　　　　　　　　)

08 국가직무능력표준(NCS)에 대한 설명으로 옳지 않은 것은?

① 산업 현장의 실제 직무수행과는 관련이 없다.
② 각종 자격시험의 출제기준과 평가방법에 활용된다.
③ 현장 수요 기반의 인력채용 및 인사관리 기준에 활용할 수 있다.
④ 국가직무능력표준은 직업기초능력과 직무수행능력으로 구분된다.
⑤ 직무수행능력은 필수 직업능력과 선택 직업능력, 산업 공통 직업능력으로 나뉜다.

09 국가직무능력표준(NCS) 산업 분류에 해당하지 않는 분야는?

① 사진 · 도서 · 출판
② 교육 · 자연 · 사회과학
③ 인쇄 · 목재 · 가구 · 공예
④ 문화 · 예술 · 디자인 · 방송
⑤ 이용 · 숙박 · 여행 · 오락 · 스포츠

10 보기 에서 국가직무능력표준(NCS) 산업 분류에 해당하는 분야를 모두 고른 것은?

보기
㉠ 경영 · 회계 · 사무
㉡ 병원 · 의료 · 바이오
㉢ 사회복지 · 종교
㉣ 환경 · 에너지 · 안전
㉤ 법률 · 경찰 · 소방 · 교도 · 국방

① ㉠, ㉡, ㉢
② ㉡, ㉣, ㉤
③ ㉠, ㉢, ㉣, ㉤
④ ㉡, ㉢, ㉣, ㉤
⑤ ㉠, ㉡, ㉢, ㉣, ㉤

11 다음에서 설명하는 것은 무엇인지 쓰시오.

직업인에게 요구되는 직무능력을 세분화하여 반드시 수행해야 할 일을 구분한 것이다.

( )

12 보기 는 국가직무능력표준(NCS)을 통한 전공별 직무수행능력 탐색 과정이다. 이를 순서에 맞게 배열한 것은?

보기
㉠ 능력단위 선택
㉡ 웹 사이트(www.ncs.go.kr) 접속
㉢ NCS 및 학습모듈 검색
㉣ 대 · 중 · 소 · 세분류 선택
㉤ 분야별 검색

① ㉠ – ㉡ – ㉢ – ㉣ – ㉤
② ㉡ – ㉠ – ㉤ – ㉢ – ㉣
③ ㉡ – ㉢ – ㉤ – ㉣ – ㉠
④ ㉢ – ㉤ – ㉠ – ㉡ – ㉣
⑤ ㉤ – ㉣ – ㉡ – ㉠ – ㉢

13 전공별 직무수행능력 향상 방법에 해당하지 않는 것은?

① 자격증 취득으로 자신만의 기술력 향상
② 안주하지 않고 지속적으로 자기개발에 힘쓰는 자세
③ 전공이나 업무 관련 학사, 석 · 박사 학위 필수 취득
④ 현장 실습으로 전공 분야에 대한 자세한 직무 기술 분석
⑤ 학교 수업과 실습 등을 통한 전공 관련 지식과 기술 습득

Step B

수능 대비 문제

02 전공별 직무수행능력 탐색

문제 해결의 길잡이

《 직무수행능력의 개념과 의미를 파악하는 문제이다.
직무수행능력이 지식, 기술, 태도를 포함한 개념임을 이해하고, 직업기초능력과의 차이점도 알아두어야 한다.

01 다음에서 설명하는 능력에 관한 내용으로 잘못된 것은?

> 이것은 조직이나 기업에서 구성원들이 일하는 데 필요한 실질적 능력이며, 특정 직종과 직위에 따라 선택적으로 반드시 요구되는 전문 능력이다.
> 예를 들어 간호사는 환자에게 필요한 의학적 처치를 하는 전문 능력과 환자를 돌보기 위한 따뜻한 마음가짐이 필요하다. 또한, 요리사는 식재료 및 음식에 대한 전문 지식과 다양한 조리법에 대한 기술, 끈기와 열정을 가지고 연구 · 개발하려는 노력, 고객을 위하는 자세를 지녀야 한다.

① 직업기초능력과 함께 직무능력을 구성하는 요소이다.
② 필수 직업능력, 선택 직업능력, 산업공통 직업능력으로 구분된다.
③ 최근 학교에서는 이러한 능력을 향상시키는 데 필요한 교육을 시행하고 있다.
④ 문서 이해 및 작성 능력, 조직 내 구성원과의 의사소통 능력이나 대인관계 능력 등이 여기에 해당한다.
⑤ 특정한 직무 수행에 필요한 전문적 지식과 기술뿐 아니라 직무를 대하는 마음가짐과 태도까지 포함한다.

《 직무수행능력을 구성하는 필수 직업능력, 선택 직업능력, 산업공통 직업능력의 내용을 파악하는 문제이다.
필수 직업능력, 선택 직업능력, 산업공통 직업능력의 개념을 구체적 사례를 통해 숙지할 필요가 있다. 또한, 직무수행능력을 역량(competency)과 같은 의미로 사용하는 것도 알아두어야 한다.

02 도표의 (가) ~ (마)에 대한 설명으로 옳은 것을 보기 에서 고르면?

> 국가직업능력표준(NCS)은 산업 현장에서 직무를 수행하기 위해 요구되는 지식 · 기술 · 태도 등의 내용을 국가가 체계화한 것이다.
> 국가직업능력표준(NCS)은 직업기초능력과 직무수행능력으로 구분되며, 직무수행능력은 다시 필수 직업능력과 선택 직업능력, 산업공통 직업능력(공통 직업능력)으로 나눌 수 있다.

보기

㉠ (가)는 직업이나 사회 환경이 변화해도 바뀌지 않는다.
㉡ (나)는 해당 직업 수행을 위해 반드시 갖추어야 할 능력이다.
㉢ (다)는 해당 개발 분야 내에서 직업 및 기업체에 따른 차이에 대하여 유연성을 부여하기 위한 능력이다.
㉣ (라)는 해당 분야에서 직업 혹은 직무와 관계없이 공통으로 갖추어야 하는 능력이다.
㉤ (마)는 특정한 직무 수행에 필요한 전문적 지식과 기술뿐 아니라 직무를 대하는 마음가짐과 태도까지 포함하는 것으로 역량(competency)이라고도 한다.

① ㉠, ㉡, ㉣　② ㉠, ㉣, ㉤　③ ㉡, ㉢, ㉣
④ ㉡, ㉣, ㉤　⑤ ㉢, ㉣, ㉤

03 다음 자료를 읽고 물음에 답하시오.

준범이는 학교에서 마케팅 과목을 수강한 후 전자상거래에 관심을 갖게 되었다. 그리하여 전자상거래 환경, 거래 사이트 구축 방법, 마케팅 전략과 고객 관리 방식, 판매 전략과 사후 관리 등 전자상거래에 필요한 직무수행능력을 알아보고자 NCS 홈페이지를 검색하여 다음의 능력단위를 찾아냈다.

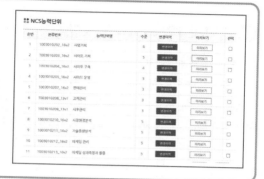

NCS능력단위

순번	분류번호	능력단위명	수준	변경이력	미리보기	선택
1	1003010202_16v2	사업기획	6	변경이력	미리보기	☐
2	1003010203_16v2	사이트 기획	5	변경이력	미리보기	☐
3	1003010204_16v2	사이트 구축	4	변경이력	미리보기	☐
4	1003010205_16v2	사이트 운영	3	변경이력	미리보기	☐
5	1003010207_16v2	판매관리	3	변경이력	미리보기	☐
6	1003010208_13v1	고객관리	3	변경이력	미리보기	☐
7	1003010209_13v1	사후관리	3	변경이력	미리보기	☐
8	1003010210_16v2	시장환경분석	5	변경이력	미리보기	☐
9	1003010211_16v2	기술동향분석	5	변경이력	미리보기	☐
10	1003010212_16v2	마케팅 관리	5	변경이력	미리보기	☐
11	1003010213_16v2	마케팅 성과측정과 활용	5	변경이력	미리보기	☐

준범이가 NCS 홈페이지에 접속하여 직무수행능력을 탐색하는 과정을 순서대로 나열한 것은?

① NCS 접속 → NCS 및 학습모듈 검색 → 분야별 검색 → 대 · 중 · 소 · 세분류 선택 → 능력단위 선택
② NCS 접속 → 분야별 검색 → 대 · 중 · 소 · 세분류 선택 → NCS 및 학습모듈 검색 → 능력단위 선택
③ NCS 접속 → NCS 및 학습모듈 검색 → 대 · 중 · 소 · 세분류 선택 → 분야별 검색 → 능력단위 선택
④ NCS 접속 → 분야별 검색 → NCS 및 학습모듈 검색 → 대 · 중 · 소 · 세분류 선택 → 능력단위 선택
⑤ NCS 접속 → 대 · 중 · 소 · 세분류 선택 → NCS 및 학습모듈 검색 → 분야별 검색 → 능력단위 선택

문제 해결의 길잡이

≪ 국가직무능력표준(NCS)을 통한 직무수행능력 탐색 과정을 알아보는 문제이다.
국가직무능력표준(NCS) 홈페이지를 방문하여 관심 있는 분야의 직무수행능력을 스스로 탐색해 보는 것이 중요하다.

04 다음 직무수행능력 탐색 방법에 관련한 설명으로 잘못된 것은?

〈직무수행능력 탐색 방법〉

(가) 국가직무능력표준(NCS)을 통한 탐색　　(나) 교육과정을 통한 탐색
(다) 직업 정보나 직업인 특강을 통한 탐색　　(라) 직업 체험을 통한 탐색

① (가) NCS 능력 단위는 직무 수준에 따라 1~8수준으로 구분되며, 1에 가까울수록 높은 수준을 8에 가까울수록 낮은 수준을 의미한다.
② (나) 교육과정은 졸업과 동시에 해당 분야의 직업인으로서 업무를 수행할 수 있도록 구성되어 있으므로, 해당 분야의 직무수행능력을 반영한다.
③ (다) 커리어넷, 워크넷 같은 직업 정보 사이트, 직업 사전 등을 통해 정보를 수집하거나 특강을 통해 자신이 원하는 직업에 필요한 능력을 알아볼 수 있다.
④ (라) 직장 체험, 견학, 현장 학습, 현장 실습 등을 통해 자신에게 필요한 직무수행능력을 탐색할 수 있다.
⑤ 직무수행능력을 정확하게 탐색하려면 하나의 활동만으로는 부족하므로, 종합적인 탐색 과정을 경험할 필요가 있다.

≪ 직무수행능력을 탐색하는 방법에 관한 문제이다.
직무수행능력을 탐색하기 위한 여러 가지 활동의 절차와 내용을 파악해야 한다. 여러 가지 탐색 활동을 종합적으로 이용할수록 직무수행능력을 정확하게 파악할 수 있다.

03 경력개발과 평생학습

1 경력개발의 의미와 필요성

(1) 경력개발의 의미

❶ **경력:** 일생에 걸쳐 지속적으로 일과 관련된 경험을 하는 것으로, 직위 및 직무와 관련된 역할이나 활동, 여기에 영향을 주고받는 환경적 요소까지 포함

❷ **경력개발:** 경력계획과 경력관리를 통해 자신이 속한 조직 내에서 조직의 구성원으로서 조직과 함께 상호작용하며 자신의 업무 능력을 쌓아가는 것을 말하며, 업무 능력 향상과 함께 직장 내에서 쌓아가는 대인관계 능력도 경력개발에 포함되는 중요한 요소임.

❸ **경력개발 시기:** 개인이 자기의 일을 시작하는 시점과 함께 시작되어야 하며, 시작과 함께 합리적인 경력개발 계획 수립과 지속적인 경력 관리 필요

《 **경력계획**
자신과 자신의 환경 상황을 인식하고 분석하여 합당한 경력 관련 목표를 설정하는 것

《 **경력관리**
경력계획을 준비 · 실행하고, 지속적으로 점검하는 것

(2) 경력개발의 필요성

❶ **환경 변화:** 조직이 산업 구조, 인구 구조, 고용관계 등의 변화에 따라 경영 전략을 수립 · 변경

❷ **조직 요구:** 자발적으로 자신의 역량을 개발하는 능력 중심의 인재 선호

❸ **개인 요구:** 개인의 경력에 대하여 단계적 목표를 설정하고, 목표 성취에 필요한 능력을 꾸준히 개발하는 것이 중요

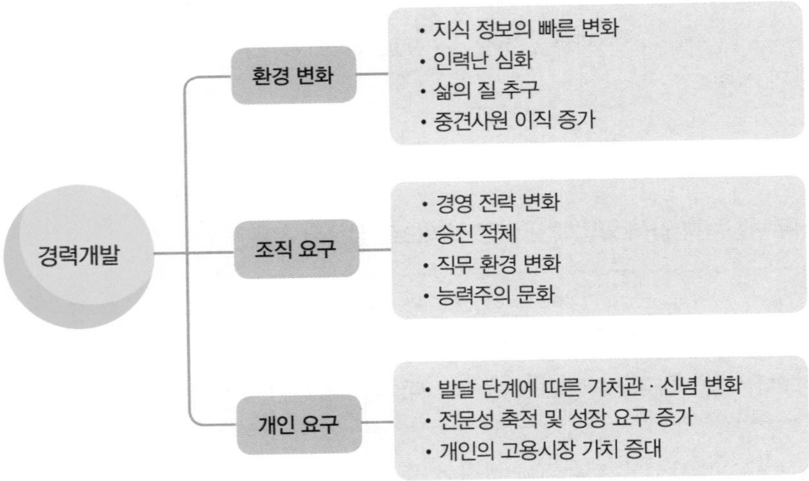

▲ 경력 개발의 필요성

《 **경력개발 과정**
경력을 탐색하고, 자신에게 적합한 경력 목표를 설정하며, 이에 따른 전략을 수립해서 실행하고 평가하여 관리하는 단계로 이루어짐. 이러한 단계들이 명확하게 구분되는 것은 아니고 중복적으로 이루어지기도 하며, 실행 및 평가를 통해 수정되기도 함.

2 경력개발 경로 탐색과 평생학습

(1) 경력개발 경로 탐색

❶ **경력 탐색:** 경력개발은 1차적으로 직무 정보 탐색을 통하여 이루어짐.

- **직무 정보 탐색:** 업무 내용, 보수, 만족도, 전망 등 해당 직무에 관련된 모든 정보를 알아내는 단계

❷ **주변 환경 분석:** 자신의 능력, 흥미, 적성, 가치관 등을 파악하고, 직무 관련 기회와 장애 요인 분석

❸ **경력 목표 설정:** 하고 싶은 일에 대해 어떤 능력이나 자질을 개발해야 하는지를 중심으로 장기(5~7년) 및 단기(2~3년) 목표 설정

❹ **경력개발 전략 수립:** 경력 목표를 달성하기 위한 활동 계획 수립

- 현 직무를 기반으로 성장할 수 있도록 성공적으로 직무 수행
- 자신의 역량을 개발하기 위한 교육 활동 수행
- 자신을 알리고 다른 사람과 상호작용할 기회 확대
- 직장에서 인적 자원, 물적 자원, 시장 전략, 기술력 등을 활용하여 경력개발

❺ **실행 및 평가:** 자신이 수립한 전략이 경력 목표를 달성하기에 충분한지와 경력 목표 자체가 달성될 가능성 검토

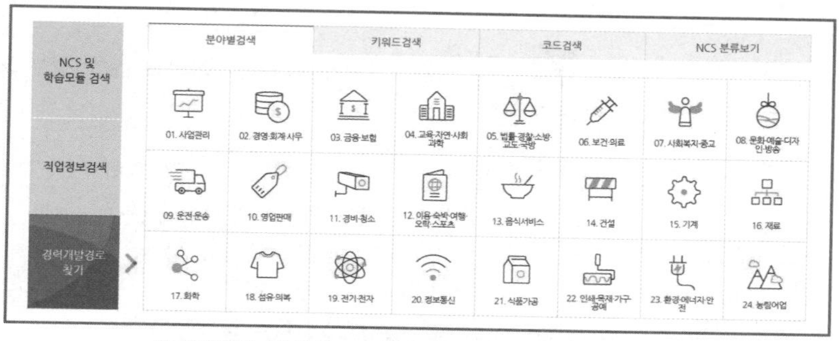

▲ 국가직무능력표준(NCS) 홈페이지의 '경력개발 경로 찾기' 화면

(2) 평생학습의 의미와 목적

❶ **의미:** 일생 동안 학습을 통해 체계적으로 지식을 습득하고 직업적 기술의 향상이나 개인적인 성장을 지속하는 모든 과정

❷ **목적:** 개인이 주체적 학습자로서 자신의 능력을 개발하여 자아를 실현하고, 사회 발전에도 기여

(3) 평생학습의 중요성

❶ **직업 환경 변화:** 지식과 정보의 증가와 새로운 기술 개발로 지속적인 능력 개발이 필요한 시대

❷ **평생학습 사회:** 자아실현, 생활 향상 또는 직업적 지식, 기술의 획득 등을 목적으로 일생에 걸쳐서 자주적 · 주체적으로 학습을 계속할 수 있는 평생학습 사회 도래

❸ **자기 계발:** 개인이 현재 가지고 있는 능력보다 개인의 지속적인 학습 능력과 이에 대한 자기 계발 노력이 더욱 중요

(4) 평생학습 관련 제도 및 기관

❶ **제도:** 학점은행제, 독학학위제, 직업훈련지원제, 학습계좌제, 재직자 특별전형, 산업체 위탁교육, 일학습병행제, 계약학과, 사내대학, 국가기술자격 등

❷ **기관:** 일반 대학, 방송통신대학, 사이버대학, 평생교육진흥원, 직업능력개발훈련기관, 각종 학원 등

《 일학습병행제

- 산업 현장에서 요구하는 실무형 인재를 기르기 위해 독일 · 스위스식 도제 제도를 한국에 맞게 설계한 도제식 교육 훈련 제도
- 기업이 취업을 원하는 학생 또는 청년 구직자들을 '학습근로자'로 채용하여 기업 현장(또는 학교 등의 교육기관)에서 장기간의 체계적 교육을 제공하고, 교육 훈련을 마친 자의 역량을 국가(또는 해당 산업계)가 평가하여 자격을 인정하는 방식

《 계약학과

- 대학이 국가 · 지방자치단체 또는 산업체 등과의 계약에 의해 정원 외로 개설 · 운영할 수 있는 학위 과정
- 구분
  - 재교육형 교육과정: 특정 기업체 직원의 재교육이나 직무 능력 향상을 위한 과정
  - 고용보장형 교육과정: 채용을 조건으로 특별한 교육과정의 운영을 요구함.

Step A 실력 점검 문제

03 경력개발과 평생학습

01 다음 (　　　　) 안에 공통으로 들어갈 말을 쓰시오.

> (　　　　　)은(는) 개인이 자기 일과 관련된 목표를 수립하고 실행하며 반성하는 모든 과정을 말한다. 또한, (　　　　　)은(는) 자신이 속한 조직 내에서 조직의 구성원으로서 조직과 함께 상호작용하며 자신의 업무 능력을 쌓아가는 것을 포함한다.

(　　　　　　　　　　)

02 다음 설명 중 옳은 것을 모두 고르면?

① 경력은 일과 관련되어 일어나는 연속적인 과정이다.
② 경력개발은 직업 세계의 변화를 고려하지 않고 지속적으로 이루어져야 한다.
③ 경력개발은 자신의 직무와 관련된 목표를 수립하고, 실행 · 반성하는 전 과정이다.
④ 경력개발은 자신의 직무와 관계없이 모든 방면에서 다양하게 쌓아가는 학력을 의미한다.
⑤ 경력개발은 자신이 속한 조직에서 조직과 함께 상호작용하며 자신의 업무 능력을 쌓아가는 것이다.

03 경력개발이 필요한 이유를 개인적 측면에서 바르게 설명한 것을 모두 고르면?

① 고용시장에서 개인의 가치를 증대시키고자 한다.
② 산업 구조의 변화에 따라 경영 전략을 새롭게 수립하고 변경하고자 한다.
③ 사회 변화의 흐름에 따라 조직의 직무 환경이 직무 중심으로 변화되고 있다.
④ 오늘날 직업 세계에서는 개인 중심이 아니라 팀 중심으로 업무가 이루어지고 있다.
⑤ 자신이 속한 분야에서 업무 능력을 발휘하고 꾸준한 개인 성장을 이루고자 한다.

04 조직이나 기업에서 요구하는 경력개발의 이유로 옳은 것은?

① 인구 구조의 변화　② 개인의 신념 변화
③ 지식 정보의 변화　④ 경영 전략의 변화
⑤ 고용 관계의 변화

05 보기 에서 경력개발의 필요성으로 옳은 것을 모두 고른 것은?

> **보기**
> ㉠ 잦은 이직과 전직으로 자신의 가치 증명
> ㉡ 일을 통한 자아실현 및 삶의 질 향상
> ㉢ 경영 전략과 직무 환경의 변화
> ㉣ 개인의 성장을 통한 조직의 발전
> ㉤ 평생직장과 소득을 목적으로 한 경력 관리

① ㉠, ㉡, ㉢　② ㉠, ㉡, ㉤
③ ㉡, ㉢, ㉣　④ ㉡, ㉣, ㉤
⑤ ㉢, ㉣, ㉤

06 보기 의 경력개발 경로 탐색 과정을 순서대로 나열한 것은?

> **보기**
> ㉠ 경력 목표 설정　㉡ 경력 탐색
> ㉢ 실행 및 평가　㉣ 주변 환경 분석
> ㉤ 경력개발 전략 수립

① ㉠ – ㉡ – ㉣ – ㉤ – ㉢
② ㉡ – ㉣ – ㉠ – ㉤ – ㉢
③ ㉡ – ㉢ – ㉣ – ㉠ – ㉤
④ ㉣ – ㉡ – ㉢ – ㉤ – ㉠
⑤ ㉤ – ㉠ – ㉢ – ㉣ – ㉡

07 다음은 무엇에 관한 설명인지 쓰시오.

> 일과 직업을 위해 일생 동안 학습을 통해 체계적으로 지식을 습득하고 직업적 기술의 향상이나 개인적인 성장을 지속하는 모든 과정이다.

( )

08 평생학습의 실천 방법으로 적절하지 않은 것은?

① 산업 현장에 취업하여 사내대학을 통해 일과 학습을 병행한다.
② 직무와 직업 환경을 고려하기보다는 경력개발을 빠르게 이룰 방법을 찾는다.
③ 직장에서 경력을 쌓은 후 선취업 후진학의 방법으로 자기 계발을 실천한다.
④ 산업 현장에서 요구하는 실무형 인재로서 능력을 키우기 위해 일학습병행제를 실천한다.
⑤ 대학 내 계약학과로 입학하여 깊이 있는 학문 연구나 학위 취득을 수행한다.

09 평생학습을 위한 제도에 해당하지 않는 것은?

① 후진학제도 ② 일학습병행제
③ 실업급여 ④ 학점은행제
⑤ 재직자 특별전형

10 평생학습의 필요성에 대한 설명으로 옳지 않은 것은?

① 지식과 정보의 폭발적인 증가와 새로운 기술 개발로 직업에서 요구되는 능력의 변화
② 평생 한 직장에서 낮은 수준의 일을 하면서 자신의 직무 능력을 지속적으로 유지하려는 노력
③ 자신의 전공 분야 또는 직무와 관련하여 깊이 있는 학문 연구 및 학위 취득 가능
④ 자아실현뿐만 아니라 생활 향상을 위해 일생에 걸쳐서 자주적 · 주체적으로 계속 학습해야 하는 사회로의 변화
⑤ 개인이 현재 가진 능력보다 개인의 지속적인 학습 능력과 이에 대한 자기 계발 노력이 더욱 중요

11 다음 학생들의 대화를 읽고 평생학습에 대한 의미를 바르게 설명한 사람을 모두 고른 것은?

> ㉠ **재환:** "현대 사회는 개인이 현재 가지고 있는 능력이 중요하기 때문에 미래를 위해 꾸준한 자기 계발은 중요하지 않다고 생각해."
> ㉡ **경민:** "요즘 시대는 지식과 정보의 증가로 직업에서 요구되는 능력도 변화되고 있어서 지속적인 능력 개발이 필요한 시대가 되었다고 생각해."
> ㉢ **영하:** "평생직장이라는 말이 사라진 지는 오래되었지. 오늘날에는 평생 동안 여러 개의 직업 경력을 가지는 사람도 증가하고 있어서 평생학습 기관이 많아지고 있단다."
> ㉣ **수빈:** "평생학습은 개인 각자의 자아실현과 생활 향상을 위해 필요한 지식과 기술을 직장 생활을 하는 동안 학습을 하는 것을 말하는데, 이것은 직장인에게만 필요한 거야."
> ㉤ **태형:** "평생학습을 위한 다양한 자기 계발 방법 중 일학습병행제나 사내대학은 산업 현장에서 요구하는 실무형 인재 육성을 위해 일과 학습을 병행하는 교육 제도라고 할 수 있어."

① ㉠, ㉡, ㉢ ② ㉠, ㉡, ㉤
③ ㉡, ㉢, ㉤ ④ ㉡, ㉣, ㉤
⑤ ㉢, ㉣, ㉤

12 다음 설명과 관계있는 것은?

> 대학이 국가 · 지방자치단체 또는 산업체 등과의 계약에 의해 정원 외로 개설 · 운영할 수 있는 학위 과정으로, 특정 기업체 직원의 재교육이나 직무 능력 향상을 위한 '재교육형' 교육과정과 채용을 조건으로 특별한 교육 과정의 운영을 요구하는 '고용보장형' 교육과정이 있다.

① 계약학과 ② 독학학위제
③ 사내대학 ④ 평생교육원
⑤ 직업훈련원

Step B 수능 대비 문제

03 경력개발과 평생학습

문제 해결의 길잡이

《 우리나라의 시기별 산업의 특징과 변화에 관한 내용을 파악하고, 직업의 변천 과정과 미래의 직업 변화를 유추하는 문제이다.

국가 주도의 경제 성장이 과거와 현재의 직업에 끼친 영향을 이해하고, 시기별 산업의 흐름을 통해 주요 직업의 변천 과정, 미래 유망 직업 등을 파악하도록 한다.

01 다음 표는 우리나라 직업 세계의 시대별 특징을 정리한 것이다. 이와 관련된 설명으로 잘못된 것은?

시기(연대)	산업의 특징	중심 산업
1960	노동 집약 산업의 부흥	농림어업, 경공업
1970	중화학 공업 육성	중화학 공업
1980	자본 집약적 산업 발달	조선, 반도체
1990	IT 산업 발달	금융, 정보 통신, 서비스
2000	신성장 산업 발달	지식, 정보
2010	친환경 성장 추구	지식, 정보, 인공지능, 환경

① 미래에는 생명 공학 관련 직업, 환경 관련 직업 등이 각광받을 것으로 보인다.
② 국가 발전 전략에 따라 강제적으로 산업 구조를 조정하고 직업 세계를 개편할 수 있다.
③ 직업은 고정불변하지 않으므로, 기존의 직업이 사라지기도 하고 새로운 직업이 생기기도 한다.
④ 산업 구조의 변화나 기술 발달뿐 아니라 직업을 둘러싼 외부 환경 변화도 직업 세계에 영향을 미친다.
⑤ 과거에는 단순한 직무의 직업이 많았으나, 최근에는 복잡하고 다양한 능력을 요구하는 직무의 직업 비중이 커졌다.

《 경력개발의 필요성을 개인, 조직, 환경의 측면으로 나누어 보고, 특히 환경 변화 요소를 살펴보는 문제이다.

첨단 과학 기술의 발달, 전 지구적 환경 변화, 인구 구조의 변화 등과 같은 환경 변화 요소를 경력 개발의 필요성과 연결하여 과제를 해결할 필요가 있다.

02 다음은 경력개발의 필요성을 도표화한 것이다. 도표의 (가)에 해당하는 요소를 보기 에서 고르면?

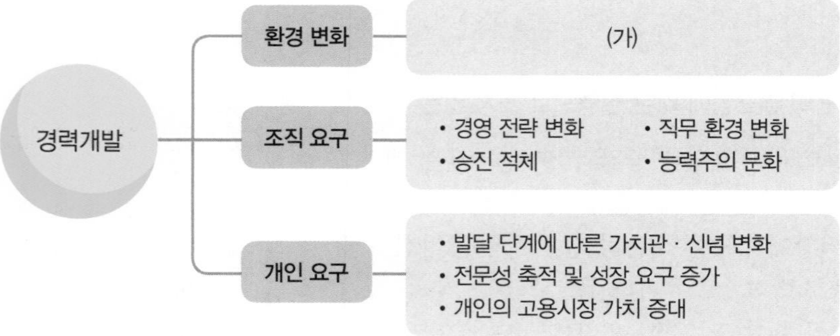

보기

㉠ 삶의 질 추구　　㉡ 풍부한 노동력
㉢ 신입사원 이직 증가　　㉣ 지식 정보의 빠른 변화

① ㉠, ㉡　② ㉠, ㉣　③ ㉡, ㉢　④ ㉡, ㉣　⑤ ㉢, ㉣

03 다음은 경력개발 단계를 도식화한 것이다. 이와 관련된 설명으로 잘못된 것은?

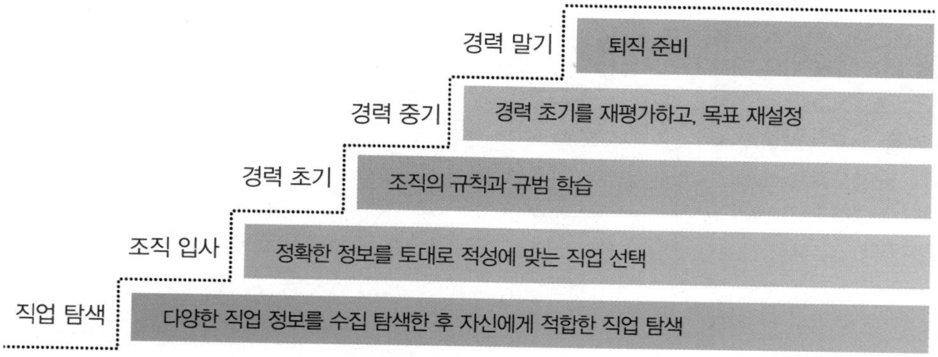

① 경력은 일과 관련되어 일어나는 연속적인 과정이다.
② 경력 초기는 자신을 대표할 전문성을 개발하는 시기이다.
③ 경력 말기에는 구체적 퇴직 계획을 준비하면서 자존감을 유지하는 것이 중요하다.
④ 경력개발의 단계마다 달성해야 할 특정한 과제가 있으며, 연령 범위도 대략 설정되어 있다.
⑤ 자신이 속한 조직 내에서 조직의 구성원으로서 조직과 함께 상호작용하며 자신의 업무 능력을 쌓아가는 것도 경력 개발에 해당한다.

문제 해결의 길잡이

《 경력개발 단계별 수행 과제를 파악하는 문제이다.
직업 탐색 이후부터 경력 말기까지 수행할 과제와 목표를 이해하고, 단계별 연령 범위도 알아두는 것이 필요하다.

04 다음 글에서 설명하는 제도에 관한 내용으로 잘못된 것은?

현장은 가르침에 인색할 수밖에 없다. 일정 시간 안에 제품을 생산해야 하는 기업 처지에서는 신입 직원에게 제대로 된 실무를 가르쳐 줄 여유가 없기 때문이다. 반면 이 제도는 직무 훈련을 전제로 채용하는 것이어서 충분한 교육과 훈련을 받으며 빠르게 업무 능력을 키울 수 있다.

기업이 취업을 원하는 학생이나 청년 구직자들을 '학습 근로자'로 채용하여 기업 현장 또는 학교 등 교육 기관에서 장기간의 체계적 교육을 제공하고, 교육 훈련을 마친 자의 역량을 국가 또는 해당 산업계가 평가하여 자격을 인정하는 방식이다.

① 평생학습의 일종이다.
② 학교에서 학습할 내용을 배우지 못한 근로자들을 대상으로 시행한다.
③ 급속도로 세분화 · 전문화하는 현대 산업 구조의 변화에 적응하기 위한 제도이다.
④ 산업 현장에서 요구하는 실무형 인재를 기르기 위한 도제식 교육 훈련 프로그램이다.
⑤ 참여 기업의 특징에 따라 산업계 주도로 진행되는 '자격연계형'과 '대학연계형'으로 나뉜다.

《 평생학습의 하나인 일학습병행제의 내용과 필요성을 파악하는 문제이다.
현대 산업 구조의 다변화, 전문화가 평생학습의 등장 배경임을 이해해야 한다. 또한, 일학습병행제 외에도 학점 은행제, 독학 학위제, 지역 평생교육 기관 등을 통해 평생학습이 이루어지고 있음을 파악한다.

III. 직업능력개발과 평생학습

대단원 마무리 문제

01 다음 (가), (나)에 해당하는 말을 바르게 짝지은 것은?

> 직업생활을 하는 데 필요한 능력을 직무능력이라 한다. 직무 능력은 모든 직업인에게 공통으로 요구되는 (　　(가)　　) 능력과 특정 직종이나 직업에 따라 달리 요구되는 (　　(나)　　) 능력으로 구분된다.

	(가)	(나)
①	직무기초	직무수행
②	직무수행	직업기초
③	직무기초	문제해결
④	직무수행	의사소통
⑤	직무기초	조직관리

02 보기 에서 직업기초능력에 관한 내용으로 옳은 것을 고르면?

> **보기**
> ㉠ 근무 환경의 변화에 따라 달라져야 한다.
> ㉡ 직무를 성공적으로 수행할 수 있는 바탕이다.
> ㉢ 직장인으로서 누구나 갖추어야 하는 능력이다.
> ㉣ 해당 분야에서 특정 임무를 수행하는 데 필요한 능력이다.

① ㉠, ㉡　② ㉠, ㉢　③ ㉡, ㉢
④ ㉡, ㉣　⑤ ㉢, ㉣

03 다음 (　　　) 안에 공통으로 들어갈 말을 쓰시오.

> • 국가에서는 (　　　　　)을(를) 만들어 산업 현장에서 직무를 수행하는 데 필요한 지식 · 기술 · 태도 등의 능력을 표준화하였다.
> • 취업 시장의 변화로 기존의 채용 방법 대신에 (　　　　　)에 기반을 둔 능력 중심 채용이 이루어지고 있다.

(　　　　　　　　　　　　)

04 (가) ~ (다)에 해당하는 능력군을 바르게 연결한 것은?

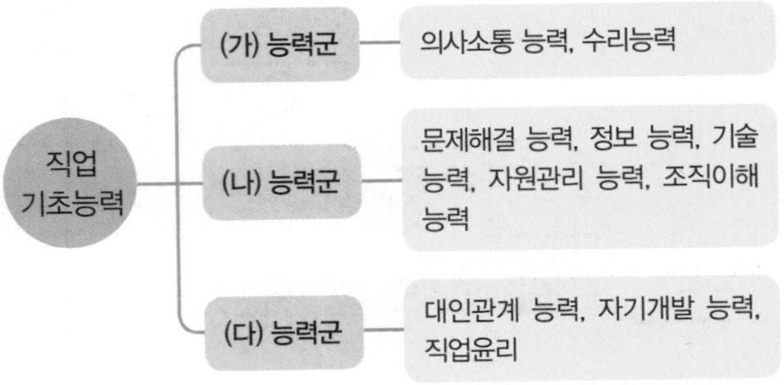

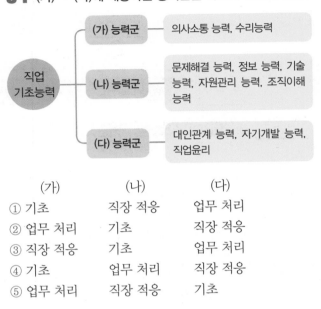

	(가)	(나)	(다)
①	기초	직장 적응	업무 처리
②	업무 처리	기초	직장 적응
③	직장 적응	기초	업무 처리
④	기초	업무 처리	직장 적응
⑤	업무 처리	직장 적응	기초

05 NCS 분류상 직업기초능력 중 수리능력의 하위 능력이 아닌 것은?

① 기초연산 능력　② 기초통계 능력
③ 문제처리 능력　④ 도표분석 능력
⑤ 도표작성 능력

06 직업기초능력이 직업생활에 미치는 영향으로 보기 힘든 것은?

① 미래의 직업 환경에 유연하게 적응할 수 있게 한다.
② 취업, 이직, 전직 과정에서 경쟁력의 바탕이 된다.
③ 특정 분야의 전문 지식과 기능을 함양할 수 있게 한다.
④ 직무 환경에 적응하고 효율적으로 직무를 수행하는 힘이 된다.
⑤ 급격한 변화에 필요한 새로운 능력을 개발하는 데 기초가 된다.

07 (1) ~ (4)에 해당하는 능력을 보기 에서 골라 그 기호를 쓰시오.

보기
㉠ 정보 능력 ㉡ 문제해결 능력
㉢ 자기개발 능력 ㉣ 조직이해 능력

(1) 업무를 수행할 때 도구 · 장치 등을 포함하여 필요한 기술에는 어떤 것들이 있는지 이해하고 적절한 기술을 선택하여 실제 업무에 적용하는 능력 (　　　)
(2) 자신의 능력 · 적성 · 특성 등에서 자기의 강점과 약점을 찾고, 이를 기초로 자기 발전 목표를 수립한 후 자기관리 및 경력개발을 성취해나가는 과정 (　　　)
(3) 컴퓨터를 활용하여 업무와 관련된 자료를 수집하고 분석하여 의미 있는 정보로 만들고, 이를 업무 수행에 적절하게 조직하고 관리 및 활용하는 능력 (　　　)
(4) 업무를 원활하게 수행하기 위해 국제적인 추세를 포함하여 조직의 체제와 경영에 대해 이해하는 능력 (　　　)

08 다음 (　　　) 안에 공통으로 들어갈 말을 쓰시오.

• 조직이나 기업에서 구성원들이 일하는 데 필요한 실질적 능력으로, 특정 직종과 직위에 따라 선택적으로 반드시 요구되는 전문 능력을 (　　　)(이)라 한다.
• 문서를 이해하고 작성하는 것은 대부분 직업에서 하는 직업기초능력이다. 이에 비해 환자에게 주사를 놓는 능력은 간호사라는 특정한 직업에서만 요구되므로 (　　　)에 해당한다.

(　　　　　　　)

09 다음은 간호사의 직무수행능력을 구분한 것이다. 빈칸에 알맞은 말을 쓰시오.

(1) (　　　) 직업능력: 환자의 치료를 돕는 전문지식
(2) (　　　) 직업능력: 자신이 소속된 진료학과나 전문 분야에 따라 필요한 간호 지식과 전문 기술
(3) (　　　) 직업능력: 의료 분야에 종사하는 사람으로서의 사명의식, 타인에 대한 따뜻한 이해와 공감 능력

10 (가), (나)의 설명에 해당하는 용어를 쓰시오.

(가) 평생 일과 관련하여 얻게 되는 모든 경험이나 활동을 뜻하며. 실생활에서는 관련된 일을 성공적으로 수행한 경험이나 그 경험을 통해 해당 능력을 갖춘 것을 말한다.
(나) 개인이 자기 일과 관련된 목표를 수립하고 실행하며 반성하는 모든 과정을 뜻한다. 또한, 자신이 속한 조직에서 조직의 구성원으로서 조직과 함께 상호작용하며 자신의 업무 능력을 쌓아가는 것을 포함한다.

(가) (　　　　　　), (나) (　　　　　　)

11 평생학습에 관한 설명으로 잘못된 것은?

① 학교를 통한 교육을 제외한 모든 비형식적 교육을 의미한다.
② 개인의 삶의 질을 향상시키고, 사회의 발전을 도모하는 데 그 의미가 있다.
③ 현재 지닌 능력보다 지속적인 학습 능력과 자기 계발 노력이 더욱 중요하다.
④ 개인은 일생에 걸쳐 직업적 지식과 기술을 획득하기 위해 계속 학습해야 한다.
⑤ 국가와 사회는 삶의 전 과정에서 개인에게 다양하고 평등한 학습 기회를 제공해야 한다.

12 다음에서 설명하는 제도의 명칭을 쓰시오.

산업 현장에서 요구하는 실무형 인재를 기르기 위한 도제식 교육 훈련 제도이다. 기업이 취업을 원하는 학생이나 청년 구직자를 '학습 근로자'로 채용하여 기업 현장(또는 학교 등의 교육기관)에서 장기간의 체계적인 교육을 제공하고, 교육 훈련을 마친 자의 역량을 국가(또는 해당 산업계)가 평가하여 자격을 인정하는 방식이다.

(　　　　　　　)

EXPRESS

Ⅳ 취업과 창업

01 합리적인 의사결정과 취업

02 취업 계획 수립과 구직 활동

03 창업과 기업가정신

01 합리적인 의사결정과 취업

1 합리적인 의사결정의 개념과 방법

(1) 합리적인 의사결정의 개념

❶ **합리적인 의사결정:** 문제와 기회를 인식하고 그 문제를 해결하기 위한 대안을 찾아서 가장 좋은 대안을 선택하고 그것을 실행하는 과정. 문제 핵심 파악, 다양한 정보 수집, 실행 가능한 최적의 대안 등을 위한 충분한 시간과 노력 필요

❷ **경력개발 경로에서 합리적 의사결정:** 직업 선택, 업무 수행 시 최선의 방안 선택, 이직의 시기, 거절 의사 표시 등

(2) 합리적인 의사결정 방법

문제 원인 파악	•어떤 문제가 있는지 알아보기 •그 문제의 원인이 무엇인지 파악하기
기준과 가중치 결정	•개인의 관심과 가치 중요도 결정하기 •개인의 목표와 선호도 알아보기
정보 수집	•가능한 모든 정보 찾기 •의사결정을 위한 판단 자료 찾기
대안 탐색	•가능한 모든 대안 찾기 •대안의 장단점 분석하기
최적안 선택	•최적의 대안 선택하기
결과 평가 및 피드백	•의사결정 결과 분석 · 평가하기 •피드백하기

≪ **직업 선택을 위한 의사결정에서 고려할 가치의 예**
성취감, 직업 안정, 금전적 보상, 영향력 발휘, 인정받기, 지식 추구 등

2 합리적인 의사결정을 통한 경력개발 경로 수립

(1) 경력개발 경로의 의미

❶ **경력개발:** 경력 계획을 달성하기 위해 자신의 직무 관련 태도, 능력, 성과를 향상해 나가는 과정

❷ **경력개발 경로:** 자신이 희망하는 경력 목표를 달성하는 데 필요한 역량이나 자질 등을 개발하는 과정에서 어떤 일이 진행되는 방법이나 순서

❸ **경력 목표와 경력개발:** 경력 목표는 구체적이면서 실현 가능한 것이어야 하고, 경력개발은 자신이 희망하는 경력 목표에 부합해야 함.

≪ **경력**
개개인이 한 조직에서 실제 담당하는 일련의 직무 집합

≪ **경력 계획**
경력 목표를 달성하기 위한 단계를 확인하여 이를 실행해 나가는 과정

≪ **경력 목표**
개인이 경력상 도달하고 싶은 미래의 직위나 위치

(2) 합리적인 경력개발 경로 수립

❶ **경력개발 경로 수립:** 직무에서 요구되는 능력 수준과 자신이 갖추고 있는 능력을 비교하여 미래에 필요한 능력 개발을 위해 현실적인 경력 목표를 설정하는 데 도움을 줌.

❷ 조직 내 경력개발의 목적
- 최적의 인력 수요 시스템 구축과 인력 개발 프로그램 활용
- 조직의 인적 자원 개발과 구성원의 경력 희망 목표 충족

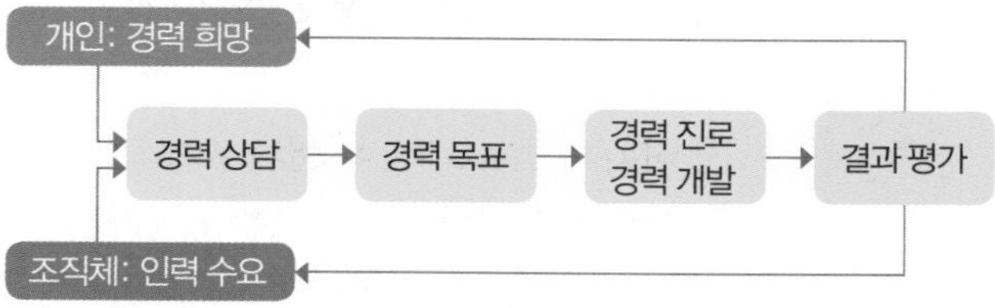

▲ 조직 내 경력개발 과정

❸ 개인의 경력개발 경로 수립 단계

탐색 다양한 직업적 대안 탐색
- 직업 선택에 관한 사항을 폭넓게 설정
- 동일 직업 내 다양한 직무 탐색

→

확립 적합한 직업 발견 및 안정성 확보 가능한 활동
- 선택 분야에서 다양하게 전문화 추구
- 전문성과 승진 기회를 통해 경력 향상

→

유지 자신의 영역에서 지속 근무 추구
- 특정 분야 전문가 등의 역할을 통해 경력 인정

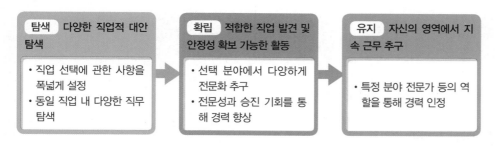

3 경력개발 경로에서 취업의 의미

(1) 취업의 의미와 중요성

❶ 취업 성공 경험은 긍정적인 생각, 성취감, 행복감을 느끼게 함.

❷ 경제적 기반 마련으로 안정적인 경력개발 가능

❸ 개인 성장의 기회와 직무 능력 향상을 통한 자아실현

(2) 경력개발 경로와 취업

❶ 조직의 인적 자원 관리와 성과 관리를 바탕으로 상사와 전문가 집단의 도움을 통한 경력계획 설계 가능

❷ 학점은행제, 재직자 특별전형, 방송통신대학, 사내대학 등의 선취업 후진학 제도를 통해 자신에게 필요한 역량을 효과적으로 개발 가능

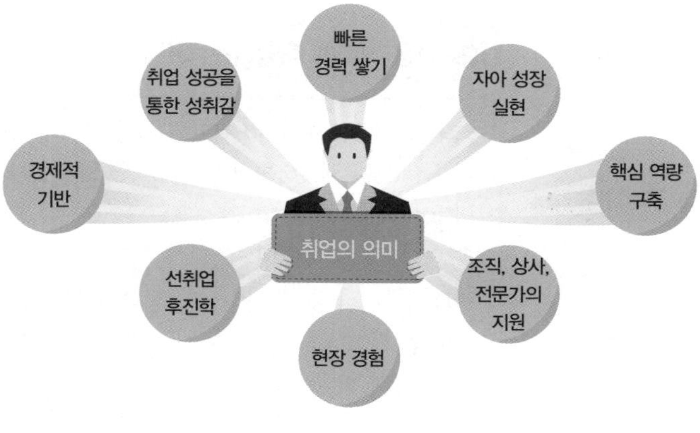

« 희망 직업 정보 탐색 방법
- 특정 직무와 직업에 대한 설명 자료
- 경력 상담 회사 및 기관 방문
- 관련 직업 종사자와의 면담
- 직업 관련 홈페이지 탐색
  - 직업 정보
    www.krivet.re.kr
    www.career.go.kr
  - 자격 정보
    www.q-net.or.kr
    www.pqi.or.kr
  - 취업알선 정보
    www.work.go.kr
  - 직업교육훈련 정보
    www.hrd.go.kr

« 경력개발 경로 수립 시 고려사항
- 개인: 성격, 장단점, 흥미, 적성, 직업 가치관 등 자신에 대한 종합적인 이해를 바탕으로 기회와 장애 요인 분석
- 직무 정보: 기본 지식, 요구 능력, 회사 안정성, 급여 및 복지, 일자리 전망, 직무 만족도 등

« 인적 자원 관리
우수 인재 확보, 직원 능력 개발, 공정한 평가와 보상

« 성과 관리
개인이나 부서에서 어떤 성과를 올리겠다는 목표를 정하고, 그 목표치에 얼마만큼의 성과가 있었는지 평가하는 것

Step A 실력 점검 문제

01 합리적인 의사결정과 취업

01 다음 (　　　) 안에 공통으로 들어갈 말을 쓰시오.

> 문제와 기회를 인식하고 그 문제를 해결하기 위한 (　　　　)을(를) 찾아서 가장 좋은 (　　　　)을(를) 선택하고 그것을 실행하는 과정을 의사결정이라고 한다.

(　　　　　　　　)

02 합리적인 의사결정을 위해 필요한 노력과 거리가 먼 것은?

① 여러 가지의 대안 검토
② 신속하고 즉흥적인 문제 해결
③ 다양한 정보를 체계적으로 수집
④ 이성적 · 논리적으로 문제 핵심 파악
⑤ 실현 가능성과 효율성을 고려한 대안 결정

03 보기 에서 합리적인 의사결정 과정을 순서대로 정리하여 그 기호를 쓰시오.

> 보기
> ㉠ 결과 평가 및 피드백
> ㉡ 문제 원인 파악
> ㉢ 정보 수집
> ㉣ 기준과 가중치 결정
> ㉤ 최적안 선택
> ㉥ 대안 탐색

(　　) → (　　) → (　　) → (　　) → (　　) → (　　)

04 합리적인 의사결정과 관련된 설명으로 가장 적절한 것은?

① 어떤 것도 포기할 수 없는 선택이다.
② 편익에 관계없이 비용만을 고려하는 선택이다.
③ 비용에 관계없이 편익만을 고려하는 선택이다.
④ 다른 사람들의 선호를 최우선적으로 고려하는 선택이다.
⑤ 최소의 비용으로 최대의 효과를 얻을 수 있는 선택이다.

05 다음 (　　　) 안에 들어갈 말을 쓰시오.

> 경력개발은 (　　　　)을(를) 달성하기 위해 자신의 직무 관련 태도, 능력, 성과를 향상해 나가는 과정이다.

(　　　　　　　　)

06 다음 설명에 해당하는 것은?

> 자신이 희망하는 경력 목표를 달성하는 데 필요한 역량이나 자질 등을 개발하는 과정에서 어떤 일이 진행되는 방법이나 순서를 말한다.

① 의사결정 과정　　② 경력개발 경로
③ 직무계획 수립　　④ 진로계획 경로
⑤ 자아실현 과정

07 다음 설명에 해당하는 경력개발 경로의 단계는?

> 자신이 맡은 업무의 내용을 정확하게 파악하고 조직의 규칙, 규범, 조직 문화와 분위기에 적응하는 것이 매우 중요하다.

① 경력 초기　② 경력 중기
③ 경력 말기　④ 직업 선택기
⑤ 기업 입사기

08 경력개발 경로에서 경력 중기에 실천할 사항은?

① 새로운 기술 습득 및 퇴직 준비하기
② 지난 경력 재평가 및 승진 기회 마련하기
③ 개인(능력)과 기업(직무 요건)의 조화 이루기
④ 자신이 맡은 업무를 파악하고 기업에 적응하기
⑤ 자신의 가치, 흥미, 역량과 일치하는 직업 찾기

09 경력개발 경로에서 취업이 갖는 의미에 대한 설명으로 적절하지 않은 것은?

① 취업을 하게 되면 행복감과 성취감으로 자신감을 가질 수 있다.
② 업무 분야에서 상사와 전문가 집단의 도움을 받을 수 있는 기회가 제공된다.
③ 취업을 통해 경제적 기반을 마련할 수 있으며 안정된 생활을 영위하게 된다.
④ 남들보다 빠른 사회 진출과 경험으로 경력을 쌓을 수 있으며 전문성을 높일 수 있다.
⑤ 고교 졸업 후 취업한 회사는 평생직장으로 어떠한 일이 있어도 이직을 고려하지 않는다.

10 보기 에서 선취업 후진학 제도에 해당하는 것은?

> 보기
> ㉠ 학점은행제　㉡ 법학전문대학원
> ㉢ 방송통신대학　㉣ 사내대학
> ㉤ 특수목적고등학교　㉥ 재직자 특별전형

① ㉠, ㉡, ㉣, ㉤　② ㉠, ㉢, ㉣, ㉥
③ ㉡, ㉢, ㉤, ㉥　④ ㉡, ㉣, ㉤, ㉥
⑤ ㉢, ㉣, ㉤, ㉥

11 취업의 의미에 대한 설명으로 잘못된 것은?

① 자기 계발 차원에서 선취업 후진학 기회가 제공된다.
② 경제적 기반 마련으로 안정적인 경력개발이 가능하다.
③ 취업 후에는 특별한 경력개발 없이 평생직장을 가질 수 있다.
④ 취업 성공 경험은 긍정적인 생각, 성취감, 행복감을 느끼게 한다.
⑤ 개인 성장의 기회와 직무 능력 향상을 통한 자아실현이 가능하다.

12 합리적인 경력개발 경로 수립 과정에서 유의해야 할 내용으로 옳지 않은 것은?

① 자신의 성격상 특징, 장단점, 흥미, 적성, 직업가치관 등 자신에 대한 종합적인 이해가 필요하다.
② 자신이 앞으로 하고자 하는 일과 관련된 주변 환경의 기회와 장애 요인에 대하여 정확하게 분석한다.
③ 직무 정보를 기초로 자신이 목표로 하는 직업에 필요한 능력을 개발하기 위한 여러 가지 대안을 설정해야 한다.
④ 직무에서 요구되는 능력 수준과 자신이 갖추고 있는 능력을 비교하여 달성하기 어려운 경력 목표를 설정해야 한다.
⑤ 최대한 여러 직업의 정보를 수집하여 탐색한 후 각 직업별 장단점을 분석하여 자신에게 적합한 최선의 직업을 선택해야 한다.

Step B 수능 대비 문제

01 합리적인 의사결정과 취업

문제 해결의 길잡이

《 의사결정의 유형을 분류하고, 합리적 의사결정의 중요성을 이해하는 문제이다.

의사결정의 유형 중 합리적 의사결정의 의미와 내용을 알아보고, 직관적 유형과 의존적 유형과의 차이점을 파악하는 것이 필요하다.

01 다음은 의사결정 유형을 분류한 것이다. 각 유형에 관한 설명으로 옳은 것을 보기 에서 모두 고르면?

(가) 합리적 유형 – 자신과 주변 상황을 고려하여 정확한 정보를 수집하고 신중하게 결정하며, 자신의 결정에 책임을 진다.
(나) 직관적 유형 – 즉흥적 느낌을 중시하며, 순간적 판단에 따라 결정을 내리고, 자신의 결정에 책임을 진다.
(다) 의존적 유형 – 의사결정에 다른 사람의 영향을 많이 받으며, 의사결정에 대한 책임을 지지 않으려 한다.

보기

㉠ (가)는 의사결정에 시간이 걸린다.
㉡ (나)는 의사결정이 빠르고 창의적이다.
㉢ (다)는 사회적 인정에 대한 욕구가 높다.
㉣ (가)와 (나)는 의사결정에 실패할 확률이 낮다.
㉤ (나)와 (다)는 의사결정에 실패할 경우 남을 탓하기 쉽다.

① ㉠, ㉢ ② ㉡, ㉣ ③ ㉠, ㉡, ㉢
④ ㉠, ㉡, ㉢, ㉣ ⑤ ㉠, ㉡, ㉢, ㉣, ㉤

《 합리적 의사결정을 위한 집단 의사결정의 의미를 알아보는 문제이다.

집단 의사결정의 의미와 장단점을 정리해 둘 필요가 있다.

02 다음에서 제시하는 '집단 의사결정'의 장단점을 잘못 설명한 것은?

기업에서는 개인이 단독으로 의사결정을 내리기도 하지만, 집단이 의사결정을 하기도 한다. 집단 의사결정은 여러 사람이 참여하고 협의하여 의사결정을 하는 것이다. 집단 의사결정은 개인 의사결정에 비해 정확도가 높으며, 기업이 당면한 문제에 대해 다각도로 접근하는 방법이다.

① 신속한 의사결정을 할 수 있다.
② 조직 내 의사소통을 촉진할 수 있다.
③ 집단 구성원들이 지닌 다양한 역량과 견해를 반영할 수 있다.
④ 집단 의사결정에 참여한 사람들이 해결책을 수용하는 데 적극적으로 참여할 수 있다.
⑤ 집단 구성원이 대안을 충분히 분석하고 토론하기보다는 쉽게 합의한 대안을 최선이라고 믿고 합리화하는 집단 사고의 부작용이 발생할 수 있다.

03 다음 (가) 의 개념을 바르게 설명한 것을 보기 에서 고르면?

"인생은 BCD다."라는 말을 들어본 적이 있는가? 이 말은 프랑스 철학자 장 폴 사르트르가 한 것인데, 알파벳 B와 D 사이에 C가 있는 것처럼 인간이 태어나서(birth) 죽는(death) 순간까지 끊임없이 선택(choice)하며 산다는 것이다.

우리는 일상에서 수많은 선택을 하는데, 주어진 시간이나 자산이 충분하지 않기 때문에 모든 것을 다 누릴 수는 없다. 그래서 늘 고민하고, 어느 한쪽을 선택해야 한다. 나중에 후회하지 않으려면 최대한 현명하게 선택하고 행동해야 한다. 이를 (가) (이)라고 표현한다.

보기

㉠ 영향력 있는 다른 사람의 의견을 바탕으로 결정한다.
㉡ 순간적 판단이나 직관을 바탕으로 하는 창의적 의사 결정이다.
㉢ 경력 개발 경로에서 직업 선택과 이직, 업무 수행 등에 적용되는 개념이다.
㉣ 목표 달성을 위한 여러 대안 중에서 실행 가능한 최선의 대안을 결정하는 것이다.
㉤ 문제 인식, 정보 수집, 대안 탐색, 대안 선택, 실행 등의 과정을 통해 도출된다.

① ㉠, ㉡, ㉢ ② ㉠, ㉢, ㉣ ③ ㉡, ㉢, ㉣
④ ㉡, ㉣, ㉤ ⑤ ㉢, ㉣, ㉤

문제 해결의 길잡이

≪ **합리적 의사결정의 개념을 파악하는 문제이다.**
합리적 의사결정의 개념과 필요성을 이해하고, 직관적 의사결정, 의존적 의사결정 등과의 차이점도 알아둘 필요가 있다.

04 다음은 '취업'의 의미를 정리한 것이다. 이를 바탕으로 취업이 개인의 경력개발 경로에 끼치는 영향력을 잘못 설명한 것은?

- 개인의 경제적 기반을 마련할 수 있다.
- 인생에서 성취감과 행복감을 느끼게 한다.
- 개인에게 성장과 직무능력 향상의 기회를 준다.
- 취업은 조직(기업)의 인적자원 관리와 성과 관리를 바탕으로 상사와 전문가 집단의 도움을 받을 기회를 제공한다.

① 취업을 바탕으로 안정적 경력 개발을 할 수 있다.
② 맡은 업무를 핵심 역량으로 키워 전문가로 성장할 수 있다.
③ 취업 성공 경험을 통해 '난 할 수 있다'는 긍정적인 생각을 가질 수 있다.
④ 상사는 부하의 특성을 관찰 · 평가하여 그에 알맞은 경력 계획을 설계해 줄 수 있다.
⑤ 취업 후에는 자기 계발의 목표가 생기더라도 원하는 전공을 선택할 기회가 제한된다.

≪ **개인의 경력개발 경로에서 취업이 어떤 의미를 갖는지 알아보는 문제이다.**
취업을 통해 개인이 얻을 수 있는 여러 장점과 발전 가능성에는 어떤 것들이 있는지 정리해 두는 것이 문제 해결의 열쇠이다.

02 취업 계획 수립과 구직 활동

1 취업 계획 수립

취업 계획 예시

취업 계획		
고등학교 시기에 필요한 노력		졸업 후 진로
교과 관련 활동 ⓔ 영어와 제2외국어를 배우고 전공인 항공정비 기술을 익힐 것이다.	비교과 관련 활동 ⓔ 비행기나 항공 정비 관련 영화를 많이 볼 것이다.	ⓔ 항공정비사 자격증을 취득하여 국내 OO항공사에 취업할 것이다.

(1) 취업 계획 수립의 의미

❶ **취업 계획 수립:** 체계적인 취업 준비를 위해 자신이 결정한 취업 목표와 현재 상황 분석, 업무에 필요한 전공 역량, 자격증 등의 필요 사항과 준비 시기를 미리 계획하는 것

❷ **취업 계획서:** 희망하는 직업군의 관련 직업들을 몇 가지 정한 후, 그 직업에서 필요한 역량에 대하여 구체적으로 작성

(2) 취업 계획 수립 절차와 방법

절차	방법	
1	희망 직종과 기업 분석하기	
	• 지원하고자 하는 기업 결정 • 희망하는 직종 선택 • 희망 직종에 대한 정보 수집	• 기업의 인재상 · 기업 문화 · 직무 분석 • 필요한 자격이나 역량을 목록으로 작성 • 역량 포트폴리오 준비
2	자신의 준비 현황 확인과 목표 세우기	
	• 자신의 현재 필요 역량 기록 • 해당 자격 또는 역량의 목표 기재	• 자신의 준비 상황 파악 • 취업을 위해 필요한 정도의 목표 수립
3	실천 일정과 구체적인 계획 세우기	
	• 기업의 채용 일정 파악 • 자격증 시험 일정 정보 수집 • 인턴 실무 기간 고려	• 목표 달성을 위해 구체적인 계획 수립 • 구체적인 취업 계획서 작성
4	취업 계획서 실천하기와 중간 점검하기	
	• 취업 계획서 실천 규칙 확인 • 월별 실천 여부 점검	• 중간 점검을 통한 준비 현황 파악 • 목표 대비 자신의 위치 파악

포트폴리오(portfolio)

- 포트폴리오란 쉽게 말해서 '작품집'이라는 뜻
- 학교 동아리 활동, 대외 활동 경험, 공모전 수상 경험, 학업 프로젝트 경험 등 자신의 관심 분야와 지원 직무에 필요한 역량을 보여줄 수 있게 준비하는 것이 좋음.

2 효과적인 구직 활동

(1) 구직 정보 탐색 방법

❶ **온라인:** 고용노동부 워크넷, 민간 취업 포털 사이트, 채용 기업 홈페이지 등

❷ **오프라인:** 학교 취업지원부, 각 지역 고용센터, 직업훈련기관, 취업 박람회 등

구직 정보 탐색 시 유의사항

취업이 절실하더라도 구직 정보를 탐색할 때는 반드시 신뢰할 만한 곳인지 확인해야 한다. 벽이나 전봇대에 붙어 있는 전단지, 지하철역 같은 곳에 붙어 있는 구직 정보보다는 신뢰할 수 있는 곳에서 일자리 정보를 찾는 것이 중요하다.

(2) 구직 활동 수단

❶ **이력서:** 취업을 목적으로 자신의 능력과 경험을 정리한 것으로, 지원자의 가장 기초적인 정보를 제공

- 기업의 인사 담당자가 지원자의 역량을 판단하는 자료이므로, 성실하고 깔끔하게 작성하는 것이 중요
- 인적사항과 학력, 자격/면허, 주요 활동, 수상, 병역, 경력사항 등으로 구성

② **자기소개서:** 이력서만으로 평가하기 어려운 부분을 서술하여 자신이 지원한 기업에 적합한 인재라는 것을 강조할 수 있는 수단

- 자기소개서를 통해 개인의 성격, 가치관, 인생관, 직업관 등을 파악하여 기업이 추구하는 인재상에 얼마나 적합한지를 판단
- 성장 과정, 성격, 학창시절 및 활동사항, 지원 동기 및 입사 후 포부 등으로 구성

③ **면접:** 기업에서 원하는 인재를 선발하기 위해 면접관과 지원자가 직접 대면하여 이루어지는 선발 방식

- 이력서, 자기소개서 등의 제출 서류에 근거하여 지원자의 역량, 지식, 태도 등을 평가
- **면접 평가 기준:** 업무 수행 역량, 조직 충성도, 조직 적합도
- **다양한 면접 유형:** 기업은 지원자의 인성과 직무 역량을 정확하게 파악하기 위해 다양한 유형의 면접 방식을 활용

면접 유형	내용
집단 토론식 면접	주로 팀워크 및 리더십을 평가하기 위해 이루어지는 면접
다차원 면접	지원자와 면접관을 팀으로 편성하여 등산과 같은 단체 활동 등에서 어울리며 진행하는 면접
블라인드 면접	면접관이 지원자의 학력이나 전공 등 이력 사항을 모르는 상태에서 진행하는 면접
롤플레잉 면접	다양한 상황에서 역할 연기를 진행하는 형태로 상황 대처 능력을 평가하는 면접
인성 면접	지원자가 작성한 입사 서류에 근거하여 개인적 성향과 조직 적응력 등을 알아보기 위한 면접
직무 역량 면접	해당 직무에 대한 관심도와 직무 경험, 직무 수행 능력을 갖추고 있는가를 알아보기 위한 면접
압박 면접	직무와 관련 없는 당황스러운 질문에 어떻게 대처하는지를 살펴보기 위한 면접

Tip 취업을 위한 진로 포트폴리오 작성법

진로 포트폴리오를 만들 때는 구성 요소와 내용에 일관성이 있어야 한다. 또한, 교내 및 교외 활동 내용을 구체적으로 작성하고 활동 전과 후에 배운 것, 개선 사항, 소감 등을 진솔하게 작성한다.

구성 요소	내용
개인 신상 정보	이력서, 자서전적 기록, 취미, 과외 활동 등
학습 능력	성적표나 학습 능력 향상에 대한 보고서, 좋은 성적을 받았던 과목들의 목록, 자격증 등
업무 능력	의사소통 능력, 좋은 평가를 받았던 작품이나 과제 등
대인관계 능력	학교 안팎에서 지도력을 발휘했던 경험에 대한 확인서 등
자기관리 능력	인생 계획서, 인생 목표 및 직업 목표, 적성검사 결과, 시간관리 능력에 대한 기록 등
업무 성취 능력	직접 제작한 작품, 자신이 제작했거나 제작에 참여한 것에 대한 사진 기록 등
공동체 봉사 경험	자원봉사단체 참가 경험이나 수행했던 지위나 역할에 대한 기록 및 사진 자료 등

« 국가직무능력표준(NCS) 기반 자기소개서

지원 직무에 연관된 학교 교육과 직업 교육 사항, 자격사항 및 경력사항과 직무 활동 위주로 기재하며, 직업기초능력을 평가하기 위한 문항도 포함

« 면접 평가 기준

역량
• 업무 수행 능력 • 업무 수행 태도(성실성, 적극성) • 전공 지식 • 전문 기술 등

충성도
• 회사에 대한 관심 수준 • 해당 업무에 대한 몰입 정도(맡을 업무에 대한 관심 수준)

적합도
• 조직 문화와의 적합성(적응력, 장기근속 여부) • 조직 융화 가능성 등

« 면접 준비 이렇게!

- 첫인상과 단정한 옷차림은 기본이다.
- 이력서, 자기소개서를 반드시 읽고 간다.
- 1~3분 분량의 자기소개 발표 내용을 준비한다.
- 기업 정보(조직 문화, 최근의 이슈, 인재상 등)를 파악한다.
- 면접 당일 아침 신문을 읽는다.

Step A 실력 점검 문제

02 취업 계획 수립과 구직 활동

01 다음에서 설명하는 것은 무엇인지 쓰시오.

> 체계적인 취업 준비를 위해 자신이 결정한 취업 목표와 현재 상황 분석 그리고 업무에 필요한 전공 역량, 자격증 등의 필요 사항과 준비 시기를 미리 계획하는 것이다.

( )

02 취업 계획 수립 절차에 대한 내용을 관계있는 것끼리 바르게 연결하시오.

(가) 희망 직종과 기업 분석하기 •
(나) 자신의 준비 현황 확인과 목표 세우기 •
(다) 실천 일정과 구체적인 계획 세우기 •
(라) 취업 계획서 실천하기와 중간 점검하기 •

• ㉠ 채용 일정과 자격증 시험 일정을 알아보고 취업 계획서를 작성한다.
• ㉡ 목표 대비 자신의 위치를 확인하고 월별 점검을 통한 준비 현황을 파악한다.
• ㉢ 지원 희망 기업에 대한 정보를 수집하여 필요한 자격이나 역량을 알아본다.
• ㉣ 자신의 현재 준비 상황 정도를 파악하여 취업을 위한 목표를 수립한다.

03 취업 계획 수립 시 고려해야 하는 기업의 인재상에 대한 설명으로 옳지 않은 것은?

① 모든 기업에서 원하는 인재상의 조건이 동일한 것은 아니다.
② 기업에서는 전문성과 직업기초능력을 두루 갖춘 사람을 선호한다.
③ 인재의 조건으로 창의성, 도전 정신, 글로벌 역량 등이 강조되고 있다.
④ 최근 기업에서는 한정된 분야에서 전문성을 발휘하는 전문가를 원한다.
⑤ 자신이 취업하길 희망하는 기업의 인재상을 확인하고 대비할 필요가 있다.

04 취업 계획 수립을 위한 취업 계획서 작성에 대한 설명으로 옳지 않은 것은?

① 취업에 필요한 것이라고 생각하는 것을 모두 다 기재한다.
② 실행 가능한 사항들에 대해서 구체적으로 적도록 한다.
③ 자신이 개선하고 실천하겠다는 것 위주로 최대한 진솔하게 작성한다.
④ 취업 계획서는 주변 사람들과 공유하여 서로 응원하여 주며 실천하기로 약속한다.
⑤ 취업 계획서의 약속 불이행 시 벌칙 사항에 대해서 친구들과 상의하여 같이 적는 것도 좋다.

05 최근 현대 사회의 직업 세계 변화 모습으로 옳지 않은 것은?

① 첨단 과학 기술이 급격하게 발전하고 있다.
② 계약직 · 파견직 · 임시직 고용이 증가하고 있다.
③ 고용 형태가 하나의 형태로 일원화되고 있다.
④ 지식 및 인터넷 정보 기반 사회로 변화하였다.
⑤ 인구 구조가 고령화되고, 인구 성장률이 감소하고 있다.

06 다음에서 설명하는 활동의 목적은?

> • 온라인 활동: 고용노동부 워크넷, 민간 취업 포털 사이트, 채용 기업 홈페이지 등 방문
> • 오프라인 활동: 학교 취업지원부, 각 지역 고용센터, 직업 훈련기관, 취업 박람회 등 방문 및 참석

① 사업계획서 작성　② 효율적 마케팅 관리
③ 구직 정보 탐색　④ 대인 관계 능력 향상
⑤ 봉사 활동 계획 수립

07 보기 에서 이력서를 구성하는 항목을 골라 묶은 것은?

보기
㉠ 인적 사항 ㉡ 지원 동기
㉢ 자격 사항 ㉣ 학력 사항
㉤ 성장 과정

① ㉠, ㉡, ㉤ ② ㉠, ㉢, ㉣
③ ㉡, ㉢, ㉣ ④ ㉡, ㉣, ㉤
⑤ ㉢, ㉣, ㉤

08 다음에서 설명하는 것은 무엇인지 쓰시오.

- 이력서만으로 평가하기 어려운 부분을 서술하여 자신이 지원한 기업에 적합한 인재라는 것을 강조할 수 있는 수단
- 개인의 성격, 가치관, 인생관, 직업관 등을 파악하여 기업이 추구하는 인재상에 얼마나 적합한지를 판단하는 자료

( )

09 다음은 국가직무능력표준(NCS) 기반 입사지원서에 대한 설명이다. ( ) 안에 공통으로 들어갈 말을 쓰시오.

최근 능력 중심 채용 방식을 채택하고 있는 기업체에서는 국가직무능력표준 기반 자기소개서를 요구하고 있다. 국가직무능력표준 기반 자기소개서는 ( ) 활동 위주로 작성해야 하며, ( )와(과) 연관된 교육사항, 자격사항, 경력사항 등을 기재한다.

( )

10 보기 의 자기소개서 작성 항목과 직업기초능력이 바르게 연결된 것은?

보기
㉠ 지금까지 학교나 회사에서 조직의 중요성을 느낀 경험을 설명하시오.
㉡ 만약 당신이 회계 담당자일 때 계산착오 문제가 발생하였다면 어떻게 문제를 해결할 것인지, 그 방법과 이유를 설명하시오.

① ㉠ 조직이해 능력, ㉡ 문제해결 능력
② ㉠ 자기개발 능력, ㉡ 정보 능력
③ ㉠ 대인관계 능력, ㉡ 수리 능력
④ ㉠ 자원관리 능력, ㉡ 기술 능력
⑤ ㉠ 의사소통 능력, ㉡ 직업윤리

11 면접에 대한 설명으로 옳지 않은 것은?

① 압박 면접에서는 자신의 약점을 인정하고 극복 방법을 이야기한다.
② 일반적인 면접에서는 인성 질문보다 직무 역량 질문에만 대비하는 것이 좋다.
③ 자신의 장단점, 자격증 여부 등을 객관적으로 분석·평가하고 정리해 둔다.
④ 지원 기업의 정보를 파악하며, 기업의 인재상을 바탕으로 지원 동기를 명확히 한다.
⑤ 토론 면접의 준비는 신문이나 인터넷 뉴스를 활용하며, 팀워크와 리더십을 발휘한다.

12 다음에서 설명하는 면접 유형은?

면접관이 지원자의 학력이나 전공 등 이력 사항을 모르는 상태에서 진행하는 면접

① 인성 면접 ② 다차원 면접
③ 압박 면접 ④ 블라인드 면접
⑤ 집단 토론식 면접

Step B 수능 대비 문제

02 취업 계획 수립과 구직 활동

문제 해결의 길잡이

≪ **취업 계획 수립의 절차와 방법을 알아보는 문제이다.**
단계별 절차의 의미를 살펴보고 해당 절차에 해당하는 방법을 찾아야 한다.

01 다음은 취업 계획 수립의 절차와 방법을 나열한 것이다. 보기 에서 1단계에 속하는 방법을 모두 고르면?

1단계: 희망 직종과 기업 분석하기
– 방법: 지원하고자 하는 기업 결정, 희망 직종에 대한 정보 수집, 역량 포트폴리오 준비 등
2단계: 자신의 준비 현황 확인과 목표 세우기
– 방법: 자신의 현재 필요 역량 기록, 해당 자격 또는 역량의 목표 기재, 자신의 준비 상황 파악 등
3단계: 실천 일정과 구체적인 계획 세우기
– 방법: 기업의 채용 일정 파악, 자격증 시험 일정 정보 수집, 인턴 실무 기간 고려, 목표 달성을 위해 구체적인 계획 수립 등
4단계: 취업 계획서 실천하기와 중간 점검하기
– 방법: 취업 계획서 실천 규칙 확인, 월별 실천 여부 점검, 중간 점검을 통한 준비 현황 파악, 목표 대비 자신의 위치 파악 등

보기
㉠ 희망하는 직종 선택
㉡ 구체적인 취업 계획서 작성
㉢ 취업을 위해 필요한 정도의 목표 수립
㉣ 기업의 인재상 · 기업 문화 · 직무 분석
㉤ 필요한 자격이나 역량을 목록으로 작성

① ㉠, ㉣
② ㉠, ㉢, ㉣
③ ㉠, ㉣, ㉤
④ ㉡, ㉢, ㉣
⑤ ㉠, ㉢, ㉣, ㉤

≪ **효과적인 구직 활동 방법에 관한 문제이다.**
구직 활동 단계의 순서를 숙지하고, 각 단계에 따라 구직자가 준비하고 실행할 방법을 파악해야 한다.

02 다음은 구직 활동 과정을 순서대로 정리한 것이다. 각 과정에 관한 설명으로 옳은 것을 보기 에서 고르면?

구직 정보 탐색 → 이력서 작성 → 입사지원서 작성 → 자기소개서 작성 → 면접

보기
㉠ 구직자는 신뢰할 만한 곳을 통해 필요한 구직 정보를 탐색해야 한다.
㉡ 구직자는 인사 담당자의 시선을 끌 수 있는 성실하고 깔끔한 이력서를 작성해야 한다.
㉢ 최근 많은 기업이 학력, 경력 등을 중시하는 NCS 기반 입사지원서를 요구한다.
㉣ 기업에 자기의 가치를 알리기 위해서는 추상적 · 현학적 표현을 사용하여 자기소개서를 작성해야 한다.
㉤ 면접관은 지원자의 답변 내용 못지않게 지원자의 태도와 예의도 중요시한다.

① ㉠, ㉡, ㉣
② ㉠, ㉡, ㉤
③ ㉠, ㉢, ㉤
④ ㉡, ㉢, ㉤
⑤ ㉢, ㉣, ㉤

03 다음은 NCS 기반 직무 능력 중심 채용 과정을 보여 주는 그림이다. 각 과정에 관한 설명으로 잘못된 것은?

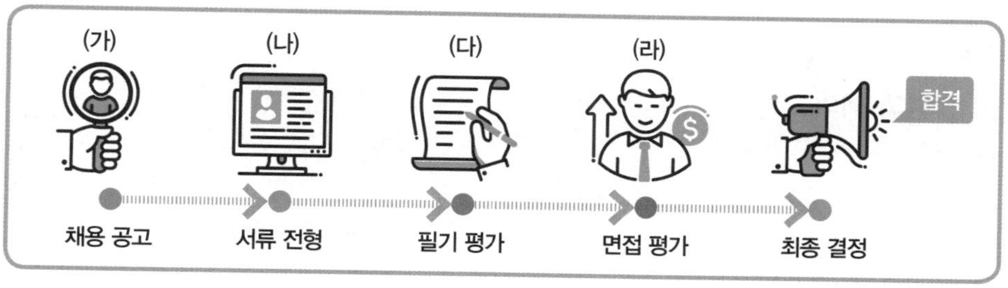

① (가) NCS를 통해 해당 직무에 필요한 지식, 기술, 태도 등을 확인할 수 있다.
② (나) 직무와 관련된 경험과 활동 경력 등을 기술한 서류를 바탕으로 심사한다.
③ (다) 일반적인 능력을 평가하는 검사이므로, 다양한 방면의 지식과 소양을 측정한다.
④ (라) 직무능력과 관련된 경험, 업무 수행 과정에서 발생 가능한 상황에 대처하는 방법, 특정 직무 관련 주제에 대한 의견 등을 중심으로 진행한다.
⑤ (가) ~ (라) 과정은 NCS 기반의 평가 도구를 활용하여 이루어진다.

문제 해결의 길잡이

≪ **NCS 기반 직무 능력 중심 채용의 의미를 이해하는 문제이다.**
기존 채용 방식이 개인 인적 사항, 학력, 수상 경력 등 개인의 일반적·잠재적 능력을 중시하였다면, NCS 기반 직무 능력 중심 채용 방식은 직무수행능력을 중시한다는 점을 파악해야 한다.

04 다음은 면접의 주요 평가 기준을 표시한 것이다. 보기 에서 주요 평가 기준의 하위 항목인 (가), (나), (다)에 해당하는 것을 바르게 연결한 것을 고르면?

역량	충성도	적합도
(가)	(나)	(다)

보기

(가)	(나)	(다)
㉠ 업무 수행 능력	장기근속 여부	해당 업무 몰입도
㉡ 전공 지식	회사에 대한 관심도	장기근속 여부
㉢ 전문 기술	적응력	조직 융화 가능성
㉣ 전공 지식	회사에 대한 관심도	적응력
㉤ 업무 수행 태도	해당 업무 몰입도	조직 융화 가능성

① ㉠, ㉡, ㉣ ② ㉠, ㉢, ㉤ ③ ㉡, ㉢, ㉣
④ ㉡, ㉣, ㉤ ⑤ ㉢, ㉣, ㉤

≪ **기업 등 조직이 어떤 기준으로 면접자를 평가하는지 알아보는 문제이다.**
면접의 주요 평가 기준인 업무 수행 역량, 조직 충성도, 조직 적합도의 의미를 이해하고, 각 기준에 해당하는 구체적 항목을 추론하여 문제를 해결해야 한다.

03 창업과 기업가정신

1 창업

(1) 창업의 의미

❶ **창업:** 개인이나 집단이 이윤을 창출할 목적으로 기업을 새로 만들어 사업을 시작하는 것, 즉 제품이나 서비스를 생산하고 판매하기 위한 사업 아이디어를 기반으로 사업 목표를 세우고, 창업가가 인적 · 물적 자원을 갖추어 기업을 설립하는 활동

❷ **창업의 긍정적인 영향**

- **개인:** 도전과 노력의 결과에 따른 성취 욕구 충족 및 자아실현, 경제적 안정 등
- **국가와 사회:** 일자리 창출, 기술 발전, 중소기업 육성, 수출 증대, 국가 경쟁력 강화 등

« 창업과 경영의 차이

- 창업: 사업 시작 전 일련의 준비 과정과 사업 시작까지의 과정
- 경영: 사업 시작 후 기업을 운영하고 관리하는 과정

(2) 창업 과정

창업 과정은 업종과 규모에 따라 다르지만 일반적으로는 다음과 같다.

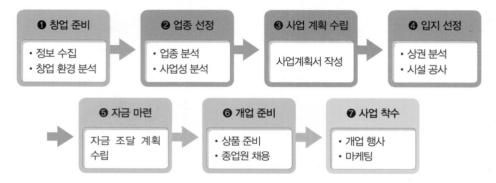

❶ 창업 준비
- 정보 수집
- 창업 환경 분석

→ ❷ 업종 선정
- 업종 분석
- 사업성 분석

→ ❸ 사업 계획 수립
- 사업계획서 작성

→ ❹ 입지 선정
- 상권 분석
- 시설 공사

→ ❺ 자금 마련
- 자금 조달 계획 수립

→ ❻ 개업 준비
- 상품 준비
- 종업원 채용

→ ❼ 사업 착수
- 개업 행사
- 마케팅

« 각종 창업 관련 프로그램

청년창업사관학교, 사회적 기업육성, 창업넷, 소상공인 창업지원, 청년 창업지원, 창업보육센터 네트워크 시스템, 창업멘토링 프로그램, 예비 창업자 교육

(3) 창업 유형

❶ **개인 창업:** 시장조사, 인테리어, 홍보 등 창업 관련 모든 과정을 창업자 스스로 해결하는 형태

❷ **공동 투자 창업:** 개인 투자자들이 모여서 공동으로 자본을 형성하여 창업하는 형태

❸ **가맹점 가입 창업(프랜차이즈):** 창업자가 가맹 본부와의 계약을 통해 일정한 계약 기간 동안 사업을 하는 형태

❹ **기존 사업체 인수 창업:** 다른 사람이 운영하던 기존 사업체를 인수하여 창업하는 형태

(4) 창업의 조건

❶ **창업자:** 창업 아이디어를 가지고 사업 계획을 수립하는 사람

- **필요 능력:** 성취 욕구, 경영 능력, 강한 추진력, 정신적 · 육체적 건강, 전문성과 차별성, 책임감 등

❷ **창업 아이템:** 창업자가 수익 창출을 목적으로 판매하는 제품이나 서비스

- 어떤 아이템을 누구를 대상으로 어떻게 팔 것인가를 결정
- 성공적인 창업을 위해서는 차별성, 전문성, 수익성, 경쟁력 등의 분석 필요

❸ **창업자금:** 창업에 필요한 자금. 사용처에 따라 시설자금과 운전자금으로 구분

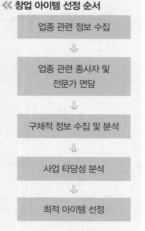

« 창업 아이템 선정 순서

업종 관련 정보 수집
↓
업종 관련 종사자 및 전문가 면담
↓
구체적 정보 수집 및 분석
↓
사업 타당성 분석
↓
최적 아이템 선정

- **시설자금:** 사업장 및 생산 시설 투자 관련 자금 예 시제품 개발 및 생산 비용, 원부자재 구매자금, 임대료, 인테리어비 등
- **운전자금:** 회사가 초기 영업 활동을 하는 데 필요한 자금 예 각종 경비, 인건비, 원재료 구매비 등
- **자금 조달 방법:** 자기자본(창업주나 동업자 등으로부터 조달한 자본)과 타인자본(다른 사람 또는 금융기관 등으로부터 빌려온 자본)으로 구분

Tip 사업계획서의 구성 요소

사업계획서는 향후 전개하고자 하는 사업에 대한 계획을 미리 작성하는 문서로, 구성 요소는 다음과 같다.

구성 요소	내용
사업 개요	사업 동기, 업종 선택 이유, 사업 목표, 사업 진행 계획
상권 입지	점포 선택 및 선택 이유, 경쟁 점포 분석, 유동 인구 조사, 상권 현황 분석
인력 계획	종업원 현황, 채용 계획, 담당 직무 기술, 교육 훈련 계획
상품 분석	디자인 및 형태, 경쟁 상품, 사치품 여부 등
생산 계획	생산 시설 현황, 생산 공법 및 생산 공정, 원자재 조달 및 사용 계획
판매 계획	경쟁력 분석, 판매 전략 목표, 마케팅 전략, 홍보 전략
재무 계획	재무 현황, 수익 전망, 자금 수지 분석, 손익분기점 분석
자금 계획	자금 용도, 자금 조달 및 상환 계획

2 기업가정신

(1) 기업가정신의 개념

❶ **기업가:** 기업에 대한 올바른 의식을 가지고 기업을 운영하는 사람

❷ **기업가정신:** 기업의 본질인 이윤 추구와 사회적 책임의 수행을 위해 기업가로서 마땅히 갖추어야 할 태도와 정신으로, 미래의 불확실성과 높은 위험에도 불구하고 주도적으로 기회를 포착하고 도전하며, 혁신 활동을 통해 새로운 가치를 창조하는 것

❸ **기업가정신의 4요소:** 혁신, 위험 감수, 기회 포착, 가치 창출

(2) 기업가정신의 중요성

❶ 기업가정신을 가진 기업인의 끊임없는 혁신은 경제를 지속적으로 발전시킬 수 있는 핵심요소이며, 일자리 창출과 경제 성장을 위한 주요 동력

❷ 기업은 이웃과 함께 더불어 살아야 한다는 동반성장 정신이 기업가정신의 진정한 의미. 기업가는 기업가정신을 바탕으로 기업의 이익을 추구하고, 사회를 통해 '함께 주고받으며 나누어야 할 가치'를 실천하는 자세가 필요함.

《 **크라우드 펀딩(crowd funding)**
'대중으로부터 자금을 모은다.'는 뜻으로 소셜미디어나 인터넷 등의 매체를 활용해 자금을 모으는 투자 방식

《 **엔젤 투자(angel investment)**
개인들이 돈을 모아 창업하는 벤처 기업에 필요한 자금을 대고 주식으로 그 대가를 받는 투자 형태

《 **기업가(entrepreneur)**
'일을 맡다, 수행하다, 시도하다, 모험하다'의 뜻을 가지고 있는 프랑스어 'Entreprendre'에서 유래

Step A

실력 점검 문제

03 창업과 기업가정신

01 제품이나 서비스를 생산하고 판매하기 위한 사업 아이디어를 기반으로 사업 목표를 세우고, 인적 · 물적 자원을 갖추어 기업을 설립하는 활동은?

① 영업 ② 경제 활동
③ 창업 ④ 구직 활동
⑤ 경력개발

02 창업에 필요한 기본 조건 3가지를 쓰시오.

( ), ( ), ( )

03 창업 과정의 각 단계에서 해야 할 일에 대한 설명으로 옳지 않은 것을 2개 고르면?

① 창업 준비: 상품 준비, 종업원 채용
② 업종 선정: 업종 분석, 사업성 분석
③ 입지 선정: 상권 분석, 시설 공사
④ 자금 마련: 자금 조달 계획 수립
⑤ 개업 준비: 정보 수집, 창업 환경 분석

04 창업에 성공하기 위한 요소로 보기 어려운 것은?

① 창업의 절차에 따른 계획을 수립하고 신중하게 준비한다.
② 여유 자금을 확보하고, 사업 규모를 적정하게 조정한다.
③ 시장에서 검증된 성숙기 상품을 창업 아이템으로 삼는다.
④ 계속적인 자기 개발과 변화에 적응하는 태도를 지닌다.
⑤ 다양한 고객의 욕구를 고려하여 틈새시장을 공략한다.

05 보기 의 창업자금 항목 중 운전자금에 해당하는 것은?

보기

㉠ 집기 및 비품 구입비	㉡ 원재료 구입비
㉢ 개업 광고비	㉣ 종업원 급여
㉤ 임대 보증금	㉥ 사업장 인테리어비

① ㉠, ㉡, ㉢ ② ㉡, ㉢, ㉣
③ ㉡, ㉣, ㉤ ④ ㉢, ㉣, ㉤
⑤ ㉣, ㉤, ㉥

06 창업자금을 분류할 때 시제품 개발 및 생산 비용, 원부자재 구매자금, 임대료, 인테리어비 등 사업장 및 설비 투자 관련 자금을 무엇이라고 하는가?

① 자기자본 ② 타인자본
③ 시설자금 ④ 운전자금
⑤ 외부자금

07 창업자금의 조달 방법 중 자기자본에 해당하는 것은?

① 투자 유치금
② 친척에게 빌린 돈
③ 창업자 본인 자금
④ 서민 은행 대출 자금
⑤ 신용보증기금 지원 자금

08 다음은 사업계획서의 구성 요소에 관한 설명이다. 이 글의 (   ) 안에 들어갈 내용은?

> 사업계획서 항목 중 (   )은(는) 종업원 현황, 채용 계획, 담당 직무 기술, 교육 훈련 등으로 구성되어 있다. 사업계획서 작성 시 주의할 사항은 관련 법규 검토, 업종(아이템)의 환경 분석, 소요 자금 명세서 작성, 소요 자금 조달계획서 작성, 공장입지 조사, 제조, 유통, 판매 등이다.

① 상권 입지　② 상품 분석
③ 판매 계획　④ 인력 계획
⑤ 재무 계획

09 창업 성공 사례를 토대로 알 수 있는 것이 아닌 것은?

① 틈새시장 공략을 통해 남들과 다른 아이템의 발굴과 일에 대한 진지함을 가졌다.
② 경제적 또는 심리적 어려움을 잘 넘어서서 일어나느냐에 따라 성공의 관건이 달려있다.
③ 자신의 관심 분야에 열정을 가지고 끊임없이 노력하는 모습을 보여준다.
④ 자신의 적성과 흥미를 고려하여 시장성, 고객 만족 등의 준비를 꼼꼼히 한다.
⑤ 취업이 어려울 때는 창업을 하겠다는 생각으로 최대한 빠르게 도전한다.

10 다음의 창업 유형에 해당하는 것은?

> 창업자가 가맹 본부와의 계약을 통해 일정한 계약 기간 동안 사업을 하는 형태

① 개인 창업　② 공동 투자 창업
③ 프랜차이즈 창업　④ 무점포 창업
⑤ 기존 사업체 인수 창업

11 다음 설명 중 옳은 것은 ○표, 틀린 것은 X표 하시오.

(1) 사업계획서 구성 요소 중 판매 계획은 점포 선택 및 선택 이유, 경쟁 점포 분석, 유동 인구 조사, 상권 현황 분석 등의 내용으로 작성한다. (   )
(2) 창업자금은 사용처에 따라 자기자본과 타인자본으로 구분한다. (   )
(3) 자기자본은 창업주나 동업자 등으로부터 조달한 자본, 타인자본은 다른 사람 또는 금융기관 등으로부터 빌려온 자본을 말한다. (   )
(4) 창업은 일반적으로 '창업 준비 → 업종 선정 → 사업계획 수립 → 입지 선정 → 자금 마련 → 개업 준비 → 사업 착수'의 과정으로 이루어진다. (   )

12 기업가정신의 구성 요소와 거리가 먼 것은?

① 혁신　② 위험 감수
③ 기회 포착　④ 기업 인수 · 합병
⑤ 가치 창출

13 기업가정신에 대한 설명으로 옳지 않은 것은?

① 기업가정신을 바탕으로 기업의 이익을 모두 사회에 환원하는 자세가 필요하다.
② 기업은 이웃과 함께 더불어 살아야 한다는 동반성장 정신이 기업가정신의 진정한 의미이다.
③ 경제를 지속적으로 발전시킬 수 있는 핵심요소이며, 일자리 창출과 경제 성장을 위한 주요 동력이다.
④ 기업의 본질인 이윤 추구와 사회적 책임의 수행을 위해 기업가로서 마땅히 갖추어야 할 태도와 정신이다.
⑤ 미래의 불확실성과 높은 위험에도 불구하고 주도적으로 기회를 포착하고 도전하며, 혁신 활동을 통해 새로운 가치를 창조하는 것이다.

Step B 수능 대비 문제

문제 해결의 길잡이

≪ **주어진 자료를 통해 적절한 탐구 주제를 도출하는 문제이다.**
자료의 '재산 축적', '상품과 서비스 제공', '고용 증대', '아이템 개발', '이익 실현' 등의 단어를 통해 특정 경제활동을 정리한 것임을 알 수 있다. 그리고 자료의 전후 관계를 정확하게 살펴봄으로써 해당 경제활동이 창업임을 추론할 수 있을 것이다.

01 다음은 어떤 활동을 개인적 측면과 사회 · 국가적 측면에서 정리한 것이다. 이를 바탕으로 도출할 수 있는 탐구 주제는?

> **개인적 측면**
> • 노동력을 제공하고 재산을 축적한다.
> • 자신만의 상품과 서비스를 제공한다.
> • 자아실현을 달성할 수 있다.
>
> **사회 · 국가적 측면**
> • 고용 증대와 소비 증가에 기여한다.
> • 우수한 아이템 개발을 통해 국가 경쟁력을 강화한다.
> • 우수한 상품으로 이익을 실현하여 조세 수입 증대에 기여한다.

① 평생학습, 왜 필요한가?
② 창업은 어떤 의미와 목적을 지니는가?
③ 건전한 노사관계는 어떻게 확립할 수 있을까?
④ 취업은 개인과 공동체에 어떤 영향을 끼치는가?
⑤ 현대 사회에서 직업윤리가 강조되는 이유는 무엇인가?

≪ **창업에서 성공하기 위한 조건을 파악하는 문제이다.**
창업의 조건인 창업자, 창업 아이템, 창업자금, 시장의 개념을 이해하고, 창업이 성공하려면 이 조건들이 어떤 기준을 충족하고, 상호 간에 어떻게 조화를 이룰지 생각해야 한다.

02 다음은 창업의 조건에 관한 내용이다. 이에 대한 설명으로 옳은 것을 보기 에서 고르면?

> **(가) 창업자:** 사업 계획을 수립하고, 사업의 시작을 주도하며, 경영을 책임진다.
> **(나) 창업 아이템:** 창업자가 수익 창출을 목적으로 판매하는 제품이나 서비스를 의미한다. 어떤 아이템을, 누구에게, 어떻게 팔 것인가를 결정해야 한다.
> **(다) 창업자금:** 창업에 필요한 자금으로 사업을 시작하는 데 드는 비용뿐 아니라 초기 사업을 운영 유지하는 데 필요한 자금까지 포함한다.
> **(라) 시장:** 기업이 공급하는 재화나 서비스가 이를 필요로 하는 소비자를 만나 거래가 이루어지는 곳이다.

> **보기**
> ㉠ (가)는 성취 욕구, 경영 능력, 강한 추진력, 정신 및 육체적 건강 등을 갖추어야 한다.
> ㉡ (나) 창업자가 하고 싶은 사업 아이템은 일단 시작할 필요가 있다.
> ㉢ (다)는 사용처에 따라 사업장 및 생산 시설 투자에 필요한 운전자금과 초기 영업 활동에 필요한 시설자금으로 구분된다.
> ㉣ (라)는 물화가 거래되는 구체적 시장뿐 아니라 공간적 제약을 벗어난 추상적 시장까지 포함한다.

① ㉠, ㉡ ② ㉠, ㉢ ③ ㉠, ㉣ ④ ㉡, ㉣ ⑤ ㉢, ㉣

03 다음에서 정의하는 개념의 소유자에 관한 특징으로 거리가 먼 것은?

- 조직의 모든 요소에 대해 혁신적 사고를 하며 강한 욕구로 가치를 창출하기 위해 창조적 활동을 하는 것이다.
- 기업을 성공적으로 경영하기 위해 갖추어야 할 정신으로서, 끊임없이 사업의 기회를 탐색하고, 급변하는 시장 환경에 적응하기 위해 노력하며, 독창적 사고로 무에서 유를 창조할 수 있는 도전 정신이다.

① 인내심과 결단력이 강하다.
② 일의 결과나 사회적 책임에서 자유롭다.
③ 현실적이면서도 유머 감각을 지녀 긍정적으로 사고한다.
④ 적극적이고 도전적인 마음가짐으로 실패와 위험을 두려워하지 않는다.
⑤ 지위와 권위보다는 정직과 성실함으로 동료 및 이해 관계자와 신뢰를 쌓으며 성공의 발판을 마련한다.

04 다음은 기업가정신의 구성 요소를 도식화한 것이다. 이를 바탕으로 기업가정신의 중요성을 설명한 것으로 잘못된 것은?

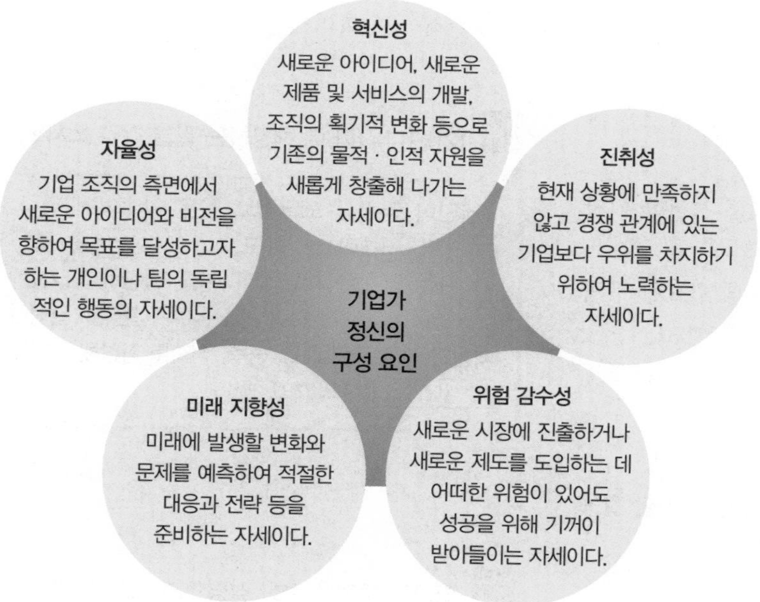
혁신성
새로운 아이디어, 새로운 제품 및 서비스의 개발, 조직의 획기적 변화 등으로 기존의 물적 · 인적 자원을 새롭게 창출해 나가는 자세이다.
자율성
기업 조직의 측면에서 새로운 아이디어와 비전을 향하여 목표를 달성하고자 하는 개인이나 팀의 독립적인 행동의 자세이다.
진취성
현재 상황에 만족하지 않고 경쟁 관계에 있는 기업보다 우위를 차지하기 위하여 노력하는 자세이다.
기업가 정신의 구성 요인
미래 지향성
미래에 발생할 변화와 문제를 예측하여 적절한 대응과 전략 등을 준비하는 자세이다.
위험 감수성
새로운 시장에 진출하거나 새로운 제도를 도입하는 데 어떠한 위험이 있어도 성공을 위해 기꺼이 받아들이는 자세이다.

① 기업가정신은 창조적 파괴 과정을 통해 새로운 시장과 제품을 창출하는 원동력이 된다.
② 기업가정신은 세계 일류 상품 창조, 일자리 창출, 기업과 국가 경제 성장에 이바지한다.
③ 기업가정신은 사회적, 경제적 환경 변화에 영향을 받지 않으므로 사회의 안정화에 이바지한다.
④ 기업가정신의 범위가 기업, 사회, 공공 부분으로까지 확대되면 사회적으로 긍정적 영향을 준다.
⑤ 기업가정신은 새로운 과학 지식을 가치 있는 제품과 서비스로 만들어 시장에 내보냄으로써, 과학 기술과 산업을 발달시키고 사회로 연결하는 효과적 수단이다.

문제 해결의 길잡이

《 기업가와 기업가정신의 관계를 파악하는 문제이다.
기업가정신의 의미를 이해하고, 성공한 기업가의 특징을 찾아내야 한다. 또한, 기업가의 사회적 책임과 윤리 경영도 기업가정신을 구성하는 주요 요소임을 이해해야 한다.

《 기업가정신의 중요성과 영향력을 알아보는 문제이다.
기업가정신의 구성 요소를 살펴보고, 그 각각의 의미와 아울러 기업가정신의 지향점을 파악해야 한다.

대단원 마무리 문제

01 합리적 의사결정에 관한 내용으로 옳은 것은?

① 의사결정 과정이 신속하고 창의적이다.
② 다른 사람의 의견을 바탕으로 결정하는 경향이 있다.
③ 여러 대안 중에서 실행 가능한 최선의 대안을 결정한다.
④ 일단 최적의 대안을 선택한 후에는 피드백할 필요가 없다.
⑤ 합리적 이성에 따라 판단을 내리므로, 정확한 정보 수집의 필요성은 낮은 편이다.

02 합리적 의사결정 과정에 관한 설명으로 잘못된 것은?

① 문제 인식 - 개인이나 집단이 직면한 문제 상황을 고민한다.
② 정보 수집 - 문제 해결이나 목표 달성을 위한 각종 정보를 찾아본다.
③ 대안 탐색 - 가능한 대안을 모두 검토하고, 결과에 대해 피드백을 한다.
④ 최적안 선택 - 여러 대안 중에서 목표를 실현할 최적의 대안을 선택한다.
⑤ 계획 수립 및 실행 - 대안을 실행하는 데 필요한 구체적 계획을 수립하고 실천한다.

03 다음 취업 경력개발 경로 중 (가) 시기에 해야 할 활동이 아닌 것은?

직업 선택 → 기업 입사 → 경력 초기 → 경력 중기(가) → 경력 말기

① 기업에서 자신의 입지를 굳힌다.
② 주어진 업무와 규칙을 파악하여 기업에 적응한다.
③ 지난 경력을 재평가하고, 승진의 기회를 마련한다.
④ 경력 정체를 극복할 수 있도록 지속적으로 학습한다.
⑤ 자기 개발이나 직무를 재설계함으로써 경력에 변화를 준다.

04 (가), (나), (다)에 해당하는 의사결정 유형을 바르게 나열한 것은?

(가) 정확한 정보를 바탕으로 하므로 실패할 확률이 낮지만, 의사결정에 시간이 걸린다.
(나) 신속하고 창의적인 결정을 할 수 있으나, 정보 탐색 과정이나 평가를 소홀히 할 우려가 있다.
(다) 영향력 있는 사람에 의지하여 효과적인 결정을 할 수도 있으나, 실패할 경우 남을 탓하기 쉽다.

	(가)	(나)	(다)
①	합리적	의존적	직관적
②	합리적	직관적	의존적
③	직관적	합리적	의존적
④	직관적	의존적	합리적
⑤	의존적	합리적	직관적

05 (가), (나), (다)에 해당하는 말을 각각 쓰시오.

개인이 경력상 도달하고 싶은 미래의 직위나 위치를 [(가)](이)라 하고, [(가)]을(를) 달성하기 위한 단계를 확인하여 이를 실행해 나가는 과정을 [(나)](이)라 하며, [(나)]을(를) 달성하기 위해 자신의 직무 관련 태도, 능력, 성과를 향상해 나가는 과정을 [(다)](이)라고 표현한다.

(가) (　　　　), (나) (　　　　), (다) (　　　　)

06 다음은 무엇에 관한 설명인지 쓰시오.

- '작품집'이라는 뜻이다.
- 학교 동아리 활동, 대외 활동 경험, 공모전 수상 경험, 학업 프로젝트 경험 등 자신의 관심 분야와 지원 직무에 필요한 역량을 보여주기 위한 것이다.
- 책자처럼 만들거나 파워포인트와 같은 프레젠테이션 프로그램을 활용하여 작성하며, SNS를 이용할 수도 있다.

(　　　　　　)

07 오늘날 기업이 생각하는 좋은 인재와 가장 거리가 먼 유형은?

① 정보 지식형 인재
② 범용형, 획일적 인재
③ 개방적 범세계적 인재
④ 전문성을 갖춘 창조적 인재
⑤ 자기 주도적 업무 수행력을 갖춘 인재

08 NCS 기반 입사지원서 작성에 관한 내용으로 옳은 것은?

① 인적사항에는 본인의 이름, 주소지, 부모님 직업 등을 기재한다.
② 직무능력 관련 사항에는 지원 직무와 관련 있는 자격증만 기재한다.
③ 경력사항에는 연구회, 동아리, 재능 기부 활동 등의 경험을 기재한다.
④ 직무 관련 기타 활동에는 금전적 보수를 받고 일정 기간 일했던 이력을 기재한다.
⑤ 교육사항에는 지원 직무와 관련하여 학교 내에서 이루어진 교육 내용만 기재한다.

09 면접의 유형에 관한 설명으로 잘못된 것은?

① 롤플레잉 면접: 상황 대처 능력을 평가한다.
② 다차원 면접: 기본 체력과 도전 정신을 평가한다.
③ 블라인드 면접: 지원 직무와 연관되는 노력과 활동 경험을 더욱 중시한다.
④ 프레젠테이션 면접: 직무와 관련 없는 당황스러운 질문에 어떻게 대처하는지를 평가한다.
⑤ 세일즈 면접: 고객들과 일어날 수 있는 상황에 대한 순발력, 창의적 대응 태도, 말투 등을 평가한다.

10 보기 에서 창업에 해당하는 것을 고르면?

보기
ㄱ 기존 사업체 인수
ㄴ 개인사업자의 법인 전환
ㄷ 프랜차이즈 가맹점 설립
ㄹ 폐업 후 같은 업종의 사업 다시 시작
ㅁ 새로운 아이템으로 새로운 업체 설립

① ㄱ, ㄴ, ㄹ
② ㄱ, ㄷ, ㅁ
③ ㄴ, ㄷ, ㄹ
④ ㄴ, ㄷ, ㅁ
⑤ ㄷ, ㄹ, ㅁ

11 다음은 무엇에 대한 설명인지 쓰시오.

- 위험을 무릅쓰고 새로운 기회와 가치를 추구하는 것이다.
- 미래의 불확실성과 높은 위험에도 불구하고 주도적으로 기회를 포착하고 도전하며 혁신 활동을 통해 새로운 가치를 창조하는 것이다.
- 이것을 발휘하려면 강한 정신력, 대인관계 능력, 의사소통 능력, 의사결정 능력, 문제해결 능력 등의 역량을 갖추어야 한다.

(　　　　　　　　)

12 (가), (나)에 해당하는 말을 각각 쓰시오.

창업자금은 사용처에 따라 사업장 및 생산 시설 투자와 관련된 [(가)] 자금과 회사가 초기 영업 활동을 하는 데 필요한 [(나)] 자금으로 구분된다.

(가) (　　　　　　　　), (나) (　　　　　　　　)

V 근로관계와 산업안전

01 근로관계와 법

1 근로관계법의 종류와 기본 원리

(1) 근로관계법의 종류

❶ **근로관계법:** 근로자 개개인과 사용자 간에서 사용자의 행위를 법으로 규정하여 근로자를 보호하기 위한 법으로, 크게 근로기준보장법과 고용보장법으로 구분함.

❷ **근로기준보장법:** 근로기준법, 최저임금법, 산업재해보상보험법, 파견근로자 보호 등에 관한 법률, 선원법 등

- **근로기준법:** 사용자가 근로 조건을 일방적으로 결정하는 것을 예방하기 위한 법
- **최저임금법:** 근로자의 생활 안정과 생산성 향상을 위해 국가가 최저 수준의 임금을 정하여 그 이상으로 근로자에게 임금을 지급하도록 정한 법
- **산업재해보상보험법:** 업무상 사고로 근로자에게 재해가 발생하면 신속하고 공정한 보상과 필요한 경우 재활치료를 받게 하고, 근로자의 정신적 · 신체적 스트레스를 줄일 수 있는 쾌적한 사업장 환경 조성과 건강 증진 등을 사업주의 의무사항으로 규정한 법

❸ **고용보장법:** 고용정책기본법, 고용보험법, 직업교육훈련촉진법, 직업안정법 등

- **고용정책기본법:** 국가가 고용에 대한 정책을 계획하고 개개인의 직업 능력 계발과 근로자의 고용 안정, 기업의 일자리 창출로 국민의 삶의 질을 향상하기 위한 법
- **고용보험법:** 고용보험의 시행으로 실업 예방, 고용 촉진, 근로자의 직업 · 능력 개발을 향상하기 위한 법

(2) 근로관계법의 기본 원리

❶ **기본적인 생활 보장:** 인간의 존엄성 보장, 노사 동등 이념의 보장, 근로 조건의 준수 및 향상 등(근로기준법 1~5조)

❷ **균등한 처우:** 성별을 이유로 한 차별 금지, 국적, 신앙, 사회적 신분을 이유로 한 차별 금지(근로기준법 6조)

❸ **관행적 노사관계의 근절:** 강제 근로의 금지, 폭행의 금지, 중간착취의 배제, 공민권 행사의 보장 등(근로기준법 7~10조)

(3) 근로 계약 체결

❶ **근로 계약:** 계약 당사자인 근로자와 사용자 간에 체결된 계약으로, 근로자는 사용자에게 근로를 제공하고 사용자는 이에 합당한 임금을 지급하는 것을 목적으로 함.

❷ **근로 계약서:** 임금, 근로 계약 기간, 근로 시간, 유급 휴일, 연차 유급 휴가 지급 등의 근로 조건 명시

❸ **근로 계약 체결의 중요성:** 사용자는 근로자를 함부로 해고할 수 없으며, 근로자는 사용자가 근로 조건 위반 시 손해배상 및 부당해고 구제 신청 가능

2 근로자의 주요 권리와 의무

(1) 근로자의 주요 권리

《 근로자(勤勞者)
직업의 종류를 불문하고 자신의 근로를 제공하여 임금 등 기타 이에 준하는 수입을 받고 생활하는 사람

《 사용자(使用者)
사업주 또는 사업 경영 담당자, 그 밖에 근로자에 관한 사항에 대하여 사업주를 위하여 행동하는 자

《 개별적 근로관계법
근로자 개인과 사용자 간의 근로관계의 질서를 유지하기 위해 제정한 법 예 근로기준법, 최저임금법, 산업재해보상보험법, 직업안정법, 고용정책기본법, 국민연금법 등

《 집단적 근로관계법
근로자를 대표하는 노동조합 등의 근로자 집단과 사용자 간의 노사 관계의 질서를 유지하기 위해 제정한 법 예 노동조합 및 노동관계조정법, 노동위원회법 등

《 협력적 근로관계법
집단적 근로관계법이 사용자와 근로자가 대등한 관계를 유지하도록 하였으나 노사가 대립과 투쟁적 성격을 띠는 경우가 있어, 이를 극복하고 노사관계를 한 단계 더 발전시키기 위해 제정한 법 예 근로자참여 및 협력증진에 관한 법률

❶ **근로관계의 종료:** 근로자는 본인의 의사에 따라 자유롭게 퇴직할 수 있고, 사용자는 근로자의 의사와 관계없이 일방적인 해고를 할 수 없음.

❷ **부당 해고의 구제:** 정당한 이유가 없는 해고 발생 시 노동위원회와 법원을 통해 구제받을 수 있음.

❸ **임금 청구권:** 근로 계약이 체결되면 근로자는 사용자에게 근로를 제공함에 따라 임금을 청구할 권리가 발생함.

❹ **작업 중지권:** 산업안전보건법에서는 산업 재해 발생의 급박한 위험이 있는 경우 근로자의 작업 중지권과 긴급 피난권을 인정함.

(2) 근로자의 주요 의무

❶ **근로 제공 의무:** 사용자의 정당한 업무 지시에 따라 노동력을 제공할 의무

❷ **근로 성실 의무:** 사용자의 이익을 부당하게 침해하지 않을 의무

❸ **비밀 유지 의무:** 직무를 수행하면서 알게 된 경영상의 비밀을 제3자에게 알리지 않을 의무

❹ **경업 금지 의무:** 사용자의 사업과 경쟁적인 성격의 사업을 경영하거나 혹은 사용자와 경쟁관계에 있는 다른 기업을 위해 일하지 않을 의무

3 권익 침해와 차별의 시정

(1) 권익 침해의 시정

❶ **권익 침해 유형:** 부당 해고, 임금 체불, 근로기준법 위반에 해당하는 각종 수당(연장 근로 수당, 휴일 근로 수당, 야간 근로 수당) 미지급, 근로 시간 미준수 등

❷ **시정 방법:** 사용자의 근로 조건 위반 및 부당 노동 행위 시 지방노동위원회 구제 신청 또는 법원을 통한 민사소송 제기

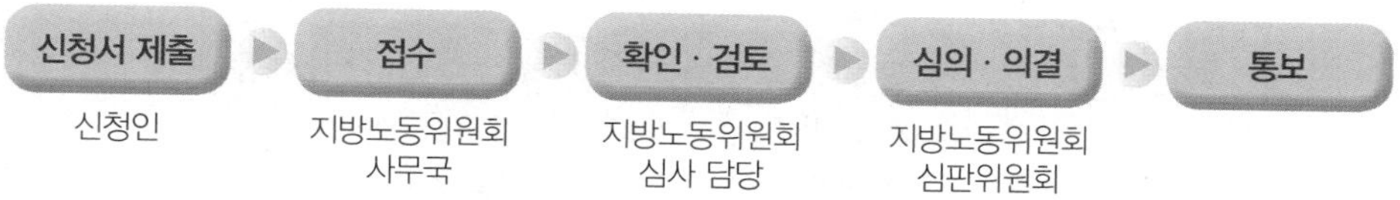

▲ 근로 조건 위반 처리 절차

(2) 차별의 시정

❶ **차별 유형:** 성별에 따른 차별, 국적이나 종교에 따른 차별, 사회적 지위에 따른 차별, 나이에 따른 차별 등

❷ **시정 방법:** 지방노동위원회에 차별적 처우의 시정 신청서를 자세하게 작성하여 접수

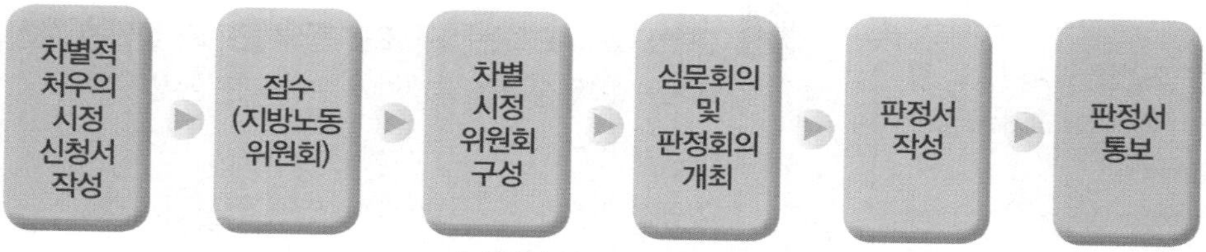

▲ 차별적 처우 시정 처리 절차

《 정당한 해고의 요건

① 회사의 경영이 어려워 인원을 감축해야 하는 등 정당한 사유의 존재
② 회사를 운영하지 못하고 폐업하는 경우 등 불가피한 경우에만 가능
③ 합리적이고 공정한 기준으로 해고 대상자 선정
④ 적어도 30일 전에 해고 계획 예고
⑤ 해고 사유와 시기를 서면으로 통지

《 부당 해고

- 서면으로 해고를 예고하지 않은 경우, 인사위원회 또는 해고 당사자의 해명 기회를 주지 않은 경우, 징계해고 또는 정리해고가 아닌 경우, 해고할 수 없는 기간(업무상 부상 · 질병 치료로 휴업한 기간과 그 후 30일, 출산 전후 기간과 그 후 30일, 육아휴직 기간)에 해고한 경우 등이 부당 해고에 해당한다.
- 부당 해고를 당하면 5인 이상 사업장의 경우에는 3개월 이내에 지방노동위원회에 구제 신청할 수 있다.

《 민사소송

개인 사이에 일어나는 다툼을 법으로 판단하는 절차

《 형사소송

국가에서 범죄로 규정한 것에 대해 형벌을 과하는 절차

Step A 실력 점검 문제

01 근로관계와 법

01 다음 설명에 해당하는 법은?

> 모든 사업장에서 근로자의 생활 안정과 생산성 향상을 위해 일정 금액을 국가가 정하여 그 이상으로 임금을 주도록 정한 법

① 최저임금법 ② 근로기준법
③ 직업안정법 ④ 고용보험법
⑤ 산업재해보상보험법

02 다음에서 설명하는 법은 무엇인지 쓰시오.

> • 실업을 예방하고 고용을 촉진하기 위해 근로자의 직업능력을 개발하기 위한 법
> • 근로자의 자발적 퇴직이 아닌 회사 사정 때문에 퇴직한 경우 근로자에게 생활에 필요한 급여를 지원하여 생활 안정과 구직 활동을 도와주는 법

( )

03 다음 ( ) 안에 알맞은 말을 쓰시오.

> ( )은(는) 사용자가 근로 조건을 일방적으로 결정하는 것을 예방하기 위한 법이며, 사용자는 법에 규정한 사항을 위반해서는 안 된다는 강제성을 띤다.

( )

04 부당해고에 해당하는 것은?

① 30일 전에 해고 계획을 예고하였다.
② 해고 사유와 시기를 문서로 작성하여 전달하였다.
③ 육아휴직 기간에 이메일과 휴대전화 문자로 해고 통보를 하였다.
④ 해고 기준을 설명하고, 인사위원회 개최 또는 해명 기회를 제공하였다.
⑤ 회사의 경영이 어려워 인원을 감축해야 하는 등의 정당한 사유가 발생하였다.

05 다음에서 설명하는 근로관계법의 기본 원리는?

> 인간의 존엄성을 보장하고 노사가 동등한 지위에서 자유로운 의사결정이 되도록 법으로 정하여 헌법에 명시된 인간의 존엄과 가치, 인간다운 생활을 할 권리라는 정신을 실현하기 위한 원리

① 강제 근로의 금지 ② 중간착취의 배제
③ 공민권 행사의 보장 ④ 기본적인 생활 보장
⑤ 근로 조건의 준수 및 향상

06 근로자를 대표하는 노동조합 등의 근로자 집단과 사용자 간의 노사관계 질서를 유지하기 위해 제정한 법은?

① 직업안정법 ② 근로기준법
③ 고용정책기본법 ④ 집단적 근로관계법
⑤ 개별적 근로관계법

07 보기 에서 근로 계약 체결 시 명시해야 할 근로 조건에 해당하는 것을 고르면?

보기

㉠ 퇴근 시간	㉡ 임금
㉢ 휴가 계획	㉣ 근로 시간
㉤ 근로 계약 기간	㉥ 노조 가입 여부

① ㉠, ㉡, ㉢ ② ㉠, ㉣, ㉤
③ ㉡, ㉢, ㉥ ④ ㉡, ㉣, ㉤
⑤ ㉢, ㉤, ㉥

08 근로자의 주요 권리에 대한 설명으로 옳지 않은 것은?

① 유급 휴가 청구권: 1년간 60% 이상 출근한 근로자는 18일의 유급 휴가를 청구할 수 있다.
② 부당 해고의 구제: 정당한 이유가 없는 해고 발생 시 노동위원회와 법원을 통해 구제받을 수 있다.
③ 임금 청구권: 근로 계약이 체결되면 근로자는 사용자에게 근로를 제공함에 따라 임금을 청구할 권리가 발생한다.
④ 근로관계의 종료: 근로자는 본인의 의사에 따라 자유롭게 퇴직할 수 있고, 사용자는 근로자의 의사와 관계없이 일방적인 해고를 할 수 없다.
⑤ 작업 중지권: 산업안전보건법에서는 산업 재해 발생의 급박한 위험이 있는 경우 근로자의 작업 중지권과 긴급 피난권을 인정하고 있다.

09 근로자의 주요 의무에 해당하지 않는 것은?

① 근로 제공 의무 ② 근로 성실 의무
③ 근로 계약 의무 ④ 비밀 유지 의무
⑤ 경업 금지 의무

10 공식적인 근로 시간에 포함되지 않는 것은?

① 출근 및 퇴근 시간
② 업무 시작 전 준비 시간
③ 업무 종료 후 정리 시간
④ 사내 교육 및 행사 참여 시간
⑤ 매장에서 손님을 기다리는 대기 시간

11 다음 설명 중 옳은 것은 ○표, 틀린 것은 X표 하시오.

(1) 근로관계법은 개별적 · 집단적 · 협력적 근로관계법으로 구분한다. ( )
(2) 개별적 근로관계법에는 근로기준법, 최저임금법, 산업재해보상보험법, 직업안정법, 고용정책기본법 등이 있다. ( )
(3) 사용자가 경영상의 어려움으로 인해 해고 대상 근로자의 해고 계획을 30일 전에 서면으로 통지했다면 부당 해고에 해당한다. ( )
(4) 근로자는 정당한 이유 없이 해고를 당하면 노동위원회와 법원을 통해 구제받을 수 있다. ( )

12 만 15세 이상의 청소년이 일할 수 있는 곳으로만 나열한 것은?

① 카페, 노래방 ② 편의점, 일반 음식점
③ 사우나, 소주방 ④ 이발소, 만화대여점
⑤ 성인오락실, 호프집

Step B 수능 대비 문제

01 근로관계와 법

문제 해결의 길잡이

« 근로기준법에 따른 근로자의 권리를 이해하는 문제이다.
근로자가 근로의 대가로 받는 임금의 성격을 이해하고, 적법하거나 위법한 임금 지급 사례를 알아두는 것이 필요하다.

01 다음 글에서 사장이 내린 결정과 이에 대한 '근로기준법'의 해석으로 옳은 것을 보기 에서 고르면?

핸드폰 보조 배터리를 만드는 A 회사의 사장은 최근 출시한 제품이 잘 팔리지 않아 재고가 쌓여가고 있어 골치가 아프다. 다양한 마케팅 전략도 세워봤지만 한번 소비자로부터 외면받은 제품은 쉽게 팔리지 않아 경영이 점점 어려워지고 있다. 고민에 빠진 사장은 어려워진 상황을 타개하기 위한 아이디어를 냈다. A 회사 사장은 직원들에게 월급 대신 제품 재고를 나눠주기로 계획하였다.

보기
㉠ 회사는 임금 전액을 통화(通貨)로 지급한다.
㉡ 회사는 임금의 일부를 통화(通貨) 대신 제품으로 지급할 수 있다.
㉢ 회사와 노동조합이 합의한 때에는 임금의 일부를 제품으로 지급할 수 있다.
㉣ 노동조합이 없을 때는 회사의 결정에 따라 월급을 제품으로 지급할 수 있다.

① ㉠, ㉡ ② ㉠, ㉢ ③ ㉠, ㉣ ④ ㉡, ㉢ ⑤ ㉡, ㉣

« 근로관계법의 시행 목적과 의미, 기본 원리 등을 알아보는 문제이다.
근로관계법의 기본 원리와 존재 의미를 파악하고, 헌법과 법률이 보장한 근로자의 권리를 이해해야 한다.

02 (가)에 해당하는 법률에 관한 설명으로 옳은 것을 보기 에서 고르면?

근로자 개인과 사용자 간에는 근로 계약을 통해서 근로관계가 성립한다. 이때 근로자와 사용자 간의 관계를 규정한 법률을 (가) (이)라고 한다.

보기
㉠ (가)는 사용자와 근로자 간의 형식적 평등을 보장하기 위한 목적에 따라 제정되었다.
㉡ (가)의 기본 원리는 기본적인 생활 보장, 균등한 처우, 관행적 노사관계의 근절 등이다
㉢ (가)에 근거하여 근로자의 단결권, 단체교섭권은 인정되지만, 단체행동권은 허용되지 않는다.
㉣ (가)에는 근로자의 대우를 보장하는 개별적 근로관계법과 노동조합의 지위를 보장하는 집단적 근로관계법이 있다.

① ㉠, ㉡ ② ㉠, ㉣ ③ ㉡, ㉢ ④ ㉡, ㉣ ⑤ ㉢, ㉣

03 다음은 통상 시급에 관한 설명이다. 201×년 현재 최저 임금이 7,000원이라 가정할 때, 보기 에서 통상 시급이 최저 임금보다 높은 경우를 고르면?

- 통상 시급은 근로자가 정기적 또는 일정 기간 사업주에게 제공한 근로의 대가로 받는 시급 임금이며, 여기서 연장근로수당 등은 제외된다.
- 통상 시급은 최저 임금보다 높아야 하며, 그렇지 않으면 사업주에게 시정을 요청하고 받아들여지지 않을 때는 지방노동위원회에 신고해야 한다.

보기

㉠ 홍열정 씨는 1일 2시간, 1주일(5일)간 총 10시간을 근무(개근)하고 주급 75,000원을 받았다.

㉡ 이성실 씨는 1일 4시간, 1주일(5일)간 총 20시간을 근무(개근)하고 주급 144,000원을 받았다.

㉢ 김현명 씨는 제과점에서 아침 10시부터 저녁 8시까지 근무하고 60,800원을 받았다. (조건: 기본급 + 연장 근로 수당(기본급의 50%))

㉣ 정열심 씨는 1일 8시간, 주5일 근무(개근)하는 회사에서 월급으로 1,325,000원을 받고 있다. (조건: 1일 8시간, 주 5일(개근))

① ㉠, ㉡　② ㉠, ㉢　③ ㉠, ㉣　④ ㉡, ㉢　⑤ ㉡, ㉣

문제 해결의 길잡이

≪ **통상 시급의 의미와 계산법을 알아보는 문제이다.**
통상 시급은 근로자의 임금을 시간당으로 환산한 금액이다. 근로자가 받은 임금을 기초로 통상 시급을 계산할 수 있어야 한다.

04 다음 근로 계약에 관한 내용을 볼 때, 법에 어긋나거나 무효가 되는 근로 계약이 아닌 것은?

- 근로 계약은 근로자와 사용자가 동등한 지위에서 자유의사에 따라 체결하여야 한다.
- 근로자는 사용자에게 근로를 제공하고 사용자는 이에 합당한 임금을 지급하여야 한다.
- 근로 계약서에는 임금, 근로 시간, 유급 휴일, 연차 유급 휴가 등의 필요한 근로 조건을 기록하여야 한다.

① 1일 무단결근 시 일당 3배 손해 배상해야 한다는 경우
② 다음 근무자를 구할 때까지 일을 그만둘 수 없다고 한 경우
③ 식당 근무자가 사업장 음식을 먹다 들키면 10배 배상해야 한다는 경우
④ 1년 이내 그만두면 1개월 치 급여를 사업주에게 반환해야 한다는 경우
⑤ 연령이 낮고 근무 기간이 짧은 근로자를 우선적으로 정리 해고한다는 경우

≪ **근로 계약의 목적과 유효한 근로 계약을 찾아내는 문제이다.**
근로 조건은 노동관계법을 어기지 않아야 한다. 적법한 근로 계약의 사례와 무효가 되는 근로 계약의 구체적인 사례를 구분할 수 있어야 한다.

02 고용서비스와 사회 제도

1 고용서비스의 의미와 중요성

(1) 고용서비스의 의미

❶ **고용서비스:** 직업을 찾는 사람이나 근로자를 찾는 사업주에 대한 고용 정보 제공, 직업 소개, 직업 지도 또는 직업능력개발, 실업급여 등 고용을 지원하는 서비스

❷ **고용서비스의 기능:** 취업 알선, 실업급여 등의 생계 지원, 직업 훈련, 장려금 · 보조금 지급 등 적극적인 노동 시장 정책 실현

❸ **공공 고용서비스:** 한국고용정보원, 고용센터, 워크넷 등

❹ **민간 고용서비스:** 직업소개소 사업, 직업 정보 제공 사업, 근로자 모집 사업, 근로자 공급 사업, 근로자 파견 사업 등

(2) 고용서비스의 중요성

❶ 새로운 직업의 탄생, 인구 고령화, 구조 조정 등 직업 환경의 변화 → 산업 현장의 필요 인력 예측에 도움

❷ 희망 분야 취업, 교육 · 훈련을 통한 재취업 지원, 빈곤 해결 등 구직자에게 도움

❸ 직무에 적합한 인재 채용, 고용 안정성 제고, 인력의 효율적 배분 등 기업에 도움

≪ 고용서비스 관련 사이트

- 워크넷
  www.work.go.kr
- 한국고용정보원
  www.keis.or.kr
- 직업훈련 포털
  www.hrd.go.kr
- 민간 고용서비스 포털
  www.knesa.or.kr

≪ 직업능력개발

새로운 직무를 습득해야 할 근로자나 취업을 희망하는 사람을 대상으로 직업에 필요한 직업기초능력과 직무수행능력을 숙련시키기 위한 모든 교육 활동

2 고용보험 제도

(1) 고용보험 제도의 의미

❶ 실업 예방과 고용 촉진, 근로자의 직업능력개발 및 향상을 목적으로 하는 사회 보장 제도

❷ 근로자가 직장을 잃었을 때 생활을 안정시키고 적극적으로 직장을 찾을 수 있게 생활에 필요한 급여를 지급함으로써 경제 발전과 사회 발전에 도움

❸ **고용보험 적용 대상:** 1인 이상의 근로자를 고용하는 모든 사업 및 사업장

(2) 고용보험 제도의 종류

종류	내용
고용 안정 · 직업능력개발 사업	고용보험에 가입 또는 가입했던 근로자나 취업할 의사가 있는 자에게 실업 예방, 취업 촉진, 고용 기회의 확대, 직업능력개발과 향상의 기회 제공 및 지원
실업급여	구직급여, 취업촉진수당 등 고용보험 가입자가 실직 후 재취업을 준비하는 동안 지급되는 급여(자발적 퇴사는 제외)
모성보호급여	육아휴직급여, 육아기 근로시간단축급여, 출산전후 휴가급여 등의 지급
고용보험기금	고용노동부 장관이 보험 사업에 필요한 재원을 충당하기 위해 고용보험기금을 설치하고 관리 · 운영

≪ 구직급여를 받을 수 있는 조건

- 취업 의지와 능력이 있음에도 불구하고 실업 상태에 있을 것
- 재취업을 위한 노력을 적극적으로 할 것
- 이직 사유가 비자발적일 것

(3) 실업급여 신청 절차

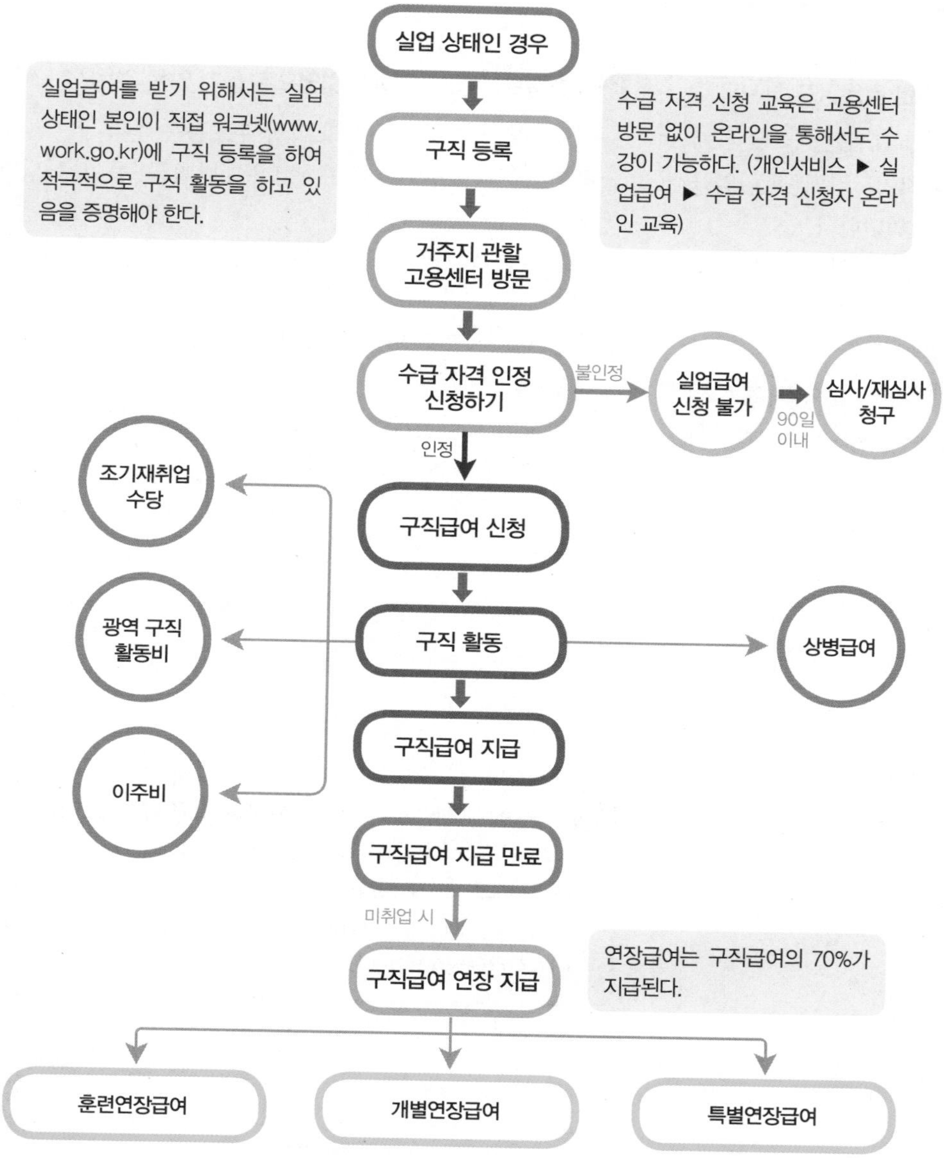

Ⓐ 실업급여 신청 및 처리 절차

Tip 구직급여 연장 지급 대상

- 훈련연장급여: 실업급여 수급자로서 연령 · 경력 등을 고려할 때, 재취업을 위해 직업안정기관장의 직업능력개발훈련 지시에 의하여 훈련을 수강하는 자
- 개별연장급여: 취직이 특히 곤란하고 생활이 어려운 수급자로서 임금 수준, 재산 상황, 부양가족 여부 등을 고려하여 생계 지원 등이 필요한 자
- 특별연장급여: 실업 급증 등으로 재취업이 특히 어렵다고 인정되는 경우 고용노동부 장관이 일정한 기간을 정하고 동기간 내에 실업급여의 수급이 종료된 자

《 실업급여 수급 기간
이직일의 다음 날부터 12개월 이내이므로 이직 후 바로 실업 신고를 해야 한다.

《 실업인정 신청
수급 자격이 인정되는 경우 매 1~4주마다 고용센터를 방문하여 실업인정 신청을 해야 한다. 최초 실업인정의 경우 수급 자격 인정일로부터 7일간 대기 기간으로 급여를 지급하지 않는다.

《 상병급여 지급 조건
- 실업 신고를 한 이후 질병 · 부상 · 출산으로 취업할 수 없어 실업의 인정을 받지 못한 경우
- 7일 이상의 질병 · 부상으로 취업할 수 없는 경우 증명서를 첨부하여 청구
- 출산의 경우는 출산일로부터 45일간 지급

Step A 실력 점검 문제

02 고용서비스와 사회 제도

01 다음 설명 중 옳은 것은 ○표, 틀린 것은 X표 하시오.

(1) 고용서비스는 구직자와 사업주에 대한 고용 정보 제공, 직업 소개, 직업 지도 또는 직업능력개발, 실업급여 등 고용을 지원하는 서비스를 의미한다. (　　　)

(2) 고용서비스의 기능에는 취업 알선, 실업급여 등의 생계 지원, 직업 훈련, 장려금 · 보조금 지급 등 적극적인 노동 시장 정책 실현 등이 있다. (　　　)

(3) 민간 고용서비스에는 직업소개소 사업, 직업 정보 제공 사업, 근로자 모집 사업, 근로자 공급 사업, 근로자 파견 사업 등이 있다. (　　　)

02 공공 고용서비스에 해당하는 것으로만 나열한 것은?

① 한국고용정보원, 고용센터
② 직업소개소, 한국고용정보원
③ 고용센터, 직업 정보 제공 사업
④ 근로자 파견 사업, 직업소개소
⑤ 워크넷, 근로자 파견 사업

03 고용서비스가 필요한 이유와 기능으로 옳지 않은 것은?

① 근로자의 업무상 재해 보상 및 재활 지원
② 기업과 구직자 간에 고용 계약이 성립되도록 알선
③ 노령 인구의 증가로 인한 세대별 일자리 불균형 심화
④ 맞춤형 직업 정보 제공으로 취약 계층의 삶의 질 향상
⑤ 새로운 직업의 탄생과 구조조정으로 인한 빈번한 직장 이동

04 고용보험 제도에 대한 설명으로 옳지 않은 것은?

① 근로자의 직업능력개발 및 향상에 도움을 준다.
② 실업급여, 모성보호급여, 고용보험기금 등이 해당된다.
③ 10인 이상의 근로자를 고용하는 모든 사업장에 적용된다.
④ 실업 예방, 고용 안정 등을 목적으로 하는 사회 보장 제도이다.
⑤ 실업자의 생활을 안정시키고 적극적으로 직장을 찾을 수 있게 도와주는 제도이다.

05 다음에서 설명하는 고용보험 제도의 종류를 쓰시오.

- 출산전후휴가급여 등을 지급한다.
- 일정한 나이에 있는 자녀를 양육하기 위해 휴직할 경우 육아휴직급여를 지급한다.

(　　　　　　　　　　)

06 고용보험 제도 중 취업촉진수당에 해당하지 않는 것은?

① 이주비
② 상병급여
③ 조기재취업수당
④ 광역구직활동비
⑤ 직업능력개발수당

07 다음 ( ) 안에 들어갈 말을 쓰시오.

( )은(는) 구직급여, 취업촉진수당 등 고용보험 가입자가 실직 후 재취업을 준비하는 동안 지급되는 고용보험 제도를 말한다.

( )

08 다음과 같은 경우에 구직급여를 연장하여 받을 수 있다. 이때 받을 수 있는 연장급여는 구직급여의 몇 퍼센트인가?

- 높은 실업률이 상당 기간 지속할 경우
- 취업이 매우 곤란하다고 인정되는 경우
- 지방고용관서의 장이 지시한 직업능력개발 훈련을 받은 경우

① 50% ② 60% ③ 70%
④ 80% ⑤ 90%

09 구직급여를 받을 수 있는 조건에 해당하지 않는 것은?

① 회사 경영 사정으로 정리 해고된 경우
② 휴 · 폐업, 임금 체불 등으로 실직한 경우
③ 비자발적 퇴사 후 재취업 활동을 하는 경우
④ 권고사직으로 인한 퇴사 후 실업 상태인 경우
⑤ 자발적 이직 또는 근로자의 중대한 귀책 사유로 해고된 경우

10 실업급여 신청 절차에 대한 설명으로 옳지 않은 것은?

① 수급 자격 신청 교육은 고용센터를 방문하여 수강해야 한다.
② 실업급여의 수급 기간은 이직일의 다음 날부터 12개월 이내이다.
③ 수급 자격이 인정되는 경우 매 1~4주마다 고용센터를 방문하여 실업인정 신청을 해야 한다.
④ 최초 실업인정의 경우 수급 자격 인정일로부터 7일간 대기 기간으로 급여를 지급하지 않는다.
⑤ 본인이 직접 워크넷(www.work.go.kr)에 구직 등록을 하여 적극적으로 구직 활동을 하고 있음을 증명해야 한다.

11 다음에서 설명하는 고용보험 제도의 종류는?

- 실업 신고를 한 이후 질병 · 부상 · 출산으로 취업할 수 없어 실업의 인정을 받지 못한 경우
- 7일 이상의 질병 · 부상으로 취업할 수 없는 경우 증명서를 첨부하여 청구
- 출산의 경우는 출산일로부터 45일간 지급

① 연장급여 ② 상병급여
③ 모성보호급여 ④ 육아휴직급여
⑤ 취업 촉진 수당

12 구직급여 중 연장급여의 종류 세 가지를 쓰시오.

( ), ( ), ( )

Step B 수능 대비 문제

문제 해결의 길잡이

《 **고용서비스의 목적과 기능, 효과를 파악하는 문제이다.**
고용서비스의 운용 방식을 알아야 하고, 고용서비스가 개인과 기업에 미치는 영향력 및 사회적 · 국가적 중요성 등을 종합적으로 이해해야 한다.

01 다음 서비스의 운영과 효과에 관한 설명으로 잘못된 것은?

- **목적:** 구직자나 구인자에게 일자리와 관련된 종합적 서비스를 제공한다.
- **내용:** 고용 정보 제공, 직업 및 진로 지도, 취업 지원, 직업능력 개발, 실업급여 등

① 개인의 직업 관련 활동을 촉진한다.
② 기업은 필요로 하는 인재를 확보할 수 있다.
③ 운영의 공정성을 위해 국가 기관이 독점적으로 제공한다.
④ 국가적으로 인적 자원의 흐름이 효율적으로 이루어지도록 한다.
⑤ 취업난, 고용 불안, 빈곤 등의 문제를 해결하는 기능을 수행한다.

《 **고용보험 제도의 목적과 시행 방식을 알아보는 문제이다.**
실업급여의 수급 자격을 숙지하고, 구직급여, 연장급여, 조기 재취업 수당의 개념과 시행 목적을 파악해야 하며, 고용 안정 사업의 취지도 이해해야 한다.

02 다음과 같은 상황 이후 나고민 씨에게 일어날 수 있는 상황이 아닌 것은?

나고민 씨는 기계 설비를 제작하는 중소기업에서 5년째 일을 하고 있다. 그런데 최근 들어 회사 제품의 판매 시장이 작아지고 경쟁업체가 늘어나면서 회사 매출 실적이 크게 떨어졌다. 또한, 경기가 계속 침체하면서 회사의 재정 안정성도 급격하게 하락하였다.

회사 안팎에선 곧 구조 조정을 통해 사원을 줄일 것이라는 소문이 돌고, 다른 회사에 인수합병될 것이라 예상하는 사람들도 있다. 엎친 데 덮친 격으로 한 달 전 1차 부도가 났으나, 외부에서 자금을 끌어들여 간신히 위기를 넘겼다고 한다.

① 회사에서 해고된 후에 실업급여를 신청하였다.
② 회사에서 자발적으로 퇴직한 후 고용보험 제도의 혜택을 받았다.
③ 구직급여를 받는 동안 취업을 하지 못하여서 연장급여를 받게 되었다.
④ 회사가 정부 보조금을 받는 조건으로 고용을 유지함으로써, 회사를 계속 다니게 되었다.
⑤ 회사에서 해고된 후 구직급여를 받다가 곧 다른 회사에 취업하여 조기 재취업 수당을 받게 되었다.

정답과 해설 | 158쪽

03 다음은 고용보험의 내용을 구조화한 것이다. 이에 대한 설명으로 <u>잘못된</u> 것은?

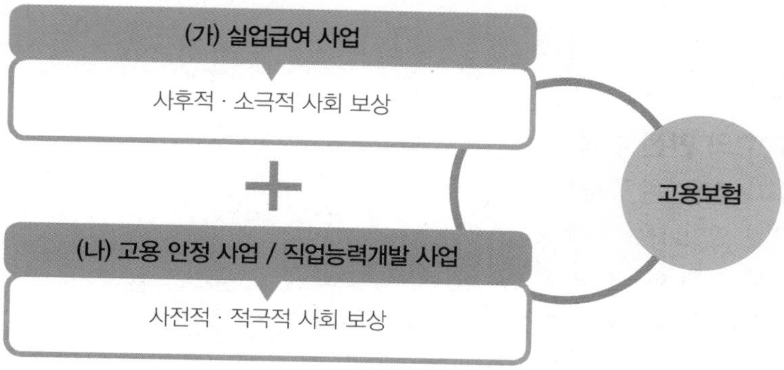

① (가)의 실업급여에는 구직급여, 취업촉진수당, 연장급여, 상병급여 등이 있다.
② (가)는 근로자가 실직한 후 근로 의사와 능력이 있지만, 취업하지 못한 경우에 지급한다.
③ 출산전후 휴가급여, 육아휴직급여 등의 모성보호급여는 고용보험에 포함되지 않는다.
④ (나)의 고용 안정 사업은 고용을 유지하거나 고용을 늘리는 사업주에게 비용 일부를 지원하는 사업이다.
⑤ (나)의 직업능력개발 사업은 사업주가 근로자에게 교육 훈련을 시행하거나 근로자가 자기 개발 훈련을 받을 경우 사업주나 근로자에게 일정 비용을 지원하는 사업이다.

문제 해결의 길잡이

« 고용보험의 내용과 성격을 이해하는 문제이다.
실업급여의 사후적 · 소극적 사회보장 기능을 이해하고, 고용 안정 사업과 직업능력개발 사업의 구체적인 예를 알아둘 필요가 있다.

04 다음은 실업급여 신청 절차를 표시한 것이다. (가) ~ (마)와 관련한 설명 중 <u>잘못된</u> 것은?

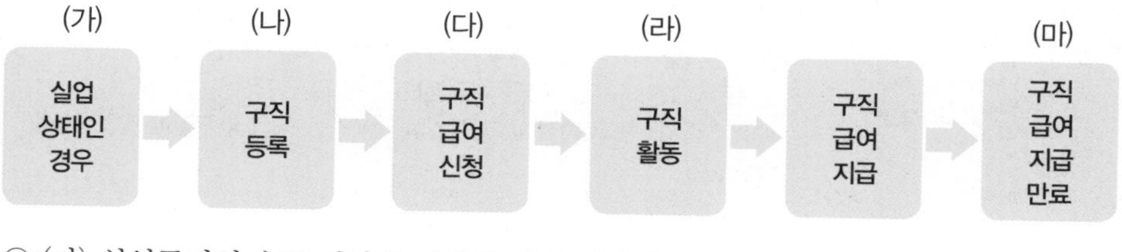

① (가) 실업급여의 수급 기간은 이직일 다음 날부터 12개월 이내이다.
② (나) 워크넷에 등록하거나 직접 고용센터를 방문하여 등록하여야 한다.
③ (다) 수급 자격이 인정되는 경우, 매 1~4주마다 고용 센터를 방문하여 실업 인정 신청을 해야 한다.
④ (라) 구직 활동 중 조기에 재취업할 경우 조기 재취업 수당을 받을 수 있다.
⑤ (마) 시기까지 취업을 못 한 경우에는 구직급여의 70%에 해당하는 상병급여를 받을 수 있다.

« 실업급여 신청 절차와 각 절차에 필요한 취업 활동을 알아보는 문제이다.
실업급여 수급 자격과 신청 방법, 구직 활동 기간에 받을 수 있는 수당, 구직급여 지급 만료 후 연장급여 수급 방법 등을 알아두어야 한다.

03 산업안전과 재해예방

1 안전사고

(1) 안전사고와 안전 수칙

❶ **안전사고:** 공장이나 공사장 등의 작업장에서 안전 수칙을 지키지 않거나 부주의한 행동으로 인해 일어나는 사고

❷ **안전 수칙:** 산업 현장에서 정해놓은 안전상의 규칙

❸ **안전 수칙의 목적:** 위험 요소와 사고 위험을 없애고 잠재 위험을 통제하여 근무 장소에서 발생할 수 있는 안전사고를 예방하는 것

(2) 안전사고의 형태와 원인

❶ **안전사고의 형태:** 끼임, 떨어짐, 부딪힘, 넘어짐, 물체에 맞음, 화재, 폭발, 파열, 질식, 감전, 찔림, 절단 등

❷ **안전사고의 원인:** 불안전한 행동과 불안전한 상태와 같은 직접적 원인에 의해서 발생하는 경우가 대부분

직접적 원인	불안전한 행동 (인적 원인)	• 기계나 기구를 잘못 사용하는 경우, 위험물 취급 요령을 따르지 않은 경우 • 운전 중에 기계를 청소하거나 정비하는 경우 • 복장이나 보호구의 용도에 맞게 사용하지 않은 경우
	불안전한 상태 (물적 원인)	• 기계 설비의 결함이 있는 경우, 생산 공정의 결함이 있는 경우 • 복장이나 보호구가 결함이 있는 경우, 가공하려는 자재 등이 결함이 있는 경우
간접적 원인	기술적 원인	• 생산 공정이 부적합한 경우, 기술력이 없어 점검이나 보존이 불량한 경우 • 기계의 구조나 부품에 사용된 재료 등이 부적합한 경우 • 건물이나 기계 장치의 설계가 불량하여 위험 요소가 있는 경우
	교육적 원인	• 안전의식이 부족한 경우, 경험이나 훈련이 미숙한 경우 • 안전 수칙을 오해한 경우, 유해 위험 작업에 대한 충분한 교육이 없는 경우 • 작업 방법에 대해 충분히 교육을 받지 못한 경우
	신체적 원인	수면 부족, 스트레스, 각종 질병 등이 있는 경우
	정신적 원인	반항, 공포, 태만, 불안, 초조, 긴장 등이 있는 경우
	관리적 원인	• 안전 수칙을 지키지 않는 경우, 작업 준비가 충분하지 않은 경우 • 안전관리 조직이 원활히 활동하지 않는 등의 결함이 있는 경우 • 위험이 존재하는데 대책 없이 작업을 지시하는 등의 부적절한 작업 지시가 있는 경우

2 산업 재해의 개념과 예방

(1) 산업 재해의 개념

❶ **산업 재해:** 근로자가 업무에 관계되는 일을 하다가 다치거나 사망 또는 질병에 걸리는 것

❷ **산업 재해 발생의 직접적 원인:** 안전 대책이나 예방 대책 등의 부실, 근로자의 피로, 작업 중 부주의나 실수, 미숙달 상태에서의 작업 등

« 산업안전보건법

우리나라는 작업장에서 작업자들의 근로 의욕을 떨어뜨리거나 재산 또는 신체상의 피해를 보지 않도록 산업안전보건 관련법을 제정해 지키도록 하고 있다. 산업안전 · 보건에 관한 기준을 확립하고 그 책임의 소재를 명확하게 하여 산업 재해를 예방하고 쾌적한 작업 환경을 조성함으로써 근로자의 안전과 보건을 유지 · 증진함을 목적으로 제정된 법이다.

« 일반적인 안전수칙의 예

- 시설 및 작업 기구는 점검 후 사용한다.
- 작업장 주위 환경은 항상 정리한다.
- 모든 기계는 담당자 이외에는 취급하지 않는다.
- 사전 승인 없이 화기 취급은 절대 하지 않는다.
- 작업할 때는 정해진 복장과 보호구를 착용한다.

« 대표적인 산업별 안전 수칙

① 기계설비 안전 수칙
- 자기 담당 이외의 기계는 작동시키지 않고 손을 대지 않는다.
- 원동기와 기계는 직원 위치와 안전장치의 적정 여부를 확인한 후 가동한다.
- 기계는 일일이 점검하고 특히 사용 전에는 반드시 점검하여 이상 유무를 확인한다.

② 전기 안전 수칙
- 물 묻은 손으로 전기기계나 기구를 조작하지 않는다.
- 플러그를 콘센트에 완전히 접속하여 접촉 불량에 따른 과열을 방지한다.
- 습기 있는 장소에는 감전사고 예방을 위하여 반드시 접지 시설을 한다.

(2) 산업 재해 예방 원칙과 대책

❶ 산업 재해 예방 원칙

손실 우연의 원칙	안전사고 발생 시 재해의 정도는 우연히 결정됨.
원인 연계의 원칙	재해 발생은 반드시 원인이 있음.
예방 가능의 원칙	모든 재해는 원인만 제거하면 예방할 수 있음.
대책 선정의 원칙	재해를 예방하는 대책은 반드시 존재함.

❷ 산업 재해 예방 대책(3E)

기술적(Engineering) 대책	안전 설계, 작업 행정의 개선, 안전 기준의 설정, 환경 설비의 개선, 점검 보존의 확립
교육적(Education) 대책	안전 교육 및 훈련 시행
관리적(Enforcement) 대책	엄격한 규칙에 따라 제도적으로 시행

❸ 하인리히(Heinrich)의 사고 예방 5단계

1단계 안전 관리 조직
- 경영자의 안전 목표 설정
- 전 종업원이 참여하는 안전 조직 구성

▶ **2단계 사실의 발견**
- 자체 점검을 통하여 불안전 요소 발견 등 현황 파악

▶ **3단계 평가 · 분석**
- 사고의 직접적인 원인과 간접적인 원인을 분석하고 평가

▶ **4단계 시정책의 선정**
- 안전사고를 예방할 수 있는 효과적인 시정책 선정

▶ **5단계 시정책 적용**
- 4단계에서 선정한 기술적, 교육적, 관리적 시정책을 적용

▲ 하인리히의 사고 예방 5단계

3 산업 재해의 분류와 처리 방법

(1) 산업 재해의 분류

❶ **업무상 사고:** 작업 시간 · 출퇴근 · 출장 · 행사 중 사고, 천재지변에 의한 사고, 시설물 결함에 의한 사고 등

❷ **업무상 질병:** 업무 수행 과정에서 화학물질 · 분진 · 병원체 · 신체에 부담을 주는 업무 등으로 인해 발생하는 질병, 업무 중 부상으로 발생한 질병, 그 밖에 업무와 관련하여 발생한 질병

(2) 산업 재해 처리 방법

❶ **재해 발생 시 대처:** 피해가 커지지 않게 신속 조치 → 재해자 응급 처치 · 구조, 병원 후송, 119 신고 → 현장 확인 → 발생 원인 파악 → 재발 방지 계획 수립

❷ **산업재해보상보험법:** 근로자의 업무상 재해에 대하여 신속하고 공정하게 보상하며, 재해 근로자의 재활과 사회 복귀를 촉진하는 데 필요한 사항을 정한 법

---

③ 건설 안전 수칙
- 안전 조회에 참석하여 안전 구호 등을 외치거나 안전사고 사례를 접하여 안전 의식을 높인다.
- 폐자재 등에 걸려 넘어지지 않도록 정리정돈을 한다.
- 작업 현장에는 많은 위험이 따르므로 지정된 통로를 이용한다.

《 중대 재해
- 사망자가 1인 이상 발생한 경우
- 3개월 이상의 요양이 필요한 부상자가 동시에 2명 이상 발생한 경우
- 부상자 또는 직업성 질환자가 동시에 10명 이상 발생한 경우

《 버드(Bird)의 재해 이론

하인리히의 재해 이론을 바탕으로 수정한 이론이다. 버드는 재해 발생 과정을 관리(통제 부족), 기원(기본 원인), 징후(직접 원인), 접촉(사고), 손실(상해 · 손해)의 5단계로 나누었다. 이 중 직접적인 원인인 기본 원인을 제거하면 사고를 예방할 수 있다고 하였다.

《 보험급여의 종류
- 요양급여: 치료비, 간병비 등
- 휴업급여: 요양 기간에 대한 임금 보전
- 장해 및 간병급여: 후유 장해에 대한 급여와 장해 때문에 간병에 드는 비용
- 상병보상연금: 장기 요양근로 자에 대한 휴업급여
- 유족급여: 사망자의 유족에 대한 급여
- 장의비: 장례를 치르는 데 드는 비용

Step A **실력 점검 문제**

03 산업안전과 재해예방

01 다음은 무엇에 관한 설명인지 쓰시오.

> 위험한 작업장에서 작업자가 안전사고 예방 교육을 제대로 받지 않고 작업장에 투입되어 안전 수칙을 제대로 지키지 않을 때, 사고가 발생할 수 있는 위험한 상태를 그대로 내버려 두고 작업할 때, 작업자가 위험한 행동 등을 할 때 발생하는 사고이다.

( )

02 다음 중 안전 수칙을 준수하지 않은 것은?

① 작업장 주위 환경을 항상 정리하였다.
② 유류 저장소에 라이터를 소지하지 않고 출입하였다.
③ 화기를 취급하기 위해 사전에 담당자의 승인을 받았다.
④ 유류 탱크를 청소하기 위해 유기 가스용 방독면을 착용하고 작업을 하였다.
⑤ 전원을 차단하고 작업 중 잠시 휴식을 취한 다음 바로 전기 작업을 하였다.

03 다음은 산업별 안전사고의 특징을 설명하고 있다. 이에 해당하는 산업 분야는?

> • 이 산업 분야의 안전사고는 떨어짐 사고가 가장 많다.
> • 이 산업 분야에 종사하는 근로자가 많아 사고의 발생 빈도가 높다.
> • 안전사고가 재해로 이어지면 경제적 손실도 매우 크다.

① 임업 ② 건설업
③ 전기업 ④ 기계공업
⑤ 화학제품 제조업

04 보기 에서 안전사고의 직접적 원인을 모두 고르면?

> 보기
> ㉠ 안전 수칙을 지키지 않는 경우
> ㉡ 복장이나 보호구가 결함이 있는 경우
> ㉢ 기술력이 없어 점검이나 보존이 불량한 경우
> ㉣ 운전 중에 기계를 청소하거나 정비하는 경우
> ㉤ 작업 방법에 대해 충분히 교육을 받지 못한 경우

① ㉠, ㉡ ② ㉠, ㉢
③ ㉡, ㉣ ④ ㉡, ㉣, ㉤
⑤ ㉢, ㉣, ㉤

05 안전사고의 원인 중 간접적 원인에 해당하는 것은?

① 기계 설비의 결함이 있는 경우
② 가공하려는 자재 등이 결함이 있는 경우
③ 위험물 취급 요령에 따라 하지 않은 경우
④ 안전 대책 없이 위험한 장소에 접근하는 경우
⑤ 기계의 구조나 부품에 사용된 재료 등이 부적합한 경우

06 다음은 무엇에 관한 설명인지 쓰시오.

> 근로자가 업무에 관계되는 일을 하다가 다치거나 사망 또는 질병에 걸리는 것이다.

( )

07 재해가 발생했을 때 가장 먼저 해야 하는 조치는?

① 재해자를 구출한다.
② 피해가 커지지 않게 조치한다.
③ 관리 감독하는 자에게 사고의 상황을 알린다.
④ 재해자를 병원에 연락하여 긴급 후송조치를 한다.
⑤ 재해자 응급조치와 동시에 재해자의 상황에 따라 119에 신고한다.

08 다음에서 설명하는 산업 재해 예방 원칙을 쓰시오.

- 재해 방지보다 안전사고의 예방이 필요하다.
- 안전사고 발생이 반드시 재해로 이어지는 것은 아니다.
- 재해의 정도는 보호구의 착용, 신체조건 등에 따라 우연히 결정된다.

( )

09 하인리히(Heinrich)의 사고 예방 5단계에 대한 설명으로 옳지 않은 것은?

① 1단계: 경영자가 안전 목표를 설정한다.
② 2단계: 자체 점검을 통하여 불안전 요소 발견 등 현황을 파악한다.
③ 3단계: 사고의 직접적인 원인과 간접적인 원인을 분석하고 평가한다.
④ 4단계: 안전사고를 예방할 수 있는 효과적인 시정책을 선정한다.
⑤ 5단계: 전 종업원이 참여할 수 있는 안전 조직을 구성한다.

10 다음은 중대 재해의 기준에 대한 설명이다. 빈칸에 들어갈 숫자를 순서대로 나열한 것은?

- ( )명 이상 사망
- 부상자 또는 직업성 질병자가 동시에 ( )명 이상 발생
- ( )개월 이상 요양이 필요한 부상자가 동시에 ( )명 이상 발생

① 1, 10, 3, 2
② 1, 10, 6, 5
③ 2, 15, 3, 3
④ 3, 10, 3, 2
⑤ 3, 15, 2, 3

11 산업 재해는 업무상 사고와 업무상 질병 등으로 분류된다. 다음 중 업무상 사고에 해당하지 않는 것은?

① 회사에서 주관하는 체육대회에 참가하여 다친 경우
② 눈 오는 날 근로자가 회사 건물을 수리하던 중 미끄러져 다친 경우
③ 퇴근 후 친구들과 모임 후 택시를 타고 귀가하던 중 교통사고로 다친 경우
④ 회사 통근 버스를 타고 출근하던 중 운전자 부주의로 발생한 교통사고로 다친 경우
⑤ 공장에서 멀리 떨어져 있는 본사로 업무 보고를 위해 가던 중 길에서 넘어져 다친 경우

12 산업재해보상보험급여의 종류에 해당하지 않는 것은?

① 요양급여
② 유족급여
③ 취업급여
④ 장해급여
⑤ 휴업급여

Step B 수능 대비 문제

문제 해결의 길잡이

« **안전사고의 원인과 안전 수칙의 필요성을 파악하는 문제이다.**
안전사고의 원인을 정확하게 알고, 안전 수칙의 종류와 적용 분야를 파악하며, 산업안전보건법의 시행 목적을 이해해야 한다.

01 다음 자료와 관련된 설명으로 옳은 것을 보기 에서 모두 고르면?

이것만은 꼭! 지켜주세요!!

01 작업할 때는 정해진 복장과 보호구를 착용한다.
02 시설 및 작업 기구는 점검 후 사용한다.
03 작업장 주위 환경은 항상 정리한다.
04 인화물질이나 폭발물이 있는 장소에서는 절대 화기 취급을 하지 않는다.
05 위험 표시 구역은 담당자 외에는 허가 없이 출입하지 않는다.
06 담배는 흡연 장소에서만 피운다.
07 모든 기계는 담당자 이외에는 취급하지 않는다.
08 음주 후 작업을 하지 않는다.
09 현장에서는 장난하거나 뛰어다녀서는 안 된다.
10 모든 전선은 전기가 통한다고 생각하고 주의한다.
11 기계 가동 중 기계에 대한 청소, 정비, 칩 제거 등을 하지 않는다.
12 사전 승인 없이 화기 취급은 절대 하지 않는다.
13 책상, 캐비닛 등은 사용 후 서랍을 꼭 닫는다.

보기
㉠ 대부분 근로자가 준수해야 할 일반 안전 수칙이다.
㉡ 산업 현장의 안전사고는 모두 인간의 불안전한 행동 때문에 발생한다.
㉢ 작업의 종류나 작업장의 규모에 따라 안전 수칙의 내용은 다를 수 있다.
㉣ 우리나라는 산업재해 예방과 근로자의 안전을 보장하기 위해 산업안전보건법을 시행하고 있다.

① ㉠, ㉣　② ㉡, ㉢　③ ㉠, ㉡, ㉢
④ ㉠, ㉢, ㉣　⑤ ㉠, ㉡, ㉢, ㉣

« **안전사고 발생 시 필요한 사후 조치를 알아보는 문제이다.**
안전사고의 개념과 유형, 안전사고 예방 조치 및 사후 조치 등을 전체적으로 이해해야 한다.

02 다음 사고가 일어났을 때 안전관리 부서에서 해야 할 일로 적절하지 않은 것은?

제조업에 입사하여 제품 생산 부서에서 성실히 근무 중이던 나성실 씨. 성실 씨의 근무 장소는 늘 정리정돈이 잘 안 되어 있고 빈 드럼통 등이 너저분하게 놓여 있는 등 위험했고, 문턱도 높아 작업자들이 자주 넘어지곤 하였다. 어느 날 양손에 물건을 가득 들고 이동하던 성실 씨도 문턱에 걸려 넘어지면서 뇌진탕으로 실신하게 되었고, 때마침 옆에 있던 드럼통까지 성실 씨의 몸 위로 함께 넘어지는 사고가 일어났다.

① 사고의 원인을 파악하고 재발 방지 계획서를 수립한다.
② 사고 원인을 전 직원과 공유하고 안전 교육을 시행한다.
③ 생산부서와 함께 현장을 확인하고, 사고 보고서를 작성한다.
④ 같은 사고가 재발하지 않도록 위험 요소를 즉시 제거하고 현장을 정리한다.
⑤ 해당 관서에 신고서를 제출한다.

03 다음 글의 밑줄 친 내용과 관련된 재해가 아닌 것은?

하인리히의 재해 이론

하인리히는 재해 발생이 제1단계, 사회 환경 및 유전적 요소 → 제2단계, 개인적 결함 → 제3단계, 불안전한 상태와 행동 → 제4단계, 사고 → 제5단계, 재해 순으로 이어진다고 하였다. 이는 마치 도미노가 연쇄적으로 움직이는 것과 같아 도미노 연쇄 이론이라고도 한다. 하인리히는 재해의 간접적 원인인 제1단계와 제2단계는 고치기 어렵다고 하였다. 그러나 재해의 직접적 원인인 제3단계는 근무자가 주의를 기울이면 충분히 제거할 수 있어 사고로 이어지지 않는다고 하였다.

① 용접 마스크 없이 작업하다가 불꽃이 튀어 얼굴에 화상을 입었다.
② 덮개가 고장 난 전기톱을 사용하다가 톱날에 스쳐 손등을 다쳤다.
③ 보호 장구 없이 밀폐된 곳에서 작업하다가 유해 가스에 중독되었다.
④ 업무 처리를 위해 회사를 나오던 중 민원인으로부터 폭행을 당하였다.
⑤ 정리정돈이 되지 않은 작업장에서 물건을 옮기다가 바닥에 있던 파이프에 발이 걸려 넘어졌다.

문제 해결의 길잡이

≪ **재해의 직접적인 원인인 불안정한 행동과 불안정한 상태를 파악하는 문제이다.**
직접적인 원인은 재해 발생의 대부분을 차지하는 원인인 동시에, 통제할 수 있는 요인이기도 하다. 따라서 직접적인 원인의 구체적 사례와 예방책을 숙지할 필요가 있다.

04 다음은 하루 중 재해 발생 빈도를 그래프로 표시한 것이다. 이 그래프를 통해 알 수 있거나 추론할 수 있는 내용이 아닌 것은?

[하루 중 재해 발생 빈도]

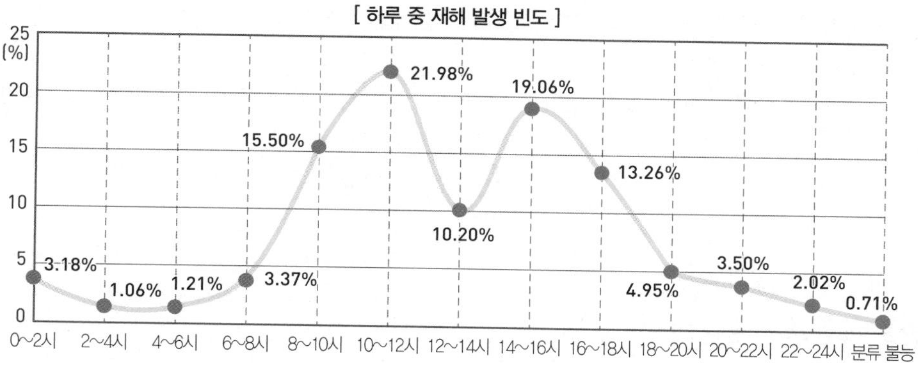

① 재해가 자주 발생하는 시간대는 오전 10시~12시, 오후 2시~4시 사이이다.
② 낮 시간대에 사고 발생률이 높은 이유는 반복된 작업이나 장시간 작업 때문일 것이다.
③ 오후 10시부터 다음날 오전 6시까지는 재해 발생률이 낮은 편이다.
④ 재해 발생률이 낮은 시간대에 일하는 근로자는 높은 집중력으로 육체적 피로를 극복했을 것이다.
⑤ 안전사고로 인한 재해는 작업하는 중에 언제든 발생할 수 있으므로 늘 주의해야 한다.

≪ **그래프를 읽고 재해 발생 빈도의 양상과 그 원인을 파악하는 문제이다.**
그래프를 정확하게 읽고 이해하며, 그래프로 표현되는 현상의 의미와 원인을 찾을 수 있어야 한다.

04 협력적인 노사관계

1 노사관계의 의미와 중요성

(1) 노사관계의 의미

❶ **좁은 의미의 노사관계:** 근로자와 근로자로부터 노동력을 제공받고 임금을 주는 사용자와의 관계

❷ **넓은 의미의 노사관계:** 사용자와 근로자와의 관계, 사용자와 노동조합과의 관계, 사용자와 근로자 그리고 정부와의 상호관계를 모두 포함

《 개별적 노사 관계와 집단적 노사 관계
- 개별적 노사관계: 단위 사업장에서 근로자와 사용자 간의 관계
- 집단적 노사관계: 근로자 집단과 개별 사용자 또는 노동 집단과 사용자 집단과의 관계

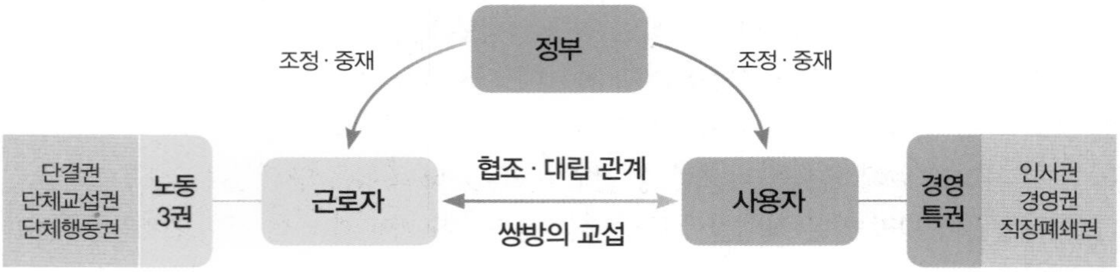

▲ 현대 노사관계의 기본 구조

(2) 노사관계의 중요성

❶ **노사 갈등:** 노사관계의 불안정으로 근로자 파업 시 국가 경제와 사회 전반에 불안감을 조성하고, 국내외 소비자의 신뢰 상실과 기업 가치 하락 초래

❷ **노사 협력:** 노사관계 안정 시 기업의 경쟁력 확보와 지속적 성장으로 근로자의 삶의 질 향상

❸ **발전적인 노사관계의 사례**
- **사용자 측:** 근로자를 회사 경영의 파트너로 인식하고 상호 협력하며, 회사의 비전과 고충을 공유하고, 이익의 공정한 분배를 위해 노력함. 또한, 노동조합의 요구를 적극적으로 반영하여 고용 안정을 보장하고, 문제 발생 시 노동조합과 상호 협력하여 해결 방안을 모색
- **근로자 측:** 불가피한 경영상의 어려움이 있을 때 인원 감축 등 고통 분담 감수

《 발전적 노사관계 형성을 위한 노사 간 의사소통 강화 방안
노사협조 전진대회 개최, 사업부별 책임 경영 체제 도입, 관리자와 소속 사업부 대의원 주축의 노사간담회 개최 등

2 노동조합과 사용자 단체

(1) 노동조합의 의미와 역할

❶ **노동조합:** 근로자가 주체가 되어 근로 조건의 유지 · 개선 및 근로자의 사회적 지위 향상을 목적으로 만든 단체

❷ **노동조합의 역할**

동원 · 선동	노동조합을 유지하기 위하여 신규 조합원을 영입하고 자신들의 주장을 관철하기 위해 조합원을 동원
서비스	근로자로부터 조합비를 거두어 임금, 복지, 고용 안정 등과 같은 근로 조건을 개선하는 서비스를 제공

(2) 사용자 단체의 의미와 역할

❶ **사용자 단체:** 노동관계에 관하여 그 구성원인 사용자에 대하여 조정 또는 규제할 수 있는 권한을 가진 사용자의 단체

❷ **사용자 단체의 역할**

내부 경쟁 규율 제정	기업 간의 출혈 경쟁을 피하여 임금 등의 근로 조건과 파업 등에 대한 규율 제정
정치적 대변	노동 입법 등과 관련하여 사용자 단체의 의견을 대변
단체교섭	사용자 단체와 노동조합의 교섭을 담당
분쟁에 대한 대응	사용자 간의 상호지원, 직장폐쇄, 분쟁 조정 과정에서의 사용자 대변 등
회원 서비스	회원에 대한 연수 프로그램, 각종 정보 및 자료 공유 등에 관한 서비스

(3) 노동조합과 사용자 단체의 사회적 책임

❶ **노동조합의 사회적 책임:** 사내 갈등 발생 시 합리적 조정 · 해결, 복지와 임금 등에 대하여 차별 없는 기준 적용, 지역 사회를 위한 봉사 활동, 기업 내에서 이루어지는 광범위한 활동에 대한 감시 · 감독, 윤리적이고 민주적인 집행과 운영을 통한 부정부패 방지, 위험 환경 요소를 사전에 발견하여 사고 예방, 노조 내 의사 표현의 자유 부여 및 동료 직원의 인권 존중 등

❷ **사용자 단체의 사회적 책임:** 기업 윤리, 고용 안정, 환경 대책, 지역 사회 공헌, 자선 · 기부, 상생 전략 등 공공의 이익 추구 → 지역 경제 활성화, 이해 관계자의 신뢰 향상, 기업 이미지 개선 등의 긍정적 효과

3 상생의 노사 문화 형성

(1) 상생의 노사 문화

❶ **노사 문화:** 노사가 신뢰와 존중을 바탕으로 참여와 협력을 실천하고 자율과 책임을 다함으로써 미래의 가치를 창출하는 노사 공동체를 형성하는 것

❷ **상생의 노사 문화 형성 방법:** 신뢰 구축과 생산성 향상, 노사 대표의 리더십, 열린 경영, 교육 훈련, 공동체 문화 형성 등에 대한 공동의 목표를 추구

(2) 상생의 노사 문화 형성의 중요성

❶ **노사 문화 형성의 중요성:** 안정적인 노사관계는 생산성 향상과 공정한 분배를 통해 기업의 경쟁력과 근로자의 삶의 질을 높임.

❷ **상생의 노사 문화 형성 방법**

- 회사의 회생을 위해 사용자와 노동조합이 협력하여 경영 전략 수립
- 사용자와 근로자의 상호 신뢰를 바탕으로 열린 경영 실천
- 신입사원과 현장 근로자의 역량을 함양하기 위해 다양한 교육 실시
- 노사가 협력하여 안전점검, 식생활 개선 운동, 우수 사원 시상, 공정한 성과 보상 시행 등으로 생산성 향상

≪ 사회적 책임

사회적 책임은 조직의 의사결정과 행동으로 인하여 사회와 환경에 미치는 영향을 투명하고 윤리적인 행동으로 책임지는 것이다. 투명하고 윤리적인 행동이란 건강과 사회복지를 포함하여 미래 사회와 환경을 훼손하지 않고 현세대의 욕구를 충족하는 발전에 이바지해야 한다는 것을 의미한다.

≪ 사회적 책임을 다하는 기업의 사례

- A 기업: 지역 사회와 함께하는 문화를 만들기 위해 지역 주민이 이용할 수 있는 문화 생활 공간 및 체육 시설을 조성하여 누구나 자유롭게 이용하도록 함.
- B 기업: 강력한 태풍이 우리나라를 강타하여 많은 지역이 수해를 입었을 때 노사가 협력하여 수해 현장 복구에 앞장섰으며, 노사가 기금을 조성하여 이재민들에게 생필품을 전달하고 급식 봉사 활동에도 함께 참여함.

≪ 열린 경영

노사가 오랫동안 쌓아온 불신을 해소하기는 어렵지만 열린 경영과 다양한 경로의 의사소통을 한다면 노사 간의 신뢰가 확보된다. 열린 경영으로 노사가 정보를 공유함으로써 노조는 불합리한 요구와 행동을 자제하게 된다. 사측도 높은 수준의 윤리적 잣대로 윤리 경영과 투명한 경영을 하게 된다.

Step A

실력 점검 문제

04 협력적인 노사관계

01 다음 (　　) 안에 들어갈 말을 순서대로 쓰시오.

• (　　　　) 노사관계: 단위 사업장에서 근로자와 사용자 간의 관계
• (　　　　) 노사관계: 근로자 집단과 개별 사용자 또는 노동 집단과 사용자 집단과의 관계

(　　　　　　　　), (　　　　　　　　)

02 다음 설명 중 옳은 것은 ○표, 틀린 것은 X표 하시오.

(1) 좁은 의미의 노사관계는 근로자와 근로자로부터 노동력을 제공받고 임금을 주는 사용자와의 관계를 말한다. (　　)
(2) 넓은 의미의 노사관계는 사용자와 근로자와의 관계, 사용자와 노동조합과의 관계, 사용자와 근로자 그리고 정부와의 상호관계를 모두 포함한다. (　　)
(3) 사용자가 행사할 수 있는 권리에는 인사권, 경영권, 단체행동권이 있다. (　　)

03 노사관계에 해당하지 않는 것은?

① 근로자와 사용자의 관계
② 근로자와 노동조합의 관계
③ 사용자와 노동조합의 관계
④ 사용자 단체와 근로자의 관계
⑤ 사용자 단체와 노동조합의 관계

04 근로자의 인간다운 생활을 보장하기 위해 헌법에서 규정한 노동 3권에 해당하는 것은?

① 단결권　② 인사권
③ 경영권　④ 의결권
⑤ 직장폐쇄권

05 노동조합에 대한 설명으로 옳지 않은 것은?

① 필요시에 단체교섭과 단체행동을 통해 근로자의 이익을 대변한다.
② 임금, 복지, 고용 안정 등과 같은 근로 조건을 향상시키는 역할을 한다.
③ 노동조합의 역할은 동원 · 선동의 역할과 서비스의 역할로 구분할 수 있다.
④ 사용자가 주체가 되어 근로자의 사회적 지위 향상을 목적으로 만든 단체이다.
⑤ 사용자는 회사의 어려움을 근로자와 공유하고, 문제 발생 시 노동조합과 상시 협력한다.

06 다음 (　　) 안에 들어갈 말을 순서대로 쓰시오.

개별적 근로자는 사용자와의 교섭에서 불리하므로 사용자로부터 유리한 근로 조건을 얻기 어렵기 때문에 (　　　　)을(를) 결성할 수 있다. 또한, 사용자들도 사용자의 처지를 대변할 수 있는 조직이 필요한데 이를 (　　　　)(이)라 한다.

(　　　　　　　　), (　　　　　　　　)

07 **사용자 단체의 역할에 대한 설명으로 옳지 않은 것은?**

① 사용자와 노동조합의 교섭을 담당
② 노동 입법 등과 관련하여 근로자의 의견을 대변
③ 회원에 대한 연수, 정보 자료 공유 등에 관한 서비스 제공
④ 사용자 간의 상호지원, 직장폐쇄 · 분쟁 조정 과정 등에서 사용자 대변
⑤ 기업 간의 출혈 경쟁을 피하여 임금 등의 근로 조건과 파업 등에 대한 규율 제정

08 **노동조합의 사회적 책임에 대한 설명으로 옳지 않은 것은?**

① 기업의 윤리 경영과 고용 안정 문제에는 관여하지 않는다.
② 노조원의 복지와 임금 등에 대하여 차별 없는 기준을 적용한다.
③ 윤리적이고 민주적인 집행과 운영을 통해 부정부패 방지에 노력한다.
④ 기업과 공조하여 작업장과 주변의 환경에 대한 관리와 조치를 한다.
⑤ 지역 사회의 의견을 존중하고, 지역 사회를 위한 봉사 활동에 적극적으로 참여한다.

09 **다음 (　　　) 안에 공통으로 들어갈 말을 쓰시오.**

> (　　　　)은(는) 노사가 신뢰와 존중을 바탕으로 참여와 협력을 실천하고 자율과 책임을 다함으로써 미래의 가치를 창출하는 노사 공동체를 형성하는 것을 의미한다. 또한, (　　　　)은(는) 노사관계자의 감정이나 입장, 이들이 만들어낸 관행, 제도 등으로 구성된다.

(　　　　　　　　　　)

10 **다음은 상생의 노사 협력 목표를 달성하기 위한 방법 중 무엇에 관한 설명인가?**

> 사용자와 노동자 대표는 조직을 민주적이고, 합리적으로 이끌어 가는 능력이 필요하다.

① 신뢰 구축　　② 열린 경영
③ 교육 훈련　　④ 생산성 향상
⑤ 노사 리더십

11 **상생의 노사 문화에 대한 설명으로 옳지 않은 것은?**

① 노동조합은 윤리적이고 민주적인 집행과 운영을 위해 노력해야 한다.
② 신뢰 구축과 생산성 향상은 상생의 노사 문화 정착의 핵심 구성 요소이다.
③ 기업의 열린 경영, 윤리 경영 등을 통해 상생의 노사 문화를 이룰 수 있다.
④ 노사는 기업의 경쟁력보다는 근로 조건의 개선을 항상 먼저 고려해야 한다.
⑤ 안정적인 노사관계는 생산성 향상과 공정한 분배를 통해 기업의 경쟁력과 근로자의 삶의 질을 높인다.

12 **보기 에서 노사의 갈등을 예방하고 협력적인 노사관계를 구축하기 위한 방법을 고르면?**

> **보기**
> ㉠ 회사의 회생을 위해 사용자와 노동조합이 협력하여 경영 전략을 수립한다.
> ㉡ 노동조합이 근로자의 삶의 질 향상을 위해 정기적 파업을 주도한다.
> ㉢ 사용자와 근로자의 상호 신뢰를 바탕으로 열린 경영을 실천한다.
> ㉣ 사용자는 노동조합의 근로 조건 개선 방안을 모두 수용한다.
> ㉤ 노사가 협력하여 공정한 성과 보상 제도를 만들어 생산성을 향상시킨다.

① ㉠, ㉡, ㉢　　② ㉠, ㉢, ㉤
③ ㉡, ㉢, ㉣　　④ ㉡, ㉣, ㉤
⑤ ㉢, ㉣, ㉤

Step B 수능 대비 문제

04 협력적인 노사관계

문제 해결의 길잡이

≪ 노사관계를 둘러싼 근로자와 사용자, 정부의 관계와 역할을 이해하는 문제이다.
노사관계의 주체인 근로자, 사용자, 정부의 역할과 각 주체 간의 이해대립, 상호 협력 등의 내용을 알아야 한다. 또한, 노사 협력의 중요성을 근로자나 사용자의 시각으로 파악하고, 더 나아가 사회·국가적인 관점에서도 이해해야 한다.

≪ 발전적인 노사관계의 수립 방안을 알아보는 문제이다.
노사관계는 대립적 측면뿐 아니라 상호 협력적 측면이 있음을 이해하고, 근로자와 사용자의 협조를 통해 발전적인 노사관계를 이룩하는 방법을 탐구해야 한다.

01 다음은 노사관계의 기본 구조를 표현한 그림이다. 이에 대한 설명으로 잘못된 것은?

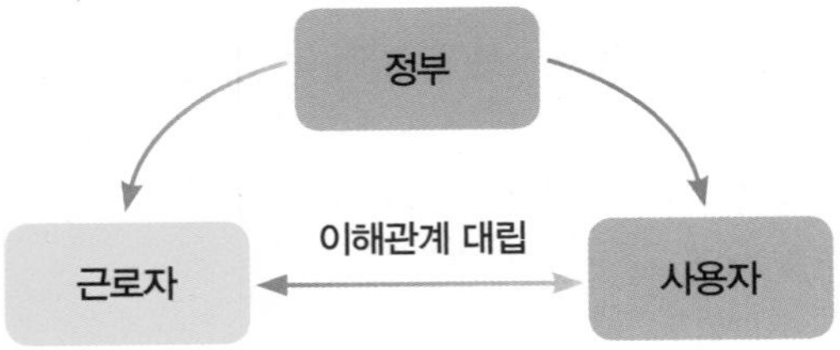

① 정부, 근로자, 사용자는 노사관계를 형성하는 주체이다.
② 정부는 근로자와 사용자를 지원하고, 노사 간 대립을 조정·중재한다.
③ 근로자는 노동조합을 결성하여 단체 교섭권, 단체 행동권 등을 행사한다.
④ 사용자는 근로자의 노동력을 사용하는 대가로 임금을 제공하며, 경영권을 행사한다.
⑤ 근로자와 사용자는 경제적인 이해관계를 둘러싸고 대립하는 관계이므로, 상호 협력과 의존이 불가능하다.

02 다음 글의 빈칸에 들어갈 내용으로, 발전적인 노사관계에 해당하는 것을 보기 에서 고르면?

○○회사는 플라스틱 안경 렌즈 제조업체로 설립되어 연간 매출액이 52억 원에 이를 정도로 튼튼한 회사였다. 회사의 순이익도 높은 편이었다. 그러나 저가의 중국산이 밀려오면서 회사는 어려운 상황에 부닥쳤다. 노조는 회사가 어려운 것은 노조를 속이기 위한 편법이라고 하였고, 회사는 노조의 요구를 권위주의적으로 처리했다. 결국 노조는 총파업을 시행하였고, 회사는 ______________________

보기
㉠ 직장을 폐쇄하였다.
㉡ 노동조합의 요구 사항을 적극적으로 검토하였다.
㉢ 경력이 많은 근로자를 우선적으로 정리 해고하였다.
㉣ 근로자 대표자를 만나 회사가 처한 어려움을 설명하였다.
㉤ 근로자의 고용 안정을 보장하고 노동조합과 해결 방안을 마련하였다.

① ㉠, ㉡, ㉣　② ㉠, ㉢, ㉤　③ ㉡, ㉢, ㉣
④ ㉡, ㉣, ㉤　⑤ ㉢, ㉣, ㉤

>> 정답과 해설 | 161쪽

03 다음 설명에 해당하는 단체에 관한 내용을 보기 에서 고르면?

- 19세기 중 · 후반부터 영국에서 결성되기 시작하여 프랑스, 미국 등에도 설립되었고, 이어 독일, 에스파냐, 이탈리아 등으로 확대되었다.
- 우리나라에서는 1920년대 이후부터 본격적으로 결성되었다.
- 국제적 관련 단체인 국제노동기구(ILO)는 노동 조건 개선, 사회 정의 확립, 세계 평화 기여 등을 목표로 활동하고 있다.

보기

㉠ 단결권, 단체교섭권, 단체행동권의 주체이다.
㉡ 근로자의 단결과 근로 조건 개선을 목적으로 활동한다.
㉢ 한국경영자총협회, 전국경제인연합회 등이 대표적인 단체이다.
㉣ 단체 교섭과 경영 참가를 통해 근로자의 경제적 권익을 향상한다.
㉤ 노동 관련 법률을 만들 때 사용자의 입장을 정치적으로 대변한다.

① ㉠, ㉡, ㉢ ② ㉠, ㉡, ㉣ ③ ㉠, ㉡, ㉤
④ ㉡, ㉢, ㉣ ⑤ ㉡, ㉣, ㉤

문제 해결의 길잡이

« 노동조합의 설립 목적과 역할을 알아보는 문제이다.
노동조합의 설립과 활동 목표, 노동 3권의 의미를 이해해야 한다. 아울러 사용자 단체의 설립과 활동 목표, 대표적인 사용자 단체 등도 알아둘 필요가 있다.

04 도표의 (가)는 생산량과 근로자의 세력을 기준으로 '상생의 노사 문화'를 표시한 것이다. 이에 대한 설명으로 잘못된 것은?

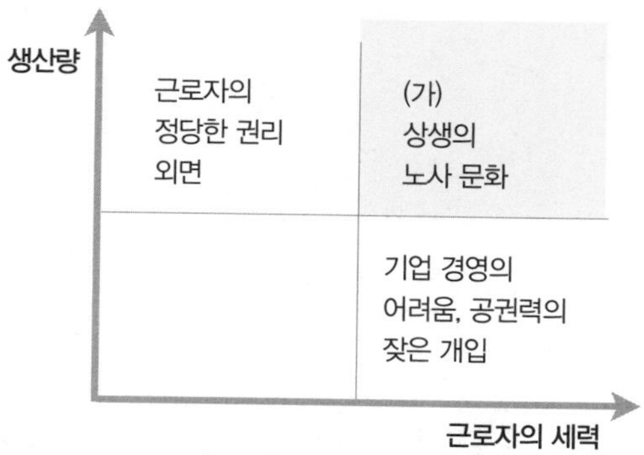

① 근로자의 단체행동권 행사를 통하여 달성할 수 있다.
② 경영 참가제, 노사 협의제 등과 같은 제도의 도입이 필요하다.
③ 근로자의 세력이 강하고, 생산량도 강조되어야 달성할 수 있다.
④ 사용자와 근로자는 가능한 많은 것을 합리적으로 얻을 수 있다.
⑤ 상생의 노사 문화를 가진 기업은 장수 기업으로 발전할 가능성이 크다.

« 노사관계의 바람직한 목표로서 '상생의 노사 문화'에 관한 내용을 알아보는 문제이다.
도표를 통해 생산량과 근로자의 세력 관계에 따라 노사관계가 어떻게 달라지는지 살펴보고, 바람직한 노사 문화의 의미를 되짚어 보아야 한다.

대단원 마무리 문제

01 다음에서 설명하는 수당은?

> 불황 또는 영업 부진으로 회사가 어려운 경우, 설비나 기계가 고장이 난 경우, 사업장의 실내 장식을 새로 하는 경우, 행정기관으로부터 영업정지를 당한 경우, 원자재를 제때 구하지 못한 경우 등과 같이 사용자의 책임으로 업무를 계속하지 못할 때는 해당 기간 평균 임금의 70% 이상을 근로자에게 지급한다.

① 월차 수당 ② 연차 수당
③ 잔업 수당 ④ 휴업 수당
⑤ 시간 외 수당

02 근로 계약에 관한 설명으로 잘못된 것은?

① 근로자와 사용자 간에 체결하는 계약이다.
② 근로 조건은 근로기준법에 정한 것보다 최소한 높아야 한다.
③ 사용자가 회사의 사정이 어렵다고 판단할 경우에는 바로 근로자를 해고할 수 있다.
④ 근로 계약서에는 임금, 근로 시간, 유급 휴일, 연차 유급 휴가 등을 분명하게 기록하여야 한다.
⑤ 근로자는 사용자가 근로 조건을 위반할 경우에 손해배상 및 부당해고 구제 신청을 할 수 있다.

03 다음에서 설명하는 고용 형태를 쓰시오

> 사용자가 근로자를 직접 고용하지 않고 파견, 용역, 하청업체 등과 같은 외부 업체와 계약하여 타 업체의 노동력을 사용하는 형태이다.

( )

04 다음 설명에 해당하는 법을 보기 에서 골라 그 기호를 쓰시오.

> 보기
> ㉠ 근로기준법 ㉡ 최저임금법
> ㉢ 고용보험법 ㉣ 산업재해보상보험법

(1) 근로자의 최저 근로 기준을 정하고, 사용자에게 이를 준수하도록 의무를 부과한다. ( )
(2) 근로자의 생활 안정과 생산성 향상을 위해 국가가 최저 수준의 임금을 정하여 그 이상으로 근로자에게 임금을 지급하도록 한다. ( )
(3) 업무상의 사고로 근로자에게 재해가 발생할 경우 신속하고 공정한 보상과 필요한 경우 재활치료를 받도록 한다. ( )
(4) 근로자가 기업의 사정 등에 의해서 직장을 잃었을 때 생활에 필요한 급여를 지원하여 생활 안정과 구직 활동을 할 수 있게 도와준다. ( )

05 다음 글의 빈칸에 해당하는 것은?

> ( )(이)란 직업을 찾는 사람이나 근로자를 찾는 사업주에 대한 고용 정보 제공, 직업 소개, 직업 지도 또는 직업능력개발, 실업급여 등 고용을 지원하는 것을 말한다.

① 근로 계약 ② 노사 협의
③ 고용서비스 ④ 고용보험 제도
⑤ 공공 근로 제도

06 취업 알선, 실업급여 등의 생계 지원, 직업 훈련 · 장려금과 보조금 지급 등 적극적인 노동 시장 정책 실현 등의 공공 고용서비스를 제공하는 기관은?

① 직업소개소 ② 한국고용정보원
③ 근로자 모집 업체 ④ 근로자 공급 업체
⑤ 근로자 파견 업체

07 다음 제도나 기능 중에서 성격이 다른 것을 하나 고르면?

① 실업급여
② 모성보호급여
③ 고용보험기금
④ 국가직무능력표준
⑤ 고용 안정과 직업능력개발 사업

08 다음 (　　　) 안에 알맞은 말을 순서대로 쓰시오.

> 산업 현장에서 주로 발생하는 안전사고는 사람의 동작이나 물체의 운동에 의한 떨어짐, 넘어짐, 끼임, 충돌, 날아옴, 감전 등의 (　　　　　) 사고와 화재, 폭발 등과 같은 (　　　　　) 사고로 나눌 수 있다.

(　　　　　　　　), (　　　　　　　　)

09 업무상 사고로 인한 산업 재해에 해당하지 않는 것은?

① 업무상 요양하던 중에 약물 부작용으로 사망하였다.
② 비 오는 날 지붕을 수리하던 일을 하다 벼락에 맞아 크게 다쳤다.
③ 회사에서 주관하는 체육대회에서 족구를 하다 넘어지면서 팔이 부러졌다.
④ 회사 통근 버스를 타고 출퇴근하다가 운전자 부주의로 발생한 교통사고로 어깨를 다쳤다.
⑤ 근무 시간에 회사 창고에서 물품을 빼돌리다가 쌓아 놓은 물건이 넘어지면서 머리를 다쳤다.

10 다음은 업무상 재해가 발생할 경우 필요한 조치를 순서대로 정리한 것이다. 이 중 절차나 내용이 잘못된 것을 고르면?

> (가) 재해자를 구출한다.
> (나) 재해자에 대한 응급처치를 한 후 병원으로 이송한다.
> (다) 관리 감독 책임자에게 재해 발생을 알리고 사고 조사가 끝날 때까지 현장을 보존한다.
> (라) 필요한 서류를 작성하여 국민건강보험공단에 보험급여를 청구한다.
> (마) 공단의 결정에 따라 요양급여, 장해 및 간병 급여, 휴업 급여 등을 받는다.

① (가)　② (나)　③ (다)　④ (라)　⑤ (마)

11 노사관계의 갈등과 대립에 따른 결과로 볼 수 없는 것은?

① 근로자의 파업
② 회사의 수익 감소
③ 기업의 경쟁력 향상
④ 경제와 사회의 활력 저하
⑤ 기업 이미지와 기업 가치 하락

12 다음 설명과 관계있는 조직은?

> 처음에는 동업자 간 친목 단체의 성격으로 출발하였으나, 사회 여건이 개선됨에 따라 근로 조건을 유지 · 개선하고 근로자의 사회 · 경제적 지위를 높이려는 자주적 집단 조직체로 발전하였다.

① 주식회사　② 노동조합
③ 이익 단체　④ 사용자 단체
⑤ 비정부 기구(NGO)

Ⅵ 직업윤리와 직업 사회

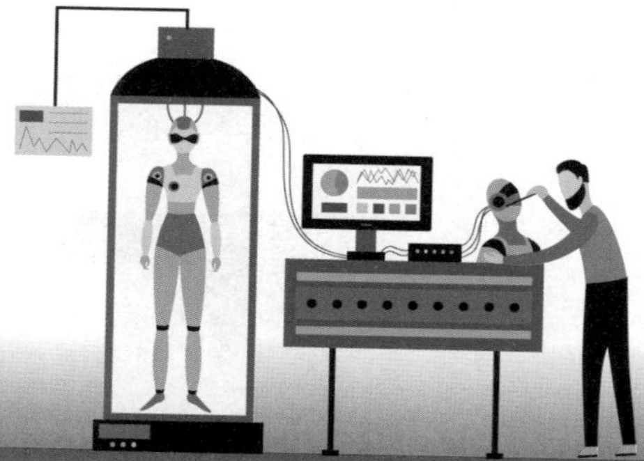

01 사회 문제와 직업윤리

1 급격한 사회 변동과 직업윤리의 중요성

《 윤리(倫理)
인간과 인간 사이에 지켜져야 할 도리를 바르게 하는 것으로서 인간 사회에 필요한 올바른 질서

(1) 급격한 사회 변동으로 인한 문제

❶ **현대 사회의 특징:** 과학 기술의 발전으로 시공간의 제약이 사라지고, 접할 수 있는 정보와 지식의 양이 기하급수적으로 증가

❷ **현대 사회의 문제:** 인터넷의 발달로 익명성과 개인화 현상이 심화되어 공동체의 윤리적 기준이나 가치를 지켜나가는 일이 더욱 중요해짐.

(2) 직업윤리의 중요성

❶ **직업윤리:** 직업에 종사하는 사람이라면 지켜야 할 기본적인 도리, 즉 사회에서 직업인에게 요구하는 직업적 양심이나 사회적 규범

❷ **직업윤리의 필요성:** 직업적 활동은 단순히 개인적 차원에만 머무르지 않고 사회 전체의 질서와 안정 및 발전에 매우 중요한 역할을 함. 직업이라는 사회적 · 경제적 활동에서 책임져야 하는 윤리적 의무가 뒤따름.

《 소명의식
자신의 일에 대해 특별한 의미와 가치를 부여하고 책임감을 갖는 일

❸ **직업윤리의 중요성:** 직업생활에서 소명의식을 갖고 '공동의 이익'과 '도덕적 가치 신념'을 실현시키는 직업윤리를 회복할 때, 개인은 스스로 직업적 가치와 성공 의식을 갖게 되고 사회는 안전하고 건강하게 발전

(3) 직업인의 윤리

❶ **책임의식:** 강한 사명감을 가지고 맡은 일에 충실하여 사회 구성원의 책임을 다하고자 하는 자세

❷ **성실함과 봉사 정신:** 조직의 일원으로서 모든 일에 성실한 자세로 임하고 봉사 정신이 투철하며, 적극적으로 노력하는 창의적 자세

❸ **직업적 양심:** 자신의 일에 대하여 정직하게 책임감을 가지고 임하는 자세

Tip 동양의 직업윤리

공자

정명사상(正名思想) 사회 구성원이 각자 자신의 역할에 해당하는 덕을 실현해야 올바른 사회가 됨

맹자

항산(恒産) 일정한 생업을 유지하여 최소한의 도덕심을 갖추고 분업을 통해 사회의 조화를 이룸

순자

예치주의(禮治主義) 인간의 욕구는 예(禮)를 통해 자제되어야 더 큰 만족을 얻을 수 있음

2 윤리적 의사결정의 중요성

(1) 윤리적 의사결정

❶ **의미:** 자신의 직업생활에서 책임과 의무를 다하여 직업윤리를 실천하는 것

예 위험을 무릅쓰고 국가와 국민을 위하는 군인과 경찰, 이념과 선악을 떠나 오로지 환자만을 생각하는 의사 등

❷ **중요성:** 윤리적 의사 결정은 개인적이고 단기적인 효과나 이익의 측면에서는 손해를 보는 것 같지만, 소속된 공동체의 입장이나 장기적인 측면으로는 긍정적인 결과를 가져올 수 있음.

(2) 윤리적 의사결정의 4대 원칙

❶ **공개성의 원칙:** 의사결정의 기준이 공개되더라도 떳떳할 수 있는가?

❷ **공정성의 원칙:** 사람과 상황에 대한 처리가 공정하고 임의적이지 않은가?

❸ **불가피성의 원칙:** 같은 상황에서 누가 결정을 하더라도 똑같은 선택을 할 수밖에 없었는가?

❹ **보편성의 원칙:** 의사결정에 의해 영향을 받는 사람들이 모두 받아들일 수 있는 선택인가?

3 윤리적 문제의 해결 방안

(1) 개인윤리적 방안

❶ **의미:** 직업생활 중 다양한 윤리적 갈등이나 문제가 발생했을 때, 자신의 양심이나 태도의 선택으로 그 해결책을 찾는 것

❷ **윤리적 갈등의 예:** 근무 시간에 개인적인 일을 하고 싶을 때, 자신에게 주어진 일을 다른 사람에게 떠넘기고 싶을 때, 동료의 좋은 아이디어를 내 것으로 사용하고 싶을 때, 회사의 이익을 위해서 내 이익을 포기해야 할 때 등

❸ **해결 방안:** 자신의 태도를 윤리적 양심에 따라 정하고 직업윤리의 5대 원칙인 객관성, 고객 중심, 전문성, 정직과 신용, 공정경쟁의 원칙에 따라 행동

❹ **직업윤리의 5대 원칙**

- **객관성의 원칙:** 숨김없이 투명하게 처리하는 원칙
- **고객 중심의 원칙:** 고객에 대한 봉사를 최우선시하는 원칙
- **전문성의 원칙:** 업무에 대한 전문가로서의 능력과 의식을 갖는 원칙
- **정직과 신용의 원칙:** 본분과 약속을 지켜 신뢰를 유지하는 원칙
- **공정경쟁의 원칙:** 법규를 준수하고 공정하게 행동하는 원칙

(2) 사회윤리적 방안

❶ **의미:** 직업생활 중 발생하는 윤리적 쟁점에 대해 개인의 도덕적 판단이나 양심의 차원을 넘어 사회 구조나 정책 등의 제도적 차원에서 해결하려는 시도

❷ **필요성의 예:** 사회적 약자 · 소수자에게 가해지는 차별을 비롯하여 회사 내 성차별, 사용자의 부당 해고, 외국인 근로자에 대한 임금 차별 등 사회적인 문제는 개인윤리적 차원에서 해결되기 어렵기 때문에 국가나 사회의 정책적 · 제도적 개선이 필요

« 윤리적 의사결정 기준

- 내 행동이 합법적인가?
- 나는 권한을 부여받았는가?
- 나의 행동이 조직의 정책과 부합되는가?
- 나는 정직한가?
- 이것이 올바른가? 당신이 믿는 친구라면 뭐라고 말하겠는가?
- 그 일을 내 아이에게 떳떳하게 이야기할 수 있을까?
- 내 행동이 시간이 지나가도 과연 옳은 것으로 여겨질까?

« 근로 윤리와 공동체 윤리

- 근로 윤리: 일에 대한 존중, 근면 성실하게 업무에 임해야 할 의무
- 공동체 윤리: 인간 존중을 바탕으로 봉사하고 책임, 준법정신을 준수하며 업무 중 접하게 되는 사람들에게 예의 바른 태도로 대하는 것

« 전문직의 직업윤리

전문 직업인에게 요구되는 특수한 직업윤리가 있다. 언론인에게는 그 무엇보다 사실을 정확히 알려야 하는 정확성과 중립성의 윤리가 요구된다. 의료인에게는 모든 사람에게 의술을 공정하게 베풀어야 하는 직업인의 자세가 요구되며, 공직자에게는 청렴함이 무엇보다 강력하게 필요하다. 어린아이를 다루는 교육자나 종교인에게는 공정성보다는 인간에 대한 사랑과 정서적인 안정을 느낄 수 있는 인간애가 더 요구된다.

Step A

실력 점검 문제

01 사회 문제와 직업윤리

01 ㉠, ㉡에 해당하는 용어를 쓰시오.

> ㉠ (　　　　): 직업에 종사하는 사람이라면 지켜야 할 기본적인 도리
> ㉡ (　　　　): 자신의 직업생활에서 책임과 의무를 다하여 윤리를 실천하기 위한 태도

㉠ (　　　　　　　　), ㉡ (　　　　　　　　)

02 윤리적 인간에 대한 설명이 아닌 것은?

① 인간관계에서 지켜야 하는 도리를 바르게 하는 사람
② 공동의 이익보다는 자신의 이익을 우선으로 행동하는 사람
③ 원만한 인간관계를 유지할 수 있도록 다른 사람의 행복을 고려하는 사람
④ 눈에 보이는 육신의 안락보다는 삶의 가치와 도덕적 신념을 존중하는 사람
⑤ 인간은 결코 혼자 살아갈 수 없는 사회적 동물임을 알고 다른 사람을 배려하면서 행동하는 사람

03 다음에서 설명하는 직업인의 윤리는 무엇인지 쓰시오.

> 직업인이 지켜야 할 윤리적 범주 중에서 인간 존중을 바탕으로 봉사하고 책임, 준법정신을 준수하며 업무 중 접하게 되는 사람들에게 예의 바른 태도로 대하는 것

(　　　　　　　　)

04 윤리적 의사결정의 4대 원칙에 속하지 않는 것은?

① 보편성의 원칙
② 공개성의 원칙
③ 공정성의 원칙
④ 불가피성의 원칙
⑤ 목표 우선의 원칙

05 직업윤리 중 '정직'에 관한 설명으로 옳지 않은 것은?

① 정직은 성공의 기본 조건이다.
② 다른 사람의 말과 행동은 항상 의심하는 것이 좋다.
③ 사람은 혼자서 살아갈 수 없으므로, 다른 사람과의 신뢰가 필요하다.
④ 자신의 일에 대하여 정직하게 책임감을 가지고 임하는 자세가 필요하다.
⑤ 정직은 신뢰를 형성하고 유지하는 데 가장 기본적이고 필수적인 규범이다.

06 윤리적 의사결정의 4대 원칙 중 다음 내용과 관련된 원칙을 쓰시오.

> 의사결정에 의해 영향을 받는 사람들이 모두 받아들일 수 있는 선택인가?

(　　　　　　　　)

정답과 해설 | 163쪽

07 다음에서 설명하는 동양의 전통 직업윤리 사상은?

> 사회 구성원이 각자 자신의 역할에 해당하는 덕을 실현해야 올바른 사회가 된다. – 공자(孔子)

① 예치주의(禮治主義)
② 성실재근(成實在勤)
③ 인의예지(仁義禮智)
④ 정명사상(正名思想)
⑤ 겸양지덕(謙讓之德)

08 개인윤리와 직업윤리의 관계에 대한 설명으로 옳지 않은 것은?

① 직업윤리는 개인윤리를 바탕으로 성립되는 규범이다.
② 개인윤리에는 폭력이 금지되어 있지만, 유사시 경찰관에게는 허용된다.
③ 모든 사람은 직업의 성격에 따라 각각 다른 직업윤리를 지닌다.
④ 직업윤리는 개인윤리를 바탕으로 각 직업에서 요구되는 특수한 윤리이다.
⑤ 개인적인 삶보다 직업의 규모가 더 크므로 개인윤리는 직업윤리에 포함된다.

09 윤리적 의사결정의 내용이나 중요성에 관한 설명으로 옳지 않은 것은?

① 개인적으로는 손해를 보는 경우가 생길 수 있다.
② '최대 다수를 위한 최대 이익인가?'를 고려해야 한다.
③ 사회적인 측면에서는 긍정적인 결과를 가져올 수 있다.
④ 윤리적 의사결정을 통해 개인과 사회가 함께 발전할 수 있다.
⑤ 사람과 상황에 따라 임의로 적용할 수 있는 기준이 필요하다.

10 다음에서 설명하는 방안은?

> 직업생활 중 발생하는 문제의 원인과 처방을 사회, 구조, 정책적 관점에서 접근하는 방안이다. 즉, 직업생활 중 발생하는 윤리적 쟁점에 대해 개인의 도덕적 판단이나 양심의 차원을 넘어 제도적 차원에서 해결하려는 시도이다.

① 사회구조적 방안
② 사회윤리적 방안
③ 개인윤리적 방안
④ 윤리제도적 방안
⑤ 보편합리적 방안

11 직업윤리의 5대 원칙에 해당하지 않는 것은?

① 공정경쟁의 원칙: 법규를 준수하고 공정하게 행동하는 원칙
② 동료 중심의 원칙: 나보다 동료를 항상 먼저 생각하는 원칙
③ 객관성의 원칙: 모든 일을 숨김없이 투명하게 처리하는 원칙
④ 정직과 신용의 원칙: 본분과 약속을 지켜 신뢰를 유지하는 원칙
⑤ 전문성의 원칙: 업무에 대한 전문가로서의 능력과 의식을 갖는 원칙

12 다음에서 설명하는 윤리적 문제의 해결 방안을 쓰시오.

> 직업생활 중 다양한 윤리적 갈등이나 문제가 발생했을 때, 자신의 양심이나 태도의 선택으로 그 해결책을 찾는 것이다.

(　　　　　　　　　　)

Step B 수능 대비 문제

01 사회 문제와 직업윤리

문제 해결의 길잡이

《 사회 변동이나 가치관의 변화와 직업윤리의 상호 관계를 파악하는 문제이다.
사회 변화에 따른 직업관과 직업윤리의 변화를 이해하고, 직업윤리가 개인의 직업생활과 사회 및 국가 경제에 미치는 영향을 알아야 한다.

01 다음 글을 바탕으로 오늘날의 직업세계를 바르게 정리한 것은?

현대 사회는 일명 대변혁의 시대라 불리고 있다. 지금 일어나고 있는 사회 변동의 본질이나 속도가 지난 세기와는 근본적으로 다르기 때문이다. 과학 기술의 발전은 인간을 시공간의 제약으로부터 자유롭게 만들었고, 정보와 지식을 놀라운 속도로 축적하고 있다.

이런 사회적 변화는 직업 세계에도 많은 변화를 일으켰다. 새로운 직업이 생기고, 전통적 직업이 사라졌으며, 직업 생활 방식도 예전과 달라졌다. 또한, 직업 간 또는 직업 종사자 간에 교류의 폭이 확대됨에 따라 서로 영향을 주고받는 일이 많아졌다. 이러한 직업 세계의 변화는 직업윤리에도 영향을 미치게 되었다.

① 개인의 부와 명예 획득은 직업적 성공을 의미한다.
② 천직의식이 강화되고, 평생직장의 개념이 중요해졌다.
③ 잘못된 직업윤리의 확산은 국가 경쟁력 약화로 이어질 수 있다.
④ 세계화, 정보화의 진전에 따라 직업윤리의 중요성은 감소하였다.
⑤ 직업을 선택할 때 남녀를 구분하는 전통적 직업관이 작동하고 있다.

《 직업윤리의 의미와 필요성을 이해하는 문제이다.
직업윤리의 중요성에 관한 대학생과 인사 담당자 간 견해 차이가 생기는 이유를 추론하고, 현대 사회에서 직업윤리의 의미와 영향력을 생각해 보아야 한다.

02 다음 자료에 대한 분석으로 적절하지 않은 것은?

2015년 11월 한국고용정보원은 대학 재학생 600명과 기업 인사 담당자 100명을 대상으로 '취업할 때 어떤 역량이 더 중요한지'를 묻는 조사를 시행하였다. 그 결과 대학생들은 외국어 능력을 1순위로 꼽은 반면, 기업의 인사 담당자들은 직업윤리를 가장 중요한 부분으로 꼽았다.

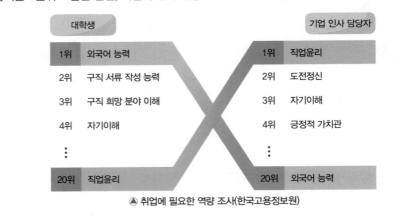

대학생		기업 인사 담당자	
1위	외국어 능력	1위	직업윤리
2위	구직 서류 작성 능력	2위	도전정신
3위	구직 희망 분야 이해	3위	자기이해
4위	자기이해	4위	긍정적 가치관
⋮		⋮	
20위	직업윤리	20위	외국어 능력

▲ 취업에 필요한 역량 조사(한국고용정보원)

① 현대사회에서는 직업윤리의 중요성이 더욱 커지고 있다.
② 대학생은 취업하려면 우선 직무능력을 갖추어야 한다고 보았다.
③ 직업에 따라 우선시되거나 더 강조되는 윤리 덕목이 있을 수 있다.
④ 사회가 급격하게 변하여도 직업윤리의 내용은 달라지지 않을 것이다.
⑤ 기업 인사 담당자는 직업윤리를 지키지 않을 때 기업과 사회에 끼칠 악영향을 고려했을 것이다.

03 다음 글과 관련된 탐구 주제로 적절한 것은?

리처드 필립스는 '머스크 앨라배마 호'의 선장이었다. 2009년 4월 그가 운항하던 배는 소말리아 근해를 지나다 해적에게 나포되었다. 그는 즉시 20명의 선원을 대피시킨 후 해적의 총구 앞에 나서며 말했다.

"이 배의 선장은 나야. 내가 선장이야. 저들이 아니야."

필립스 선장은 홀로 인질을 자처하여 죽음의 위기 속에 놓이지만, 미국 해군에 의해 극적으로 구출되었다.

이 사건은 영화 "캡틴 필립스"로 제작되어 대중에도 널리 알려지게 되었다.

▲ 영화 "캡틴 필립스"

① 기업가 정신의 의미
② 직업윤리와 책임의식
③ 산업안전과 근로관계
④ 산업 재해의 예방과 처리
⑤ 직업적 성공과 정보 관리

문제 해결의 길잡이

« 제시된 글과 자료를 읽고, 알맞은 탐구 주제를 도출하는 문제이다.

사건의 발단과 마무리 과정에서 나타난 선장의 행동을 바탕으로 탐구 주제를 찾아야 한다. '해적', '나포', '인질' 등의 열쇠 말과 선장의 발언을 통해 주제에 접근할 수 있을 것이다.

04 다음 글의 주제로 가장 적합한 것을 고르면?

나는 화학 제품을 만드는 공장에서 일하고 있다. 그런데 우리 회사에서 내가 만드는 제품이 환경 오염을 일으키는 것을 알았다. 그 사실을 알고 취재하러 온 기자가 나에게 회사에서 어떤 물건을 어떻게 만들어 내는지 알려달라고 요구했다.

기자의 취재 요구를 받고 나는 고민에 빠졌다. 내가 회사에 불이익을 줄 정보를 기자에게 제공하는 것이 옳은가? 아니면 환경오염을 일으키는 물건을 만드는 데서 계속 일해야 하는가? 취재에 적극적으로 응해 이런 오염 물질을 다시는 만들지 못하도록 여론을 조성하고 사회적 대책, 정책을 내놓도록 하는 것이 옳지 않을까?

① 윤리경영이 중요한 이유는 무엇인가?
② 개인윤리적 방안을 실현할 방법은 무엇인가?
③ 직업윤리가 없다면 어떤 일이 일어날 것인가?
④ 개인윤리적 방안과 사회윤리적 방안을 어떻게 조화시킬 것인가?
⑤ 윤리적 의사결정을 하지 않았을 때 그 결과를 어떻게 책임질 것인가?

« 글을 읽고 핵심 주제와 쟁점을 찾아내는 문제이다.

제시문의 화자는 기업의 문제점을 알고 난 후, 이를 어떻게 해결할지 고민하고 있다. 직업 생활 중 맞닥뜨릴 수 있는 개인윤리적 방안과 사회윤리적 방안의 개념을 이해하고 그 사례를 구체적으로 학습하는 것이 문제 해결에 도움이 된다.

02 미래의 직업 사회

1 직업 사회의 변화

(1) 직업 사회의 변화 추세

❶ **정보화 사회:** 전 세계의 지식과 정보에 대한 실시간 공유가 가능하여 국가 간 · 기업 간 경쟁 심화됨. 컴퓨터, 반도체, 통신 산업 발달

❷ **고령화 사회:** 개인의 경제 활동 가능 연령 연장으로, 평생직업의 개념 등장

❸ **삶의 질 추구:** 시간을 자유롭게 활용할 수 있는 직종 선호, 서비스 · 관광 · 레저 산업 활성화됨. 제조업은 줄고, 서비스업 비중이 높아짐.

❹ **직업의 소멸과 탄생:** 과학 기술의 발달로 기계와 로봇이 대신할 수 있는 단순 노동 직업은 소멸되고, 아이디어와 첨단 기술이 결합한 새로운 직업 탄생

≪ **직업의 변화를 가져온 주요 과학 기술**
인공지능, 빅 데이터, 3D 프린팅, 증강현실, 사물 인터넷, 자율 주행 차량, 웨어러블 컴퓨터, 유전자 치료 등

(2) 산업 사회와 지식 정보 사회의 특징

구분	산업 사회(과거)	지식 정보 사회(현재~미래)
생산 방식	양을 중시, 대량 생산	질을 중시, 다품종 소량 생산
활동 공간	실제 공간(건물, 토지)	가상 공간(재택근무, 원격 업무)
문화 양식	규격화, 획일화, 물리적	탈 규격화, 탈 획일화, 정신적 욕구 충족

Tip 쓰레기에서 찾은 특별한 생각, '폐자원 에너지 연구원'

기후 변화 협약으로 온실가스 등 지구 온난화 물질에 대한 규제가 강화되고, 런던 협약에 따라 폐기물의 해양 투기가 제한되는 등 국제적으로 환경 규제가 엄격해지고 있다. 또한, 국제 자원 시장의 불안정으로 신 · 재생 에너지의 확보가 시급한 상황이다. 이에 대응하기 위해 정부와 지자체 모두 폐기물을 에너지로 사용할 수 있게 만드는 사업을 적극적으로 추진하고 있다.

폐자원 에너지 연구원은 다양한 종류의 가연성, 유기성 폐기물을 환경친화적으로 처리하여 에너지화하기 위한 핵심 기술을 연구 · 개발한다. 폐기물을 이용한 에너지는 풍력의 3배, 태양광보다 11배 이상 생산성이 높아 미래 에너지 산업에서 중요한 위치를 차지하고 있으며, 지구 생태계 환경을 보호하고 인류가 생존하기 위해 꼭 필요한 일이므로 폐자원 에너지 연구원은 미래 사회에 주목받는 직업 중 하나가 될 것이다.

2 미래 사회의 변화와 직업생활

(1) 미래 사회의 주요 변화

❶ **과학 기술 발전:** 정보기술(IT), 생명공학기술(BT), 나노공학기술(NT), 우주항공공학기술(ST), 로봇 기술 등의 발전

❷ **신 · 재생에너지 개발:** 환경오염과 자원 부족 문제 해결을 위해 태양광, 풍력, 수력, 수소, 해양, 바이오, 폐기물, 지열, 연료전지 등 활용

❸ 일터의 세계화, 외국인 근로자 및 다문화 관련 직업 증가

❹ 인구 구조의 변화: 급속한 저출산 및 고령화로 노인 인구 비율 증가

	고령화	고령	초고령	소요연수(고령화 ▸ 고령 ▸ 초고령)
한국	2000	2018	2026	26년
일본	1970	1994	2006	36년
프랑스	1864	1979	2018	154년
독일	1932	1972	2009	77년
이탈리아	1927	1988	2006	79년
미국	1942	2015	2036	94년

⊛ 주요 국가별 인구 고령화 속도

《 고령 인구의 비율에 따른 사회 구분
- 고령화 사회: 65세 이상 노인 인구가 총인구에서 차지하는 비율이 7% 이상인 사회
- 고령 사회: 65세 이상 노인 인구가 총인구에서 차지하는 비율이 14% 이상인 사회
- 초고령 사회: 65세 이상 노인 인구가 총인구에서 차지하는 비율이 20% 이상인 사회

(2) 사회 변화에 따른 직업생활의 변화

사회 변화	직업생활 변화
저출산, 고령화	경제 활동 인구의 감소, 정규직 또는 정년의 개념이 사라짐.
과학기술 발달	직업의 양극화로 인해 경쟁력을 잃은 사무직과 생산직의 많은 일자리가 사라지고, 초대형 혹은 1인 기업 출현
노동 시장 변화	프로젝트 단위로 이동하는 전문 직업인 증가, 유연 근무제 확산
환경오염, 기후변화, 자연재해	근무 조건 변화로 인한 재택근무 증가, 환경 연구에 필요한 녹색 직업 출현
세계화에 따른 노동력 이동 증대	글로벌 취업 경쟁 심화, 조직 중심의 경력에서 벗어나 산업이나 직업에 기초를 둔 경력 소지자 선호
삶의 질에 대한 관심 증대	경력개발의 방향 변화 → 자신의 개성을 중시하고 개인 생활을 존중받는 직업 선호

Tip 미래에는 어떤 직업이 생겨날까?

- **미래 직업 전문가(jobs of the future recruiter)**
  구인 · 구직 시장의 급속한 변화에 대해 분석하고, 구직자들에게 미래의 직업 정보를 제공하고, 직업을 알선하는 역할을 하는 직업
- **밈 에이전트(meme agent)**
  '밈(meme)'이란 인터넷상에 재미난 말을 적어 넣어서 다시 포스팅한 그림이나 사진을 말하는데, 이러한 것들을 전문적으로 작업하는 사람
- **생산성 카운슬러(productivity counselor)**
  근로자의 건강 관리부터 시간 관리까지 전반적인 모든 사항에 대한 조언을 담당하며, 그들의 고용주에게 자신의 가치를 증명할 수 있게 도와주는 전문가
- **프라이버시 컨설턴트(privacy consultant)**
  새로운 기술들은 개인 보안에 대한 문제를 발생시키는데, 이에 대한 전문적인 조언이나 직접적인 도움 등을 통해 디지털화된 자신의 정보들을 잘 지켜낼 수 있게 도와주는 직업

Step A 실력 점검 문제

02 미래의 직업 사회

01 사회 변화에 따른 직업생활의 변화 모습으로 옳지 않은 것은?

① 노동 시장의 변화로 여성의 경제 활동이 늘고 있다.
② 조직 문화가 수직적 관계에서 수평적 관계로 전환되고 있다.
③ 세계화에 따른 노동력 이동 증가로 글로벌 취업 경쟁이 심화된다.
④ 저출산 및 고령화 현상으로 인해 경제 활동 인구가 줄고, 정년의 개념이 사라진다.
⑤ 삶의 질에 대한 관심 증대로 개성은 무시되고, 집단생활을 존중하는 직업을 선호한다.

02 보기 에서 미래 사회의 모습에 대한 예측으로 옳은 것을 모두 고르면?

보기
㉠ 노인 인구의 감소가 지속될 것이다.
㉡ 오프라인 교육이나 업무가 활성화될 것이다.
㉢ 세계화 · 다문화 사회가 더욱 확대될 것이다.
㉣ 일반적인 가족 구성은 4인 이상의 가구가 될 것이다.
㉤ 신 · 재생 에너지에 대한 관심이 더욱 높아질 것이다.

① ㉠, ㉣　② ㉡, ㉣　③ ㉢, ㉣
④ ㉢, ㉤　⑤ ㉡, ㉢, ㉣

03 미래 직업 사회의 변화를 가져오는 요인이 아닌 것은?

① 삶의 질에 대한 관심 증대
② 세계화에 따른 노동력 이동 증대
③ 자동화로 인한 전문직의 수요 감소
④ 고령화와 여성 경제활동 등으로 인한 노동시장의 변화
⑤ 정보기술(IT), 생명공학기술(BT), 나노공학기술(NT) 등의 발달

04 다음에서 설명하는 용어를 쓰시오.

- 2016년 1월, 제46차 세계경제포럼(WEF)에서 클라우스 슈바프(Klaus Schwab)가 처음으로 사용하였다.
- 사물 인터넷(IoT), 로봇, 인공지능(AI), 빅데이터 등의 기술이 나노기술(NT), 바이오기술(BT), 정보기술(IT), 인지과학과 융합기술로 발전하고, 이로 인한 지능형 사이버 물리 시스템(Cyber Physical System)이 생산을 주도하는 사회 구조의 혁명이다.

(　　　　　　　　　　)

05 미래 직업생활의 모습으로 보기 어려운 것은?

① 평생직장의 안정화
② 경제 활동 인구의 고령화
③ 프로젝트 단위의 업무 형태
④ 일하는 방식을 스스로 결정
⑤ 초대형 기업과 1인 기업의 증가

06 미래 직업 사회의 변화에 대한 예측으로 옳지 않은 것은?

① 대량 생산 방식에서 다품종 소량 생산으로 변화한다.
② 1인 기업이나 소규모 인원이 운영하는 기업이 늘어난다.
③ 원하는 일이나 일하는 방식은 각 기업 내에서 획일화된다.
④ 실제 공간에서 활동하던 것이 가상 공간(재택, 원격)으로 옮겨진다.
⑤ 평생직장 없이 프로젝트 단위로 업무를 하거나 계속해서 소속이 바뀐다.

07 보기 에서 미래 직업 사회 변화에 대한 설명으로 옳은 것을 모두 고르면?

보기
ㄱ 환경 및 신 · 재생 에너지 관련 직종의 고용 증가
ㄴ 제조업 종사자의 증가와 서비스업 종사자의 감소
ㄷ 재택 · 원격 근무 및 시간제 · 탄력 근무 등 유연 근무제 증가
ㄹ 기술 발달에 따른 직업의 소멸과 탄생 가속화

① ㄱ, ㄴ
② ㄴ, ㄹ
③ ㄱ, ㄷ, ㄹ
④ ㄴ, ㄷ, ㄹ
⑤ ㄱ, ㄴ, ㄷ, ㄹ

08 다음 (   ) 안에 알맞은 숫자를 쓰시오.

• 고령 사회: ㉠ (   )세 이상 노인 인구가 총인구에서 차지하는 비율이 ㉡ (   )% 이상인 사회
• 초고령 사회: ㉢ (   )세 이상 노인 인구가 총인구에서 차지하는 비율이 ㉣ (   )% 이상인 사회

㉠ (   ), ㉡ (   ), ㉢ (   ), ㉣ (   )

09 미래 직업 사회의 변화 모습으로 보기 어려운 것은?

① 제조업 분야에서는 다품종 소량 생산 체제가 일반화될 것이다.
② 직업 사회의 변화와 과학 기술의 발전 속도는 큰 관련이 없을 것이다.
③ 여러 지역이나 국가를 이동하며 일하는 사람들이 늘어날 것이다.
④ 시간과 장소에 관계없이 업무를 볼 수 있는 환경이 조성될 것이다.
⑤ 로봇이 단순 업무는 물론 전문적 기술이 필요한 업무에도 활용될 것이다.

10 다음에서 설명하는 근무 형태를 쓰시오.

일정한 시간과 장소 등을 요구하는 정형화된 근무 제도에서 탈피해 개인의 특성에 맞는 다양한 근무 제도를 도입함으로써 생산성을 높이고 기업 조직에 유연성을 부여하는 제도이다. 출퇴근 시간을 자유롭게 하거나, 재택근무를 하거나, 하나의 일자리를 두 사람 이상이 공유하는 등 다양한 방법이 가능하다.

(   )

11 미래 직업 사회에 대한 전망으로 옳지 않은 것은?

① 외국인 근로자 및 다문화 관련 직업 감소
② 프로젝트 단위로 이동하는 전문 직업인 증가
③ 산업 간 지식과 기술의 공유 활성화로 생산성 향상
④ 삶의 질 향상으로 서비스 · 관광 · 레저 관련 산업 발달
⑤ 평균 수명의 증가로 의료 · 복지 등 건강 관련 산업 발달

12 미래 사회 직업생활의 변화에 대한 예측으로 옳지 않은 것은?

① 가상공간 속에서 일하는 새로운 형태의 일자리와 근무 형태가 나타날 것이다.
② 온라인과 모바일을 통한 직거래가 증가하여 도 · 소매업체 등 중간 상인들의 역할이 중요해질 것이다.
③ 평균 수명이 증가하면서 제2, 3의 직업에 대한 욕구가 증대하여 고령자가 일할 수 있는 다양한 직종이 출현할 것이다.
④ 기업은 전문 기술을 가진 인력을 상시 인력으로 고용하기보다는 프로젝트 단위로 필요할 때만 고용하는 경우가 빈번할 것이다.
⑤ 개인은 여러 기업에서 활용 가능한 지식과 기술을 바탕으로 개별 기업 또는 국가의 경계까지도 넘나드는 무경계 경력을 갖게 될 것이다.

Step B 수능 대비 문제

02 미래의 직업 사회

문제 해결의 길잡이

≪ 현재 우리나라의 산업과 직업 분야에서 일어나는 변화를 이해하는 문제이다.

우리나라의 산업화 과정을 요약한 제시문을 바탕으로 현대의 산업 구조의 변화를 이해하고, 미래의 사회 변화를 예측하며, 직업 세계의 변화 과정을 파악해야 한다.

01 다음 글을 바탕으로 한 현재의 산업 및 직업 변화에 관한 내용이 잘못된 것은?

> 우리나라는 1차 산업 위주의 전통적 농업 국가였으나, 1960년대부터 산업화를 추진하면서 산업 사회로 진입하게 되었다. 산업화 초기에는 경공업이 발달하다가, 1970년대 이후부터 중화학 공업의 비중이 높아졌고, 1980년대에는 기계, 전자와 같은 조립 가공 산업의 비중이 커졌다. 1990년대 중반부터는 정보 통신 기술의 발달에 힘입어 IT 관련 산업이 부상하였으며, 사회 간접 자본 및 서비스 부문도 매우 증가하였다. 2000년 이후에는 신성장 산업과 지식 기반 산업 등 지속 가능한 성장을 추구하는 미래 산업을 중심으로 산업 구조가 재편되고 있다.

① 국가 간 무한 경쟁이 펼쳐지고 있다.
② 평생직장 대신 평생 직업을 추구하게 되었다.
③ 기존 직업이 사라지거나 새로운 직업이 생겨났다.
④ 서비스, 관광, 레저 분야의 산업이 활성화하고 있다.
⑤ 대량 생산 체제를 기반으로 한 양적 성장을 추구하고 있다.

≪ 제시된 내용을 토대로 미래의 직업세계를 전망해 보는 문제이다.

과학 기술의 진보, 정보 통신 기술의 발달, 세계화의 진전과 환경 문제 등이 현재 직업세계를 어떻게 변화시켜 왔는지 파악하고, 앞으로는 어떤 영향을 미칠지 추론할 수 있어야 한다.

02 다음 글을 바탕으로 미래의 직업세계를 바르게 전망한 것을 보기 에서 고르면?

> 미국 듀크대학교 캐시 데이비드 교수는 '현재 학생들의 60% 이상은 아직 생기지도 않은 직업을 갖게 될 것이다.'라고 전망하였다. 또한, 2015년 영국 옥스퍼드대는 10년 내로 47%의 직종이 사라질 것이라는 자료를 발표하였고, 2016년 다보스 세계경제포럼에서는 5년간 새 일자리 210만 개가 생기고, 700만 개가 감소할 것으로 예측하였다.

보기

㉠ 인공 지능을 지닌 로봇이 모든 일자리에서 인간을 대체할 것이다.
㉡ 자원 고갈과 환경 오염으로 대체 에너지 관련 산업이 발전할 것이다.
㉢ 가상 공간에서 일하는 새로운 형태의 일자리와 근무 형태가 나타날 것이다.
㉣ 세계화의 확대로 도시와 국가의 경계를 넘나드는 전문직 종사자가 늘어날 것이다.
㉤ 정보 통신 기술의 발달은 규모의 경제를 추구하는 대기업에 절대적으로 유리한 환경을 제공할 것이다.

① ㉠, ㉡, ㉣ ② ㉠, ㉢, ㉤ ③ ㉡, ㉢, ㉣
④ ㉡, ㉣, ㉤ ⑤ ㉢, ㉣, ㉤

03 다음 〈표〉는 각 산업 혁명 시기의 사회 변화 과정을 표시한 것이다. 빈칸의 4차 산업 혁명 시기에 볼 수 있는 사회 모습이 아닌 것은?

구분	시기	내용
1차	18세기	• 증기 기관 발명 • 기계 장치를 통한 제품 생산
2차	19세기 후반	• 전기 기관 발명 • 대량 생산 체제 • 노동력 절감
3차	20세기 중 · 후반	• 정보 통신 기술 발달 • 생산 설비 자동화
4차	오늘날	

① 원격 사무실을 활용하거나 재택근무 방식의 일 처리가 확대된다.
② 임시직이나 시간제 고용이 줄어들고 평생직장의 개념이 강화된다.
③ 인간 상호 간 소통을 넘어서 인간과 기계, 기계와 기계가 소통한다.
④ 인공 지능과 사물 인터넷 기술의 활용으로 생활이 한층 편리해진다.
⑤ 빅데이터를 바탕으로 정보를 가공 · 활용하여 경제적 가치를 창출한다.

문제 해결의 길잡이

« 4차 산업 혁명 이후의 생활과 직업 동향을 살펴보는 문제이다.
고도의 정보 통신 기술과 지식 정보 산업을 기반으로 한 4차 혁명 시기의 사회와 인간 생활의 변화를 이해하고, 4차 산업 혁명의 긍정적인 측면과 함께 부정적인 측면도 고려해야 한다.

04 다음은 미래 사회 변화의 특징을 요약한 글이다. 이를 바탕으로 미래의 직업세계에 관하여 바르게 전망한 것은?

> • 세계화의 가속화 – 정보화와 교통수단의 급속한 발달로 전 세계를 무대로 한 경제 활동이 이루어진다.
> • 정보화의 가속화 – 정보 통신망의 확장, 정보 통신 기기의 보급 확대로 광범위한 분야에서 정보 통신 기술이 활용된다.
> • 지식 노동자의 수요 증가 – 새로운 지식과 경험을 활용하여 새로운 부가가치를 창출할 수 있는 지식 노동자가 노동 시장에서 환영받는다.
> • 다원주의의 심화 – 규격화, 획일화에서 벗어나 인간의 다양성과 개성을 존중하는 시대가 된다.

① 한 분야를 깊이 아는 전문가의 중요성이 커질 것이다.
② 단순 기능직은 늘어나고 전문직과 서비스직은 감소할 것이다.
③ 고령화의 진전에 따라 평생직장과 완전 고용의 개념이 강화될 것이다.
④ 다양한 자원을 동원할 수 있는 대기업이 새로운 직업 창출에 앞장설 것이다.
⑤ 한곳에 머물지 않고 전 세계의 국경을 넘나들며 여러 직장과 지역에서 일하는 사람이 늘어날 것이다.

« 미래 사회의 특징을 바탕으로 미래 직업의 변화 양상을 추론하는 문제이다.
미래 사회의 변화 모습을 이해하고, 이를 바탕으로 앞으로 미래 직업세계가 어떤 방향으로 전개될지 예측해야 한다.

대단원 마무리 문제

01 직업윤리의 덕목으로 볼 수 없는 것은?

① 소명 의식 ② 책임 의식
③ 봉사 의식 ④ 전문가 의식
⑤ 개인 우선 의식

02 직업윤리의 기본 원칙에 관하여 잘못 설명한 것은?

① 법규를 준수하고, 경쟁 원리에 따라 공정하게 행동한다.
② 전문가로서의 의식을 지니고 책임을 다하며, 업무 능력 향상에 힘쓴다.
③ 고객에 대한 봉사를 최우선으로 생각하고 현장 중심, 실천 중심으로 일한다.
④ 업무의 공공성을 바탕으로 공사 구분을 명확히 하고, 업무를 투명하게 처리한다.
⑤ 조직의 유지와 자기의 발전을 위하여 목표 달성과 이익 실현을 최우선 과제로 삼는다.

03 다음의 직업윤리를 강조한 전통 사상가를 보기 에서 찾아 그 기호를 쓰시오.

보기
㉠ 공자 ㉡ 맹자 ㉢ 순자

(1) 인간의 욕구는 예(禮)를 통해 자제되어야 더 큰 만족을 얻을 수 있다. (　　　)
(2) 사회 구성원은 각자 자신의 역할에 해당하는 덕을 실현해야 올바른 사회가 된다. (　　　)
(3) 생업을 유지할 일정한 항산(恒産)과 최소한의 도덕심을 갖추고 분업을 통해 사회의 조화를 이룩해야 한다. (　　　)

04 다음 (　　　) 안에 들어갈 말을 쓰시오.

우리는 일상생활에서 선택할 때나 중요한 결정을 해야 할 때마다 자신의 판단 기준에 따라 특정한 선택을 하게 한다. 이때 다른 판단 기준보다 윤리적 규범과 원칙을 우선하여 선택하는 것을 (　　　)(이)라 한다.

(　　　　　　　　)

05 개인이 직업생활에서 갖추어야 할 윤리적 범주에 속하지 않는 것은?

① 봉사 ② 책임
③ 준법 ④ 예절
⑤ 성과

06 윤리적 의사결정 원칙에 관한 내용으로 거리가 먼 것은?

① 공개성의 원칙 – 의사결정의 기준이 공개되더라도 떳떳할 수 있는가?
② 공정성의 원칙 – 사람과 상황에 대한 처리가 공정하고 임의적이지 않은가?
③ 비례성의 원칙 – 의사결정을 제한하는 것이 자유와 권리의 본질적 내용을 침해하는가?
④ 보편성의 원칙 – 의사결정에 의해 영향을 받는 사람들이 모두 받아들일 수 있는 선택인가?
⑤ 불가피성의 원칙 – 같은 상황에서 누가 결정을 하더라도 똑같은 선택을 할 수밖에 없었는가?

07 다음 (   ) 안에 들어갈 말을 순서대로 쓰시오.

> 직업생활 중 다양한 윤리적 갈등이나 문제가 발생했을 때, 자신의 양심이나 태도의 선택으로 그 해결책을 찾는 것을 (   ) 방안이라 하고, 발생하는 문제의 원인과 처방을 사회, 구조, 정책적 관점에서 접근하는 것을 (   ) 방안이라 한다.

(   ), (   )

08 직업윤리의 원칙에 해당하지 <u>않는</u> 것은?

① 객관성
② 전문성
③ 공정경쟁
④ 업무 중심
⑤ 정직과 신용

09 사회윤리적 방안으로 해결해야 하는 갈등이나 문제에 해당하는 것은?

① 회사의 물건을 개인적으로 사용하려고 한다.
② 근무 시간에 개인적인 일을 처리하려고 한다.
③ 자기의 업무를 다른 사람에게 떠넘기려고 한다.
④ 동료의 아이디어를 자기의 것으로 사용하려고 한다.
⑤ 결혼한 이후 그동안 다니던 회사에서 퇴사할 것을 종용한다.

10 산업 사회와 지식 정보 사회를 비교한 내용으로 <u>잘못된</u> 것은?

	〈산업 사회〉	〈지식 정보 사회〉
① 생산 목표:	양적 성장	질적 성장
② 생산 방식:	소량 생산	대량 생산
③ 업무 공간:	실제 공간	가상 공간
④ 업무 방식:	출근	재택근무
⑤ 문화 양식:	규격화 · 획일적	정신적 요구 충족

11 다음 (   ) 안에 들어갈 말을 순서대로 쓰시오.

> 65세 이상 노인 인구가 총인구에서 차지하는 비율이 7% 이상인 사회를 (   ) 사회라 하고, 14% 이상인 사회를 (   ) 사회라 하며, 20%인 사회를 (   ) 사회라고 한다.

(   ), (   ), (   )

12 저출산 고령화가 직업세계에 미치는 영향으로 옳은 것은?

① 학령 인구의 증가
② 정규직 일자리 확대
③ 경제 활동 인구 증가
④ 노인의 경제 활동 감소
⑤ 노동 시장 유연화 촉진

13 가까운 미래 사회의 모습으로 보기 <u>어려운</u> 것은?

① 세계화의 확대
② 공동체 의식의 강화
③ 정보 통신 기술의 혁신
④ 환경 오염과 기후 변화
⑤ 직업의 생성과 소멸 가속화

정답과 해설

정답과 해설

Ⅰ 일과 직업생활

01 일과 직업의 가치

Step A 실력 점검 문제

본문 8~9쪽

01 ⑤ 02 직업 03 ③ 04 ⑤
05 (1) ×, (2) ○, (3) ○ 06 ① 07 경제성
08 ㉡, ㉢, ㉤ 09 ② 10 심리적 측면
11 ⑤ 12 직업 가치관 13 ④
14 외적 직업 가치관

01 ⑤ 일은 경제적 대가(임금)의 유무와 관계없는 인간의 모든 정신적 또는 육체적 활동이다.

03 직업생활, 학업, 취미 활동 등은 일에 해당한다.

04 ① 직업은 사회 변화에 따라 새로 생겨나기도 하고 없어지기도 한다. ② 직업은 개인의 행복하고 건강한 삶에 큰 영향을 준다. ③ 취미나 여가를 즐기기 위한 활동은 일의 영역이다. ④ 개인 일상에서의 모든 활동은 일에 속한다.

05 (1) 불로소득, 연금, 도박, 범죄 등으로 수입을 얻는 것은 직업 활동으로 볼 수 없다.

06 직업은 계속성, 경제성, 사회성, 윤리성 등의 요건을 갖추어야 한다.

07 직업은 개인에게 일할 기회를 제공하여 경제적 활동을 할 수 있게 한다.

09 ① 경제성에 대한 설명이다. ③ 경제성에 대한 설명이다. ④ 윤리성에 대한 설명이다. ⑤ 일의 개념에 대한 설명이다.

10 직업의 의미에는 경제적 · 사회적 · 심리적 측면이 있다.
- 경제적 측면: 일의 대가로 소득을 얻기 위해 직업을 가지고, 직업을 통해 생계를 유지
- 사회적 측면: 사회의 구성원으로서 직업에 따라 나누어진 각자의 역할을 수행
- 심리적 측면: 개인의 잠재적 능력, 소질, 적성 등을 계발하여 이상을 실현하고, 욕구를 충족

11 ① 심리적 측면에 대한 설명이다. ② 사회적 측면에 대한 설명이다. ③ 사회적 측면에 대한 설명이다. ④ 심리적 측면에 대한 설명이다. ⑤ 경제적 측면에 대한 설명이다.

12 직업 가치관은 일과 직업을 선택하는 데 있어서 중요한 요건 중 하나이다.

13 지위, 보수, 명예는 외적 직업 가치관의 예에 해당한다.

14 내적 직업 가치관은 자아실현, 보람, 즐거움 등 자신의 만족과 사회적 기여를 중요하게 생각한다.

Step B 수능 대비 문제

본문 10~11쪽

01 ④ 02 ② 03 ② 04 ④

01 일이란 보수의 유무와 관계없이 자신이나 다른 사람을 위해 어떤 가치를 창조하는 의도적 활동이다. 따라서 ㉢처럼 단순한 휴식은 일이라 할 수 없다.

오답 피하기

㉠ 가사 노동, ㉡ 학업, ㉣ 봉사 활동, ㉤ 취미 활동 등으로서, 일에 해당한다. ㉢ 단순한 휴식이므로, 일에 해당하지 않는다.

02 직업은 지속적 활동이어야 하고(계속성), 활동에 따른 경제적 대가를 받아야 하며(경제성), 사회적으로 가치 있고(사회성), 윤리적인 것(윤리성)이어야 한다. 따라서 이러한 요건을 충족하지 못한 활동은 직업으로 볼 수 없다. ② A의 아내는 학교에서 진로 교사로서 활동하기 때문에, 그 활동은 직업에 해당한다.

오답 피하기

① A가 월간지에 기고하고, 소설을 써서 발표하는 행위는 직업 활동이다. 그러나 친구에게 편지나 메일을 보내거나 가계부를 쓰는 것 등은 직업에 해당하지 않으므로, A의 모든 글쓰기를 직업 활동으로 볼 수 없다. ③ 학생이 공부하는 것은 수입을 얻는 활동이 아니므로 직업 활동에 해당하지 않는다. ④, ⑤ 연금이나 사회 보장으로 수입을 얻는 활동, 경마나 복권 등에 투자하는 활동도 직업으로 볼 수 없다.

03 직업을 통해 우리는 생계를 유지하고, 사회적 역할을 분담하며, 자아실현을 달성한다. 이처럼 직업은 경제적 · 사회적 · 심리적(개인적) 의미와 역할을 지니며, 우리는 직업을 통해 '행복한 삶'을 설계하고 추구한다.
②는 심리적(개인적) 측면과 관계 깊은 설명이다.

오답 피하기

① 경제적 욕구가 충족되어야 심리적(개인적) 안정을 얻을 수 있다. ③ 사회 구성원으로서 소속감이 있어야 사회의 유지 · 발전에 이바지할 수 있다. ④ 직업을 통해 능력을 발휘하고 자신의 한계를 극복함으로써, 자신이 추구하는 가치를 달성하고 자아를 실현할 수 있다. ⑤ 매슬로는 인간의 욕구를 5단계로 구분하고, 그중 가장 높은 단계의 욕구를 '자아실현'이라고 하였다.

Tip 매슬로의 인간 욕구 5단계 이론

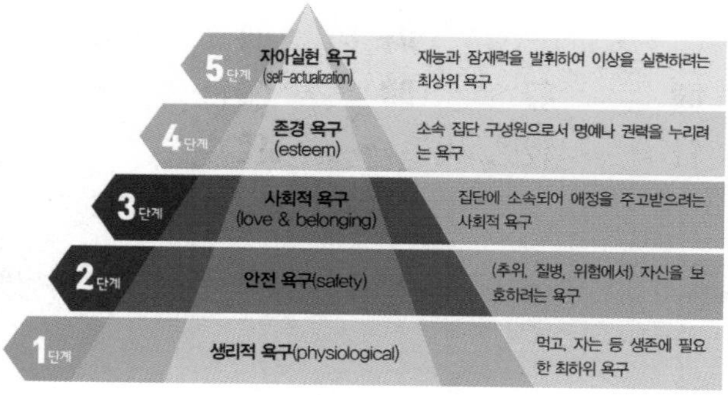

04 직업 제시문의 결론은 자신의 적성, 재능, 가치에 맞는 일을 찾아서 즐겁게 일함으로써 행복한 삶을 누리자는 것이다. 이와 같은 관점을 지닌 주장은 ㉢, ㉣에 해당한다.

오답 피하기

㉠은 일과 직업의 중요성을 강조한 주장이다. 일에 대한 소명 의식은 뚜렷하지만, 직업을 통한 행복 추구나 자아실현에 관한 내용이 드러나지 않는다. ㉡은 일이 인간의 의무임을 강조한 내용이다. ㉤은 직업의 차별성을 강조한 주장이다.

02 직업 생활의 의미

Step A 실력 점검 문제

본문 14~15쪽

01 ⑤ **02** 직무 **03** ② **04** ② **05** ④
06 기간제 근로자 **07** ③ **08** ④, ⑤
09 자기 효능감 **10** ①
11 (1) ○, (2) X, (3) ○ **12** ③

01 ④ 직장의 고용 형태는 크게 정규직과 비정규직으로 구분한다.

02 직위: 직무에 따라 규정되는 사회적 · 행정적 위치

03 ② 취미나 여가를 즐기는 활동은 일에 해당한다.

04 ② 서비스업 종사자의 비중은 앞으로 계속 증가할 전망이다.

05 ② 기간제 근로자: 근로 계약 기간의 종료일을 미리 정하여 그 근로 계약의 종료일까지만 고용하는 근로 계약을 체결한 근로자

07 ③ 일에 대한 보상으로 얻어지는 경제적 수입은 개인으로 하여금 스스로 생계를 책임지는 독립적이고 주체적인 존재로서 자존감을 느끼게 한다.

08 ①, ②, ③ 개인적인 측면에서 직업생활의 중요성에 대한 설명이다.

11 (2) 일반적으로 개인의 삶에서 많이 시간을 보내는 것은 직업생활이다.

12 ③ 직업을 선택하기 전에 자신의 적성이나 능력을 자세하게 파악하는 것이 중요하다.

Step B 수능 대비 문제

본문 16~17쪽

01 ⑤ **02** ⑤ **03** ⑤ **04** ②

01 최근 과학 기술의 발전, 인구 구조의 변화, 소득의 양극화, 경제의 저성장 기조, 가치관과 생활 양식의 변화 등에 따라 직업 생활에도 변화가 나타나고 있다. ⑤ 전일 근무제에서 벗어나 시간제 근무, 탄력 근무, 재택근무, 원격 근무 등 유연 근무가 증가하여 고용 형태가 다양해졌다.

오답 피하기

① 전문직과 사무직의 비중이 높아지고, 50대 이상 경제 활동 인구 비율도 늘어났으며, 여성의 전문직 · 관리직 진출도 증가하였다. ② 보수, 지위, 사회적 인정과 같은 외적 가치보다 적성과 흥미, 보람과 같은 내적 가치를 추구하는 경향이 강해졌다. ③ 농업 인구가 감소하고 제조업 성장이 정체된 반면, 서비스업 비중은 높아졌다. ④ 정보 통신 환경과 인구 구조의 변화로 성공에 대한 인식이 변화하고, 환경과 봉사, 웰빙에 대한 관심이 높아졌다.

02 ⑤ 대기업에 대졸 이상이 몰리고, 중소기업에 고졸 이하가 몰리는 학력 차별 현상을 개선해야 한다.

오답 피하기

① 고졸 취업자가 비정규직이나 질이 낮은 일자리로 유입돼 저임금 단순노동에 시달리지 않도록 고용의 질을 개선해야 한다. ② 현실에서는 학력 격차에 따른 임금 격차가 확대되고 있으므로, 그 격차를 줄여 가야 한다. ③ 학벌을 중시하는 사회 풍토가 개선되지 않는 한 고졸 취업자의 열악한 근무 환경과 대우는 개선되기 어렵다. ④ 정규직 · 대기업 · 전문 업무에 대졸 이상이 몰리고, 중소기업 · 비정규직 · 단순 업무에 고졸 이하가 몰리는 노동 구조 개선 대책을 수립해야 한다.

03 직업을 선택할 때는 자신의 적성에 맞고 자아실현의 가능성이 크며 장래의 전망과 안전성을 함께 보장해 주는 직업과 직장을 선택하는 것이 가장 현명하고 합리적인 방법이라 할 수 있다.

04 ② (나)는 직업 생활의 중요한 기회이지만, 다른 기회나 가치와 조화를 이루어야 한다.

오답 피하기

① (가) 일에 대한 보상으로 주어지는 경제적 수입을 통해 의식주를 해결한다. ③ (다) 직업 생활을 통해 협동과 나눔, 배려와 절제, 책임, 성실과 같은 태도를 익히고 인격 수양의 기회로 삼을 수 있다. ④ (라) 직장인으로서의 소속감은 직업의 의미와 보람을 한층 높여 준다. ⑤ (마) 사회와 문화는 어느 개인의 힘으로 이루어질 수 없다. 조직화되고 분업화된 사회 속에서 개인이 각자의 직업 생활을 통해 사회 구성원으로서 책임과 역할을 다할 때 개인에게는 나누고 봉사하는 공헌의 기회가 주어지고 사회는 더욱 발전할 수 있다.

03 생애 발달과 직업적 성공

Step A 실력 점검 문제

본문 20~21쪽

01 생애발달 **02** (가) – ㉤, (나) – ㉢, (다) – ㉡, (라) – ㉣, (마) – ㉠ **03** ① **04** ③ **05** ③
06 ②, ④ **07** ⑤ **08** 유능감 **09** ⑤ **10** ②
11 ④ **12** ㉠, ㉡, ㉤, ㉥ **13** ②

03 ②, ⑤ 아동기의 발달 과업에 해당한다. ③, ④ 성년기의 발달 과업에 해당한다.

04 ③ 청소년기의 발달 과업에 해당한다.

06 ② 직장생활 경력자로서의 역할과 책임이 주어지는 시기는 중년기이다. ④ 배우자 선택과 결혼이 주로 이루어지는 시기는 성년기이다.

07 ⑤ 근무 요령보다는 직무를 빨리 파악하여 직업생활에서 어떤 역할과 태도를 취해야 하는지 조언을 구하고 실천하도록 노력해야 한다.

09 ⑤ 부모님이나 선생님에게서 조언을 받을 수는 있지만 정해준 대로만 따르는 것은 바람직하지 않다.

11 ④ 정해진 규칙 또는 법을 어기면서 일을 하는 것은 바람직하지 않다.

13 ② 일과 생활의 균형과 조화를 통해 삶의 질을 향상시키는 것이 바람직하다.

Step B 수능 대비 문제

본문 22~23쪽

01 ② **02** ⑤ **03** ④ **04** ③

01 청소년기는 자아 정체감과 가치관을 형성하는 시기이다. 급격한 신체적, 정서적 변화를 겪으며 반항과 일탈을 경험하기도 하는 '질풍노도의 시기'이다.

오답 피하기

ⓒ 또래 집단을 형성하고 관계를 익혀 가는 시기는 아동기에 해당한다.
ⓜ 성년기는 책임 있는 사회 구성원으로서 역할을 수행하는 시기이다.

Tip 질풍노도란?

질풍노도는 18세기 후반에 독일에서 일어난 문학 운동이다. 계몽주의에서 고전주의 · 낭만주의 시대에 걸쳐 과도적인 역할을 하였다. 운동의 호칭은 클링거의 희곡 "질풍노도(Sturm und Drang)"에서 딴 것이며, 거친 청년의 열광과 파괴 및 그 파탄을 대변하였다.
흔히 청소년기의 감성적 불안정과 기성세대에 대한 반항, 일탈 등을 표현하는 말로 사용되기도 한다.

02 인간은 생애발달 단계에 따른 발달 과업을 수행함으로써, 행복한 삶을 누릴 수 있다.

오답 피하기

⑤ 특정 시기에 이루어야 하는 발달 과업을 제대로 이루지 못하면 다음 발달 과업을 수행하는 데 어려움을 겪을 수 있다. 따라서 생애발달 단계별로 과정과 특성을 이해하고 이에 알맞은 준비를 해야 한다.

03 직업적 성공의 요소로 개인적 측면에서는 자기 극복, 전문성 유지, 시간 관리, 창의적 발상, 열정, 긍정적 사고, 도전 정신 등을 들 수 있고, 사회적 측면에서는 능숙한 소통, 배려와 나눔, 친밀한 협력 등을 들 수 있다.

오답 피하기

④ 오늘날은 평생직장이 아닌 평생 직업의 시대이기 때문에 자기 분야에서 전문성을 기르는 한편, 다양한 업무를 경험하고 자기 계발에도 힘써야 한다.

04 ③ 확립기에 자신이 선택한 직업이 적합하지 않다고 판단되면 적합한 직업을 찾을 때까지 1~2번 정도 작업 전환을 시도할 필요가 있다.

오답 피하기

(가) 성장기는 진로를 정할 때 자기가 좋아하는 흥미가 중요 요소로 작용하는 시기이다. 초기에는 욕구와 환상만으로 진로를 선택하려고 하지만, 점차 현실 검증력이 발달하면서 흥미와 능력을 중요시하게 된다.
(나) 탐색기에는 직업을 갖기 위한 훈련을 받으며 현실적인 요인을 중시한다.
(라) 유지기의 안정된 삶은 꾸준한 노력과 발전을 통해 얻을 수 있다.
(마) 쇠퇴기는 효과적인 은퇴를 준비하고, 새로운 활동을 찾는 시기이다.

대단원 마무리 문제

본문 24~25쪽

01 일, 직업 **02** ⑤ **03** ④ **04** ②
05 ④ **06** ① **07** ⑤ **08** ⑤ **09** ⑤
10 집약 근무제 **11** 청소년기, 중년기 **12** ③
13 ③

02 직업은 매일, 매주, 매월 등으로 계속 이루어져야 하고(계속성), 노동에 따른 대가가 있어야 한다(경제성). 또한, 사회적으로 가치 있는 것이어야 하고(사회성), 그 활동이 윤리적이어야 한다(윤리성). 강제성은 직업의 요건에 해당하지 않는

다. 예를 들어 법률을 위반하여 법률에 정한 강제 노동을 하는 행위는 직업 활동에 해당하지 않는다.

03 직업 활동은 계속성, 경제성, 사회성, 윤리성 등을 충족해야 한다. ㉠은 직업 활동과 무관한 행위이다. ㉢ 작가가 쓰는 글이 모두 직업 활동에 해당하지는 않는다. 편지 쓰기, 가계부 쓰기 등은 작가의 본업과 관계가 먼 활동이다.

04 ② 경비원이 아파트를 순찰하는 것은 직업 활동에 해당한다. 아파트 순찰은 계속적 행위이고, 주민의 안전을 책임지므로 사회적 가치가 있는 윤리적 행위이다. 또한, 그 대가로 경제적 수입을 얻을 수 있는 활동이다. ①, ③ 의무 복무 중인 군인의 군사 활동이나 학생의 학습 활동은 직업 활동으로 보지 않는다. ④ 도박, 강도, 사기 등 불법 행위는 직업 활동이 아니다. ⑤ 은행 이자, 주식 배당, 경마나 복권 당첨금, 임대료, 토지나 자산 매각 등과 같이 노동이 수반되지 않는 수입 활동은 직업 활동에 해당하지 않는다.

05 직업은 생계유지, 자아실현의 기회, 인격수양의 기회뿐 아니라 개인적 소속감의 욕구를 충족시키며 사회적 역할을 분담하는 사회 공헌적 의미가 있다.

06 ① 오늘날은 농림어업 및 제조업의 비중이 작아지고, 서비스업의 비중이 커졌다. 또한, 정보 통신, 생명 공학, 환경 기술, 우주 항공 기술 등이 직업 생활의 변화를 이끌고 있다.

07 ⑤ 유연 근무는 시간제 근무, 탄력 근무, 재택근무, 원격 근무 등을 의미한다. 유연 근무는 업무의 경직성은 완화할 수는 있으나, 직업의 안정성을 강화하지는 못한다.

08 ⑤ 근무 요령보다는 직무를 빨리 파악하는 것이 우선이다.

09 ⑤ 기간제 근로자에 관한 설명이다. 무기 계약 근로자는 근로 계약 기간의 종료일을 정하지 않고 기한 없이 고용하는 근로 계약을 체결한 근로자로서 정규직과 비정규직의 중간 형태이다.

10 집약 근무제는 주 40시간 근무 시간을 유지하면서도, 주 5일보다 짧게 근무하는 제도이다.

12 청소년기는 성인이 되기 위해 준비를 하는 시기이다. ㉠은 중년기 이후, ㉣은 성년기 이후의 과업에 해당한다.

13 ③ 청소년기의 발달 과업에 해당한다.

Ⅱ 기업과 산업 활동

01 기업과 기업 활동

Step A 실력 점검 문제

본문 30~31쪽

01 ③ **02** 가계, 기업, 정부 **03** ①
04 (가) – ㉡, (나) – ㉤, (다) – ㉣, (라) – ㉠, (마) – ㉢
05 ④ **06** ③ **07** 민영화
08 (1) X, (2) ○, (3) X **09** ② **10** ④
11 기업 경영 활동 **12** (가) – ㉢, (나) – ㉠, (다) – ㉣, (라) – ㉤, (마) – ㉡ **13** ㉡, ㉤

01 기업은 이익을 목적으로 생산, 판매, 금융, 서비스 등의 사업을 하는 생산 경제의 단위체이다.

02 가계, 기업, 정부는 주요 경제 활동의 주체에 해당한다.

03 ① 기업은 생산을 담당하는 개별 경제 단위인 동시에 재생산의 단위이기도 하다.

05 ① 업종별로 3년 평균 매출액이 규모 기준 이하일 때 중소기업으로 분류한다. ② 중소기업은 중기업 · 소기업 · 소상공인으로 분류한다. ③ 중견기업은 공정거래법상 상호출자제한 기업집단에 속하지 않는다. ⑤ 공기업은 정부가 직 · 간접적으로 투자해 소유권을 갖거나 통제권을 행사하는 기업이다.

06 개인기업은 개인이 출자하여 사업을 경영하는 기업으로 출자자가 소유자인 동시에 경영자가 된다.

08 (1) 공동기업은 2명 이상이 공동으로 출자 및 경영하는 기업 형태이다. (3) 다수 공동기업에는 주식회사, 협동조합 등이 있다.

09 개인기업은 신용도가 낮아 대량 자본의 조달이 어렵기 때문에 기업을 장기적으로 유지하기 힘들다.

10 다수 공동기업은 자본 조달에 중점을 두고 있어 물적 공동기업이라고도 하며 주식회사, 협동조합 등이 있다.

13 ㉠ 인적 자원 관리, ㉢ 재무 관리, ㉣ 회계 정보 관리는 기

업 가치를 극대화하기 위한 기업의 경영 관리 활동에 해당한다.

Step B 수능 대비 문제

본문 32 ~ 33쪽

01 ② **02** ⑤ **03** ⑤ **04** ③

01 ② 기업은 생산 경제 주체로서 이익 창출을 추구하지만, 그 과정에서 인재 발굴과 일자리 제공, 국가의 부가가치 창출을 통하여 국가 경제 발전의 원동력이 된다. 오늘날 기업의 사회적 책임도 특히 강조되는 추세이다.

오답 피하기

① 기업이 생산 활동에 사용하는 토지, 노동, 자본, 기술 등 각종 자원을 생산 요소라 한다. ④ 기업, 정부, 가계를 묶어 국가 경제 또는 폐쇄 경제라 하고, 국민 경제에 외국을 합해 국제 경제 또는 개방 경제라 한다. ⑤ 오늘날 WTO 체제에 바탕을 둔 자유 무역주의가 강화되고, 국제 경제의 분업화에 따른 상호 의존성이 심화되고 있다. 이에 따라 국가 경제는 물론 각 경제 주체들까지 국제 경제의 변화에 영향을 받고 있다.

02 ⑤ 신제품의 가격을 얼마로 결정할지는 마케팅 관리에 해당한다. 회계 정보 관리는 기업의 경영 성과와 재무 상태를 파악하여 경영자의 경영 관리에 도움을 주고, 기업의 이해관계자에게 보고하는 활동이다.

오답 피하기

① 인적 자원 관리는 조직의 목표 달성을 위하여 인적 자원을 확보 · 개발 · 유지하는 활동이다. ② 생산 관리는 소비자가 원하는 품질의 재화나 서비스를 효율적으로 생산하는 활동이다. ③ 마케팅 관리는 소비자 욕구에 맞는 제품 개발, 가격 결정, 유통 경로 결정, 판매 촉진과 관련된 활동 등이다. ④ 재무 관리는 기업 활동에 필요한 자금을 조달하고, 조달된 자금을 효율적으로 운용 · 관리 · 통제하는 활동이다.

03 ⑤ 기사에 실린 기업 형태는 1인 창조 기업이다. 1인 창조 기업은 인터넷 기반 기술의 발달, 기업의 아웃소싱 증가, 개인의 창의성을 존중하는 사회 분위기가 확산하면서 증가하고 있다. 1인 창조 기업은 매우 다양한 기업 형태로 운영할 수 있으며 미래 경제의 핵심 주체로서 고부가가치가 발생하는 일자리 창출의 대안으로 주목받고 있다.

오답 피하기

①, ② 주식회사에 관한 내용이다. ③ 세계시장에서 경쟁력을 발휘하는 우량 강소기업은 히든 챔피언(hidden champion)이다. ④ 기술 집약적인 중소기업인 벤처기업(venture business)에 관한 내용이다.

04 오늘날 기업의 사회적 책임과 윤리 경영의 중요성이 더욱 높아졌다. 그 결과 기업의 이익은 사회에서 왔음을 인식하여 이익 일부를 사회로 환원시키려는 기업이 늘어나고 있다.

오답 피하기

③ 윤리적 경영을 추구하는 기업은 타인에게 해를 끼치지 않는 것은 물론, 타인에게 도움을 주는 이타적 경영을 추구한다. 따라서 경제적, 법률적 책임과 더불어 윤리적, 자선적 책임까지 지고자 한다.

02 제조업과 제품 생산 활동

Step A 실력 점검 문제

본문 36 ~ 37쪽

01 ② **02** ② **03** ㉠ 소비재 제조업, ㉡ 생산재 제조업 **04** ⑤ **05** ㉡, ㉣ **06** ④ **07** ③ **08** (1) ×, (2) ○, (3) ○, (4) ○ **09** ① **10** ③ **11** ③ **12** 제품 생산 체제

01 과거에는 소품종을 대량으로 생산하는 경우가 많았지만, 앞으로는 다품종 소량 생산, 고부가가치 제품 생산이 많아질 것이다.

02 반도체, 철강, 석유 · 정밀화학, LED, 기계 제조업 등은 생산재 제조업에 해당한다. 소비재 제조업은 우리가 생활하는 데 직접 사용하는 물건을 생산하며 식료품 제조업, 가정용품 제조업, 의류 제조업, 제약 공업, 가구 제조업 등이 있다.

04 생산재 제조업은 기관이나 기업 간(B2B) 대량 거래가 이루어지고, 일단 거래가 형성되고 나면 서로 거래처를 쉽게 바꾸지 않는 특징이 있다.

07 로트(lot) 생산은 연속 생산과 개별 생산의 중간 정도의 제품 수량을 생산하는 경우에 1회 생산 물량(로트량)이 어느 정도 확보되기를 기다려 생산하는 방식이다.

08 (1) 연속 생산 방식은 표준 제품을 대량으로 연속 생산하기 때문에 제품의 품질과 가공 방법이 동일해야 한다.

09 ① 소품종 대량 생산 방식의 특징이다.

10 연속 생산은 특정 품목의 제품을 연속적으로 대량 생산하는 방식으로 석유 정제업, 화학 공업, 자동차 제조업 등에서 볼 수 있다. 연속 생산은 제품 단위당 생산 원가가 낮다는 장점이 있으나, 다양한 수요에 대응하는 유연성은 적은 편이다.

11 개별 생산은 고객 주문에 따라 개개별로 제품을 생산하는 방식으로 여러 종류의 제품을 소량으로 생산한다. 이 생산 방식은 고객의 주문에 의해 생산 계획이 세워지기 때문에 제품을 설계하고 제조하는 데 상당한 시간이 필요하나, 수요 변화에 대한 탄력성이 크다는 장점이 있다.

Step B 수능 대비 문제

본문 38~39쪽

01 ② **02** ⑤ **03** ① **04** ⑤

01 ② 연속 생산 방식은 제품 단위당 생산 원가가 낮다는 장점이 있으나, 다양한 수요에 대응하는 유연성이 낮은 편이다.

오답 피하기

① 연속 생산 방식은 작업의 분업화로 생산성을 높일 수 있으며, 소품종 대량 생산 체제에 적합하다. 또, 제품 단위당 생산 원가가 낮다는 장점이 있으나, 다양한 수요에 대응하는 유연성이 낮은 편이다. ③, ④ 개별 생산 방식은 다품종 소량 생산 체제에 적합하다. 또한, 고객의 주문에 의해 생산 계획이 세워지기 때문에 제품을 설계하고 제조하는 데 상당한 시간이 필요하지만, 소비자의 요구 변화에 빠르게 대응할 수 있다. ⑤ 로트 생산 방식은 수량 범위가 넓은 표준품 또는 주문품의 생산, 품질 관리, 판매 전략 등에 따라 일정한 수량만 생산하는 방식이다.

02 ⑤ 효과적인 피드백을 위해서는 소비자 정보뿐 아니라 자체 평가, 외부 전문가 의견 등 다양한 채널을 활용해야 한다.

오답 피하기

① (가) 단계에서는 재료, 인력, 정보, 도구, 기계, 에너지, 자본, 시간 등 유무형의 생산 요소가 투입된다. ② (나) 단계는 가공, 조립, 마무리, 관리, 시험 검사뿐 아니라 보관, 운송까지 포함한다. ③ (다)는 최종 생산물을 산출하는 단계이다. ④ 피드백은 생산된 제품을 평가하고, 개선하기 위한 과정이다.

03 제시문은 대표적 소비재 제조업 제품인 라면을 설명하고 있다. 소비재 제조업 제품들은 일반 대중이 쉽게 접할 수 있고 타사 제품과 질적 차별화하기 어려운 경우가 많다. 이러한 특징 때문에 소비재 시장에서는 마케팅의 역할이 중요하다.

오답 피하기

② 소비재 제조업 제품은 타사 제품과 질적 차별화하기 어렵다. ③ 연속 생산 방식으로 출시되는 제품이다. 개별 생산 방식은 기계 수리업, 조선업, 소규모 가구 제조업 등의 생산에 많이 이용된다. ④ 생산재 제조업 제품에 관한 내용이다. ⑤ 콜린 클라크의 산업 분류상 2차 산업 제품이다.

04 ⑤ 다양한 제품을 공급하는 경쟁자가 많아서 제품 차별화의 기회가 오히려 제한받는 것은 (다) 성숙기의 특징이다. (라) 쇠퇴기는 여러 환경 요인의 변화에 따라 결국 수요가 지속적으로 감소하는 단계이다. 쇠퇴기는 소비자의 기호 변화, 성능이 우수하고 저렴한 대체품의 등장, 마케팅 전략의 성공에 따른 경쟁사의 우위 차지, 정치적 요인이나 법적 요인 등 마케팅 환경 요인의 변화 때문에 발생한다.

오답 피하기

① 제품 수명 주기마다 제품의 매출액과 이익이 달라지므로, 기업은 각 시기에 적합한 제품 전략과 마케팅 전략을 세워야 한다. ② (가) 도입기는 신제품이 시장에 처음 등장하여 잠재 고객의 관심을 끌고 구매를 자극해야 하는 단계이다. 도입기는 매우 오랜 기간 지속되며, 매출액도 완만하게 증가한다. ③ (나) 성장기는 신제품 매출액이 완만한 증가 단계(도입기)를 거쳐 빠르게 증가하는 단계이다. 이러한 현상은 새로운 고객의 구매와 만족한 기존 고객의 반복 구매에 의한 것이다. ④ (다) 성숙기는 매출액이 점차 감소하거나 안정된 상태를 유지하는 단계이다.

03 서비스업과 서비스 생산

Step A 실력 점검 문제

본문 42~43쪽

01 ⑤ 02 ② 03 ① 04 ④ 05 ⑤
06 서비스업 07 ② 08 ④
09 (가) - ㉣, (나) - ㉡, (다) - ㉢, (라) - ㉠
10 고객참여 접근방식 11 ② 12 ③

01 ①~④는 모두 제조업의 특징이다.

02 서비스업의 특성: 무형성, 비분리성, 가변성, 소멸성 등

03 서비스업은 1·2차 산업보다 경제적 부가가치가 높은 3차 산업에 속한다.

04 서비스업은 생산과 소비가 동시에 일어난다.

05 서비스업에서의 시설 배치는 고객과의 상호 작용이 중요하다. 그 이유는 고객은 서비스 시설을 이용할 때 주로 전체적인 입장에서 시설 배치를 평가하고, 이는 고객이 느끼는 서비스 품질에 많은 영향을 주기 때문이다. 따라서 고객에 대한 원만한 서비스가 이루어질 수 있도록 시설을 배치해야 한다.

07 서비스업은 측정하거나 저장할 수도 없는 무형(intangibility)의 특성을 가지고 있으므로, 소비자가 직접 경험하지 않으면 그 가치와 품질을 평가하기 어렵다.

08 생산라인 접근방식은 서비스의 표준화와 분업으로 서비스 품질이 균일해지고 생산 능률이 향상되는 효과가 있지만 다양한 서비스를 자유자재로 제공할 수 없다는 단점이 있다.

11 시간 절약형 서비스는 비용이 지불되더라도 여가 시간에 더 큰 가치를 부여하는 서비스 유형이다.

12 서비스를 처리하는 과정에서 디자인된 서비스는 고객의 요구에 따라 디자인을 변경하거나 서비스의 일부만을 개별적으로 판매할 수 있다.

Step B 수능 대비 문제

본문 44~45쪽

01 ③ 02 ③ 03 ⑤ 04 ⑤

01 그래프를 통해 1970년 이후 서비스 분야의 고용이 크게 확대되고, 서비스업과 제조업이 GDP에서 차지하는 비중이 커졌음을 확인할 수 있다. 이는 우리나라의 경제 성장이 반영된 결과이며, 클라크의 산업 구조 변화 이론과도 관련된 내용이다.

오답 피하기

㉠ 1990년대 후반 우리나라는 외환 위기로 IMF(국제 통화 기금) 관리 체제에 놓이게 되었다. 당시 산업 분야의 생산성은 크게 위축되었고 GDP는 하락하였으며 개인의 실질 소득도 감소하였다. ㉣ 제시된 그래프를 통해 서비스업과 제조업 분야 종사자의 임금 수준을 확인할 수는 없다.

02 ③ 버스 이용은 설비 중심형 서비스에 해당한다.

오답 피하기

① 시간 절약형 서비스는 비용(돈)이 지급되더라도 여가에 더 큰 가치를 부여하는 서비스로 KTX나 항공기 등을 이용하는 운송 서비스, 패스트푸드점, 택배업, 포장이사 등이 있다. ② 자아 창조형 서비스는 물질적 욕구, 지식, 문화, 건강 등 인간의 자아를 충족시키는 서비스로 레저, 스포츠, 건강, 교육, 금융, 정보 서비스 등이 있다. ④ 인간 중심형 서비스는 사람의 역할을 통해 서비스가 제공되는 것을 말하며 가사 서비스업, 의료업, 미용업, 경영 자문, 교육, 식당업 등이 있다. ⑤ 설비 중심형 서비스는 주로 설비 기능에 의해 이루어지는 서비스를 말하며 정보 서비스업, 금융업, 통신업, 숙박업, 유통업, 운송업 등이 있다.

03 슈메너(Schmenner)의 '서비스 매트릭스'는 서비스 과정에 영향을 미치는 두 축으로 이루어진다. 즉, 고객과의 상호작용과 고객화 정도를 수평축으로 하고, 노동 집약도의 정도를 수직축으로 한다.

오답 피하기

⑤ (라) 서비스 숍은 다양한 고객의 요구를 맞추기 위해 높은 고객 서비스를 제공하는 동시에 비교적 큰 수요를 충족할 수 있는 설비 시설을 갖춘다. 병원 서비스, 자동차 정비소 서비스 등이 이에 해당한다.

04 진실의 순간(MOT)은 원래 투우에서 사용하던 용어로 투우사가 소의 등에 마지막 일격을 가하여 승부를 가르는 순간을 의미한다. 즉, 가장 결정적이고 중요한 순간을 의미하는 이 용어를 스웨덴의 마케팅 전문가 리처드 노만(R. Norman)이 서비스 접점의 중요성을 강조하는 의미로 사용하게 되었다. 즉, 고객과 기업이 만나는 짧은 순간에 이루어지는 서비스의 질은 기업의 첫인상을 좌우하고 평가하는 결정적 순간이 되므로, 기업은 MOT를 잘 관리해야 한다.

오답 피하기

⑤ 고객이 양질의 서비스를 여러 번 받았더라도 짧은 순간 불만족스러운 서비스를 받을 경우 고객은 전체 서비스에 대한 만족도를 0으로 만들어 버리는 곱셈의 법칙을 따른다고 한다. 한다. 즉, 100−1=99점이 아니라 100×0=0점이라는 것이다.

07 제조업은 생산물의 성격에 따라 개인에 의한 최종 소비를 목적으로 하는 '소비재 제조업'과 이를 만드는 데 필요한 중간 생산물인 '생산재 제조업'으로 분류할 수 있다. ㉠, ㉢, ㉤은 생산재 제조업에 관한 내용이고, ㉡, ㉣, ㉥은 소비재 제조업에 관한 내용이다.

08 (2) 제품 단위당 생산 원가가 낮고, 다양한 수요에 대응하는 유연성은 적은 것은 연속 생산 방식이다. 개별 생산은 고객 주문에 따라 개개별로 제품을 생산하는 방식으로 여러 종류의 제품을 소량으로 생산한다. 또한, 고객의 주문에 의해 생산 계획이 세워지기 때문에 제품을 설계하고 제조하는 데 상당한 시간이 필요하며, 수요 변화에 대한 탄력성이 크다.

10 서비스업은 눈에 보이지 않으며(무형성), 생산과 소비가 동시에 발생하고(비분리성, 동시성), 사라지므로(소멸성) 재고가 존재하지 않으며 재판매할 수도 없다. 〈보기〉 ㉢은 제조업의 특징이다.

11 (1)은 고객참여 접근방식, (2)는 생산라인 접근방식에 해당한다.

대단원 마무리 문제

본문 46~47쪽

01 기업 **02** ⑤ **03** ⑤ **04** ④ **05** ④
06 ⑤ **07** ④ **08** (1) ○, (2) X, (3) ○
09 제품 생산 체제 **10** ②
11 (1) X, (2) X, (3) ○, (4) ○ **12** ②

02 기업은 재화와 서비스를 공급하여 소비자의 욕구를 충족시키며, 영리를 목적으로 활동한다. 또한, 인재를 발굴하여 일자리를 제공하고, 국가의 부가가치를 창출하며, 국가 경제 발전의 원동력이 된다.

03 ⑤ 주식회사, 협동조합 등은 다수 공동기업에 해당한다. 소수 공동기업에는 합자회사, 합명회사, 유한회사, 익명조합, 합자조합, 민법상 조합 등이 있다.

04 ④ 대기업은 중소기업보다 다양한 복리를 제공하는 반면, 자유롭게 의견을 제시할 기회는 적다고 할 수 있다.

05 ④ 스타트업(start−up)에 관한 설명이다.

06 ⑤ 우리나라의 산업에서 가장 큰 비중을 차지하는 업종은 서비스업이다.

Ⅲ 직업능력개발과 평생학습

01 직업기초능력 향상

Step A 실력 점검 문제

본문 52~53쪽

01 ③ **02** ②, ③ **03** ② **04** ① **05** ①
06 자아인식 능력, 자기관리 능력, 경력개발 능력
07 (가) − ㉢, (나) − ㉣, (다) − ㉠, (라) − ㉡ **08** ⑤
09 ④ **10** 대인관계 능력 **11** 직업윤리
12 ⑤

01 직업인에게 요구되는 기본적이고 공통적인 직업 능력은 직업기초능력이고, 업무 수행을 위해 가져야 하는 실질적인 전문 능력은 직무수행능력이다.

02 직업기초능력은 직무를 성공적으로 수행하기 위해 기본적으로 요구되는 지식, 기술, 태도를 말하는 것으로 모든 직업에서 요구하는 기본적이고 공통적인 직업능력을 의미한다.

03 자원관리 능력은 시간, 자원, 재료, 시설, 인적 자원 등 이용 가능한 자원을 계획하고 할당하는 능력이다. ②는 정보 능력에 관한 내용이다.

04 의사소통 능력은 다른 사람의 글과 말을 제대로 파악하고, 자기가 뜻한 바를 글과 말을 통해 정확하게 전달하는 능력이다.

05 의사소통 능력의 하위 능력은 문서이해 및 문서작성 능력, 경청 능력, 의사표현 능력, 기초외국어 능력이다.

06 직업인으로서 자기개발은 자신의 능력 · 적성 · 특성 등에서 자기의 강점과 약점을 찾고, 이를 기초로 자기 발전 목표를 수립하고, 자기관리 및 경력개발을 성취해나가는 과정을 뜻한다.

08 문제해결 능력은 문제가 발생했을 때 창조적이고 논리적인 사고를 통하여 상황을 올바르게 인식하고 적절히 해결하는 능력이다.

10 대인관계 능력은 직장생활에서 협조적인 관계를 유지하고 조직 구성원들에게 도움을 줄 수 있으며, 조직 내부 및 외부의 갈등을 원만히 해결하고 고객의 요구를 충족시켜줄 수 있는 능력이다.

12 성공적인 직업생활을 위해서는 조직 생활에 가치를 두고 기본적이고, 공통적인 직업능력을 바탕으로 직무 수행을 위해 지속적으로 자기 계발을 이루어야 한다.

Step B 수능 대비 문제

본문 54 ~ 55쪽

01 ① **02** ② **03** ④ **04** ⑤

01 직무능력이란 직업생활을 하는 데 필요한 능력으로, 직종이나 직위에 상관없이 모든 직업인에게 공통으로 요구되는 직업기초능력과 특정 직종 또는 직업마다 달리 요구되는 직무수행능력으로 구분된다. ① 직무능력은 업무 중심의 능력이므로, 한 직장에서 평생 일하는 것과는 다른 내용이다. 오늘날 평생직장의 개념 대신 평생 직업이나 평생 경력 개발 등의 중요성이 더욱 커지고 있다.

오답 피하기

② 우리나라는 국가직무능력표준(NCS: national competency standard)을 만들어 직무 수행에 필요한 능력(지식 · 기술 · 태도 등)의 내용을 국가 차원에서 표준화하였다. ③ 직업기초능력은 직업, 직무 변화 등과 같은 직무 환경 변화에 능동적으로 대처할 수 있는 기본적 능력이다. ④ 국가직무능력표준(NCS)에서는 직업기초능력을 10개의 영역으로 나누고, 10개의 영역을 기초 능력군, 업무 처리 능력군, 직장 적응 능력군으로 구분한다. ⑤ 직무수행능력은 개인이 특정 직업과 직위를 수행하는 데 필요한 능력이다.

02 기업은 직무 역량뿐 아니라 일에 대한 책임감, 성실, 열정을 가진 인재를 선호한다. 최근에는 직무 역량 평가가 강화되고, 국가직무능력표준(NCS)의 도입 등으로 직무 중심의 채용이 확산되면서 개인이 가질 수 있는 직무에 대한 '전문성'과 기업에 대한 '주인 의식'이 뛰어난 인재에 대한 관심이 높아지고 있다.

오답 피하기

㉡ 기업에서 원하는 인재상은 사회 환경 변화에 따라 달라질 수 있다. ㉢ 기업의 채용 구조와 인재 양성을 위한 교육과정 방향이 국가직무능력표준(NCS) 기반으로 변화됨에 따라, 스펙보다는 성품이나 태도와 같은 내적 자질과 직무 수행 역량이 더욱 중요해지고 있다.

03 (라)는 자원관리 능력에 해당한다. 자원관리 능력은 시간 · 예산 · 물적 자원 · 인적 자원 등의 자원 가운데 무엇이 얼마나 필요한지를 확인하고, 사용할 수 있는 자원을 최대한 확보하여 실제 업무에 어떻게 활용할 것인지에 관한 계획을 수립하며, 계획에 따라 확보한 자원을 효율적으로 활용하여 관리하는 능력이다. 자원관리의 하위 능력은 시간관리 능력, 예산관리 능력, 물적자원관리 능력, 인적자원관리 능력 등이다.

오답 피하기

(가) 직업윤리는 업무를 수행함에 있어 원만한 직업생활을 위해 필요한 태도, 매너, 올바른 직업관이다. (나) 기술 능력

은 업무를 수행함에 있어 도구, 장치 등을 포함하여 필요한 기술에는 어떠한 것들이 있는지 이해하고, 적절한 기술을 선택하여 실제 업무에 적용하는 능력이다. (다) 수리 능력은 업무를 수행함에 있어 사칙연산, 통계, 확률의 의미를 정확하게 이해하고 이를 업무에 적용하는 능력이다. (마) 정보 능력은 업무와 관련된 자료를 수집하고 분석하여 의미 있는 정보로 만들고, 이를 업무 수행에 적절하게 조직하고 조직된 정보를 관리하며 활용하는 능력이다.

04 제시된 사례는 대인관계 능력 부족에 따른 것들이다. ① ~ ④는 대인관계 능력 향상을 위한 바람직한 태도에 해당한다.

오답 피하기

⑤ 문제해결 능력을 위해 갖추어야 할 태도에 해당한다.

02 전공별 직무수행능력 탐색

Step A 실력 점검 문제

본문 58 ~ 59쪽

01 직무 **02** 실질적인, 선택적, 전문 **03** ⑤
04 ③, ⑤ **05** ① **06** ② **07** 국가직무능력표준
08 ① **09** ① **10** ③ **11** 능력단위 **12** ③
13 ③

02 직무수행능력은 조직이나 기업에서 구성원들이 일하는 데 필요한 실질적인 능력, 즉 특정 직종과 직위에 따라 선택적으로 반드시 요구되는 전문 능력이다.

03 의료 분야에 종사하는 간호사의 직무수행능력
- 필수 직업능력: 환자의 치료를 돕는 전문지식
- 선택 직업능력: 자신이 소속된 진료학과나 전문 분야에 따라 필요한 간호 지식과 전문 기술
- 산업공통 직업능력: 의료 분야에 종사하는 사람으로서의 사명의식, 타인에 대한 따뜻한 이해와 공감 능력 등

04 직무수행능력을 높이기 위해서는 회사와 팀의 업무 지침에 따라 효율적인 업무 수행을 위해 일을 미루지 않고, 비슷한 성격의 업무는 묶어서 처리하도록 한다.

05 잦은 이직과 전직은 직무수행능력 향상에 도움이 되지 않는다.

08 국가직무능력표준(NCS)은 산업 현장의 실제 직무수행에 많은 참고가 될 수 있다.

12 국가직무능력표준(NCS)를 통한 전공별 직무수행능력 탐색 방법 : 웹 사이트(www.ncs.go.kr) 접속 → NCS 및 학습모듈 검색 → 분야별 검색 → 대 · 중 · 소 · 세분류 선택 → 능력단위 순으로 선택

13 전공이나 업무 관련 학사, 석 · 박사 학위 취득이 직무수행능력 향상에 반드시 필요한 요소는 아니다.

Step B 수능 대비 문제

본문 60 ~ 61쪽

01 ④ **02** ③ **03** ① **04** ①

01 제시문은 직무수행능력을 설명하고 있다. 직무수행능력은 특정 직종과 직위에 따라 선택적으로 반드시 요구되는 전문 능력이다.

오답 피하기

④ 문서를 이해하고 작성하는 것과 조직 내 구성원과의 의사소통이나 대인관계 형성 등은 대부분 직업에서 필요하므로 직업기초능력에 해당한다.

02 직무수행능력은 역량과 같은 의미라고 할 수 있으며, 한 개인이 해당 직업에 진입하기 위해 반드시 갖추어야 할 (나) 필수 직업능력, 업무 범위에 따라 선택적으로 갖추어야 할 (다) 선택 직업능력, 해당 산업 분야에서 공통으로 갖추어야 할 (라) 산업공통 직업능력으로 구분할 수 있다.

오답 피하기

㉠ 직업이나 사회 환경이 변화해도 바뀌지 않는 것은 (마) 직업기초능력이다. ㉣ 역량(competency)과 같은 의미로 사용할 수 있는 것은 (가) 직무수행능력이다. 직무수행능력은 특정한 직무 수행에 필요한 전문적인 지식과 기술뿐만 아니라 자신에게 맡겨진 직무에 대한 마음가짐과 태도까지 포함하는 것이다.

03 NCS 홈페이지 접속 → NCS 및 학습모듈 검색 → 분야별 검색 → 대 · 중 · 소 · 세분류 선택 → 능력단위 선택의 순으로 이루어진다.

04 (가)~(라)의 방법을 통해 직업생활에 필요한 직무수행능력을 파악해야 한다. 직무수행능력 탐색은 하나의 활동만으로 이루어지는 것이 아니므로, 수업을 통해 배우고 확인하며, 정보 수집이나 특강을 통해 간접 체험을 해보고, 실제 체험을 통해 경험해 보는 등 종합적 탐색을 하는 것이 좋다.

오답 피하기

① (가) NCS 능력 단위는 수행 범위, 난이도, 복잡성 등에 따라 8수준으로 구분되는데, 숫자가 클수록(8에 가까울수록) 높은 수준을 의미한다.

03 경력개발과 평생학습

Step A 실력 점검 문제

본문 64 ~ 65쪽

01 경력개발 **02** ①, ③, ⑤ **03** ①, ⑤
04 ④ **05** ③ **06** ② **07** 평생학습
08 ② **09** ③ **10** ② **11** ③ **12** ①

02 경력개발은 자신이 속한 조직과 상호작용하며 자신의 업무 능력을 향상시키기 위한 전 과정을 의미한다.

03 개인의 생애 발달 단계에 따라 일에 대한 가치관과 신념 등이 바뀌면서 개인의 전문성 축적 및 전문 지식 성장과 고용 시장에서의 개인의 가치를 증대시키고자 지속적인 경력개발을 이루어야 한다.

04 조직이나 기업에서 경력개발을 요구하는 이유는 경영 전략의 변화, 승진 적체, 직무 환경 변화, 능력주의 문화 등을 들 수 있다.

05 과거의 평생직장에 대한 개념은 점점 사라지고, 이제는 '평생직업'을 목적으로 경력개발이 이루어지는 경우가 많다.

06 경력개발 경로 탐색 과정

- 경력 탐색: 경력개발은 1차적으로 직무 정보 탐색을 통하여 이루어짐 → 주변 환경 분석: 자신의 능력, 흥미, 적성, 가치관 등을 파악하고, 직무 관련 기회와 장애 요인 분석 → 경력 목표 설정: 하고 싶은 일에 대해 어떤 능력이나 자질을 개발해야 하는지를 중심으로 장기(5~7년) 및 단기(2~3년) 목표 설정 → 경력개발 전략 수립: 경력 목표를 달성하기 위한 활동 계획 수립 → 실행 및 평가: 자신이 수립한 전략이 경력 목표를 달성하기에 충분한지와 경력 목표 자체가 달성될 가능성 검토

08 일과 직업을 위해 체계적인 평생학습을 실천할 수 있는 방법으로는 사내대학, 재직자 특별전형, 일학습병행제, 대학 내 계약학과 등의 방법이 있다.

09 실업급여는 고용보험에 가입한 근로자가 실직하여 재취업 활동을 하는 기간에 소정의 급여를 지급함으로써 실업으로 인한 생계 불안을 극복하고 생활이 안정될 수 있도록 도와주며 재취업의 기회를 지원해주는 제도이다.

11 평생학습은 일과 직업을 위해 일생에 걸쳐 학습을 통해 지식이나 기술을 습득하고 성장하는 모든 과정이다.

Step B 수능 대비 문제

본문 66 ~ 67쪽

01 ② **02** ② **03** ② **04** ②

01 ② 국가는 경제 주체로서 국민 경제의 한 축을 담당하지만, 산업 구조나 직업 세계를 강제로 조정하거나 개편할 수는 없다. 국가가 강제로 경제에 개입하는 것은 통제 경제 체제에서나 가능한 일이다.

오답 피하기

① 미래에는 생명 공학 관련 직업, 문화 관련 직업, 환경 관련 직업, 우주 항공 관련 직업 등이 산업 분야를 주도할 것으로 보인다. ③, ④ 정보 통신 기술을 비롯한 첨단 기술의 발전, 지구 온난화 등의 환경 변화, 저출산 고령화 등의 인구 구조 변화 등 다양한 요인은 현대 사회의 직업에 큰 영향을 미쳤다. 이에 따라 새로운 직업이 생기기도 하고, 기존 직업이 사라지기도 하는 등 다양한 변화가 일어나고 있다. ⑤ 경제 성장과 산업의 확대에 따라 복잡하고 전문성을 요구하는 직업이 점차 늘어나고 있다.

02 현대 사회는 첨단기술의 발전, IT 기술의 보편화 등과 관련된 산업 구조의 변화, 저출산 · 고령화에 따른 인구 구조의 변화, 고용관계의 변화 등 다양한 요인에 의해 변화를 겪었다. 이는 직업 세계에도 복잡하고 급격한 영향을 끼쳤으며, 개인의 경력개발을 촉진하는 배경이 되었다.

오답 피하기

(가)의 환경 변화에 해당하는 요소는 지식 정보의 빠른 변화, 인력난 심화, 삶의 질 추구, 중견사원 이직 증가 등이다.

03 ② 경력 초기는 조직에 적응하면서 직무수행능력을 키우고 꿈을 추구하는 시기이다. 자신을 대표할 전문성을 개발하는 시기는 경력 중기이다.

오답 피하기

① 경력은 일생에 걸쳐 지속적으로 일어나는 일과 관련된 경험이다. 경력은 직위 및 직무와 관련된 역할이나 활동, 여기에 영향을 주고받는 환경적 요소까지 포함한다. ④ 직업 탐색은 18세 전후까지 지속되며, 조직 입사는 18~25세 무렵, 경력 초기는 25~40세 무렵, 경력 중기는 40~55세 무렵, 경력 말기는 55세 이후 퇴직 때까지에 해당한다. ⑤ 경력 개발은 개인이 자기 일과 관련된 목표를 수립하고 실행하며 반성하는 모든 과정을 말한다. 또한, 자신이 속한 조직 내에서 조직의 구성원으로서 조직과 함께 상호작용하며 자신의 업무 능력을 쌓아가는 것을 포함한다.

04 제시문은 평생학습의 일종인 일학습병행제를 설명하고 있다. ② 현대 산업 사회에 필요한 지식과 기술은 학교 교육만으로는 부족하므로, 평생학습의 필요성이 등장하였다.

오답 피하기

① 일학습병행제는 평생학습의 일종이다. 평생학습은 전 생애를 걸쳐 이루어지는 형식적 · 비형식적 교육을 통해 직업 기술의 향상이나 개인의 성장을 지속하는 과정을 말한다. ③ 현대의 산업 구조는 빠르게 직종이 세분화 · 전문화하고 있으므로, 꾸준한 학습과 정보의 습득, 다양한 학습 기회 제공 등이 필요하다. ④ 일학습병행제는 산업 현장에서 요구하는 실무형 인재를 기르기 위해 독일 · 스위스식 도제 제도를 한국에 맞게 설계한 도제식 교육 훈련 제도이다. 국가직무능력표준(NCS)을 기반으로 일과 학습을 병행한 뒤 국가가 인정하는 자격이나 학위를 얻는 방식이다. ⑤ '자격연계형'은 국가직무능력표준(NCS)을 기반으로 일과 학습을 병행한 뒤 국가가 인정하는 자격을 얻는 방식이며, '대학연계형'은 일을 하면서 학위를 취득하는 방식이다.

대단원 마무리 문제

본문 68~69쪽

01 ① **02** ③ **03** 국가직무능력표준(NCS)
04 ④ **05** ③ **06** ③
07 (1) ㉡, (2) ㉢, (3) ㉠, (4) ㉣ **08** 직무수행능력
09 (1) 필수, (2) 선택, (3) 산업공통
10 (가) 경력, (나) 경력개발 **11** ①
12 일학습병행제

02 직무기초능력은 직종이나 직위에 상관없이 직업인에게 공통으로 요구되는 능력을 의미한다. 따라서 직업이나 사회 환경이 변해도 직무기초능력은 달라지지 않는다. ㉠과 ㉣은 직무수행능력에 관한 내용이다.

04 기초직업능력에 해당하는 10개 영역은 3개의 능력군으로 묶을 수 있다. (가) 기초 능력군은 직무에 필요한 기본적 역량이고, (나) 업무 처리 능력군은 업무 처리에 필요한 전공 역량이며, (다) 직장 적응 능력군은 성공적 직업생활의 토대가 되는 역량이다.

05 ③ 문제처리 능력은 문제해결 능력의 하위 능력이다.

06 직업기초능력은 미래의 직업 환경에 유연하게 적응하도록 하고, 효율적인 현장 적응과 직무 수행을 할 수 있게 한다. 또한, 새로운 능력을 쉽게 개발하도록 하며, 취업이나 이직 · 전직 등의 경우에 유리한 경쟁력을 제공한다. ③ 특정 분야의 전문 지식과 기능의 함양은 직무수행능력과 관련된다.

09 (1) 필수 직업능력은 특정 직무 수행에 필요한 직업능력으로서, 해당 직업을 갖기 위해 반드시 갖추어야 한다. (2) 선택 직업능력은 해당 직업에 반드시 필요한 직업능력은 아니지만, 기업체의 특성에 따라 갖추어야 하는 능력이다. (3) 산업공통 직업능력은 직업 또는 직무와 관계없이 해단 산업 분야에서 공통으로 갖추어야 하는 능력이다.

11 평생학습은 일과 직업을 위해 일생 동안 학습을 통해 체계적으로 지식을 습득하고 직업적 기술의 향상이나 개인적 성장을 지속하는 모든 과정을 의미한다. 따라서 형식적, 비형식적 교육을 모두 포함한다.

Ⅳ 취업과 창업

01 합리적인 의사결정과 취업

Step A 실력 점검 문제

본문 74~75쪽

01 대안	02 ②	03 ㉡→㉣→㉢→㉥→㉤→㉠		
04 ⑤	05 경력 계획		06 ②	07 ①
08 ②	09 ⑤	10 ②	11 ③	12 ④

03 합리적인 의사결정 과정은 ㉡ 문제 원인 파악 → ㉣ 기준과 가중치 결정 → ㉢ 정보 수집 → ㉥ 대안 탐색 → ㉤ 최적안 선택 → ㉠ 결과 평가 및 피드백으로 이루어진다.

04 합리적인 의사결정은 최소의 비용으로 최대의 효과를 얻는 선택을 말한다.

05 경력 계획은 경력 목표를 달성하기 위한 단계를 확인하여 이를 실행해 나가는 과정이다.

06 경력 목표는 개인이 경력상 도달하고 싶은 미래의 직위나 위치를 말한다. 경력 목표는 구체적이면서 실현 가능한 것이어야 하고, 경력개발은 자신이 희망하는 경력 목표에 부합해야 한다.

07 경력 초기는 자신이 맡은 업무의 내용을 정확하게 파악하고 새로 들어온 조직의 규칙, 규범, 조직 문화와 분위기에 적응해 가는 시기이다.

08 경력 중기 단계에서는 사내 입지 굳히기, 지난 경력 재평가, 승진 기회 마련, 직무 재설정 등이 이루어진다.

09 취업을 하게 되면 성취감, 경제적 기반, 상사와 전문가의 지원, 현장 경험, 경력 쌓기, 전문성 향상, 진학의 기회를 갖게 된다.

11 취업 후에도 지속적인 경력개발을 통해 직업 만족도를 높이는 것이 중요하다.

12 경력개발 경로 수립은 직무에서 요구되는 능력 수준과 자신이 갖추고 있는 능력을 비교함으로써 미래에 필요한 능력 개발을 위해 보다 현실적인 경력 목표를 설정하는 데 도움이 된다.

Step B 수능 대비 문제

본문 76~77쪽

01 ③	02 ①	03 ⑤	04 ⑤

01 (가) 합리적 유형은 의사결정에 시간이 걸리지만, 정확한 정보를 바탕으로 결정하므로 실패할 확률이 낮다. (나) 직관적 유형은 의사결정이 빠른 반면, 정보 탐색 과정이나 논리적 평가가 부족하므로 실패할 확률이 높다. (다) 의존적 유형은 사회적 인정에 대한 욕구가 높으며, 누구에게 의존하느냐에 따라 효과적인 결정을 할 수도 있다.

오답 피하기

㉣ (가)는 의사결정에 성공할 확률이 높고 (나)는 의사결정에 실패할 확률이 높다. ㉤ (나)는 의사결정에 책임을 지는 반면, (다)는 주관과 소신이 부족하므로, 의사결정에 실패할 경우 남에게 책임을 돌리기 쉽다.

02 ① 집단 의사결정의 단점은 의견이 불일치하는 경우 의사결정을 하는 데 시간이 많이 소요되며, 신속한 의사결정이 어렵다는 점이다.

오답 피하기

②, ③, ④는 집단 의사결정의 장점이다. 즉, 다양한 집단 구성원이 가진 역량과 견해를 반영하여 문제 해결에 다각도로 접근할 수 있으며, 조직 내 의사소통이 활성화되고, 집단 의사결정에 참여한 사람들이 해결책을 수월하게 수용하고 문제 해결에 적극적으로 참여할 수 있다. ⑤ 집단 사고란 응집력이 높은 세력 집단에 구성원들이 깊게 관여하게 될 경우, 다른 대안들을 실질적으로 검토하기보다는 만장일치를 추구하는 사고방식을 갖게 되는 현상을 말한다.

03 제시문의 (가)에 해당하는 개념은 '합리적 의사결정'이다. 합리적 의사결정이란 목표 달성을 위한 여러 가지 대안 중에서 실행 가능한 최선의 대안을 결정하는 것이다. 경력개발 경로에서 합리적 의사결정은 직업 선택, 최선의 업무 방안 선택, 이직 선택, 거절의 의사 표시 등 다양한 경우에 요구된다. 일반적으로 합리적 의사결정은 문제 인식 → 정보 수집 → 대안 탐색 → 대안 선택 → 실행 등의 과정을 통해 이루어진다.

오답 피하기

㉠은 의존적 의사결정, ㉡은 직관적 의사결정에 해당한다.

04 ⑤ 취업 후 자기 계발의 뚜렷한 목표가 생긴다면 원하는 전공을 선택할 수 있는 기회(후진학)가 제공된다.

오답 피하기

① 취업을 통해 경력 개발을 할 수 있는 안정적인 환경을 마련할 수 있으며, 특히 고교 졸업 후 바로 취업하면 남들보다 빨리 경력을 쌓을 수 있다. ② 취업 후에 수행하는 업무가 자신의 경력을 개발하는 경로에 포함된다면 현장 경험을 더하여 핵심 역량으로 키워 전문가로 성장할 수 있다. ③ 취업 성공으로 얻은 긍정적인 생각과 자아관은 살아가면서 겪게 되는 어려운 문제들을 스스로 해결할 힘이 된다. ④ 상사는 부하의 특성을 관찰하고 평가한 결과를 바탕으로 부하의 진로를 함께 협의하여 그에 알맞은 경력 계획을 설계해 주는 역할을 한다. 또한, 전문가 집단을 통한 경력 상담을 받을 수도 있다.

02 취업 계획 수립과 구직 활동

Step A 실력 점검 문제

본문 80~81쪽

01 취업 계획 수립 **02** (가) – ㉢, (나) – ㉣, (다) – ㉠, (라) – ㉡
03 ④ **04** ① **05** ③ **06** ③ **07** ②
08 자기소개서 **09** 직무 **10** ① **11** ②
12 ④

03 최근 기업에서는 한정된 분야의 인재보다는 다양한 분야의 융합 인재를 필요로 한다.

04 취업 계획서에는 너무 많은 것을 적기보다는 내가 꼭 실천하고 이행할 사항들에 대해 구체적으로 적는 것이 좋다.

05 직업 세계의 고용 형태는 다양하게 변화하고 있다. 최근에는 여성 근로자 증가, 정보통신 기술의 발달, 노동 시장의 유연화 등으로 상용직 고용이 감소하고, 계약직 · 파견직 · 임시직 고용이 증가하는 등 고용 형태가 다양화되고 있다.

07 이력서는 취업을 목적으로 자신의 능력과 경험을 정리한 서류로 지원자에 관한 가장 기초적인 정보를 제공한다. 이력서에는 인적사항과 학력, 자격/면허, 주요 활동, 수상, 병역, 경력사항 등이 포함된다.

10 조직의 중요성 및 경험에 대한 항목은 조직이해 능력이며, 문제해결의 방법과 이유를 묻는 것은 문제해결 능력을 평가하기 위해서이다.

11 일반적인 면접 전형에서 인성과 직무 역량은 모두 중요한 요소이며, 최근에는 인성 면접을 더욱 중요하게 다루는 경향도 있다.

12 블라인드 면접에서는 지원자의 인성, 가치관, 직무 능력 등으로 기업에 적합한 인재인지를 판단하는 경우가 많다.

면접 유형	내용
인성 면접	지원자가 작성한 입사 서류에 근거하여 개인적 성향과 조직 적응력 등을 알아보기 위한 면접
다차원 면접	지원자와 면접관을 팀으로 편성하여 등산과 같은 단체 활동 등에서 어울리며 진행하는 면접
압박 면접	직무와 관련 없는 당황스러운 질문에 어떻게 대처하는지를 살펴보기 위한 면접
집단 토론식 면접	주로 팀워크 및 리더십을 평가하기 위해 이루어지는 면접

Step B 수능 대비 문제

본문 82~83쪽

01 ③ **02** ② **03** ③ **04** ④

01 ㉠ 희망하는 직종 선택, ㉣ 기업의 인재상 · 기업 문화 ·

직무 분석, ⓜ 필요한 자격이나 역량을 목록으로 작성하는 것 등은 1단계, 희망 직종과 기업 분석 방법에 해당한다.

오답 피하기

ⓛ 구체적인 취업 계획서 작성은 3단계, 실천 일정과 구체적인 계획 세우기의 방법에 해당하고, ⓒ 취업을 위해 필요한 정도의 목표 수립은 2단계, 자신의 준비 현황 확인과 목표 세우기의 방법에 해당한다.

02 ㉠ 기업의 채용에 관한 정보는 회사 홈페이지나 온라인 채용 사이트, 기타 신뢰할 만한 기관을 통해서 찾아야 한다. 아무리 취업이 급하더라도 벽이나 전봇대에 붙어 있는 전단, 지하철역 같은 곳에 붙어 있는 구직 정보는 의심해 볼 필요가 있다. ⓛ 이력서는 지원자의 가장 기초적인 정보를 제공하는 수단이므로, 성실하고 깔끔하게 작성해야 한다. ⓜ 면접 시에는 단정한 옷차림을 하고 밝은 표정으로 면접관의 질문에 성실히 답해야 한다.

오답 피하기

ⓒ NCS(국가직무능력표준) 기반 입사지원서는 학력, 경력, 업적 및 수상실적보다는 직무와 직접 관련된 능력을 중심으로 기록하도록 구성되어 있다. ⓔ 자기소개서는 간결하고 쉬운 문장으로 작성하고, 중복된 내용과 수식어는 삭제해야 한다.

03 ③ (다) 필기 평가는 직업기초능력과 직무수행능력을 검사하는 것이다. 따라서 일반적 지식이나 소양이 아니라, 직무 관련 능력을 평가한다.

오답 피하기

(가) 취업 공고가 나면 직무에 필요한 능력과 자신의 개인적 능력을 파악하여 지원해야 한다. 직무에 필요한 능력은 NCS를 통해 지식, 기술, 태도로 나누어 구체적으로 파악할 수 있다. (나) 취업에 필요한 서류는 이력서, 입사지원서, 자기소개서 등이며, 기업에서 필요한 직무 중심으로 기술한다. (라) 면접은 기업에서 원하는 인재를 선발하기 위해 면접관과 지원자가 직접 대면하여 이루어지는 선발 방식이다. 최근 기업은 면접의 비중을 높이고 있고, 다양한 면접 방식을 활용하고 있다.

04 면접의 주요 평가 기준은 업무 수행 역량, 조직 충성도, 조직 적합도이다. (가) 업무 수행 역량의 하위 항목은 업무 수행 능력, 업무 수행 태도(성실성, 적극성), 전공 지식, 전문 기술 등이고, (나) 조직 충성도의 하위 항목은 회사에 대한 관심 수준, 해당 업무에 대한 몰입도(맡을 업무에 대한 관심 수준) 등이고, (다) 조직 적합도의 하위 역량은 조직 문화와의 적합성(적응력, 장기근속 여부), 조직 융화 가능성 등이다.

03 창업과 기업가정신

Step A 실력 점검 문제

본문 86~87쪽

01 ③ **02** 창업자, 창업 아이템, 창업자금
03 ①, ⑤ **04** ③ **05** ② **06** ③ **07** ③
08 ④ **09** ⑤ **10** ③
11 (1) ×, (2) ×, (3) ○, (4) ○ **12** ④ **13** ①

01 창업이란 개인이나 집단이 이윤을 창출할 목적으로 기업을 새로 만들어 사업을 시작하는 것, 즉 제품이나 서비스를 생산하고 판매하기 위한 사업 아이디어를 기반으로 사업 목표를 세우고, 창업가가 인적·물적 자원을 갖추어 기업을 설립하는 활동이다.

02 창업에 필요한 기본 조건 3가지
- 창업자: 창업 아이디어를 가지고 사업 계획을 수립하는 사람
- 창업 아이템: 창업자가 수익 창출을 목적으로 판매하는 제품이나 서비스
- 창업자금: 창업에 필요한 자금. 사용처에 따라 시설자금과 운전자금으로 구분

03 창업 준비 단계에서는 정보 수집과 창업 환경 분석 등이, 개업 준비 단계에서는 상품 준비와 종업원 채용 등이 필요하다.

04 ③ 창업에 성공하려면 시장 변화의 주기를 고려해야 한다. 시기적으로 너무 앞선 도입기 상품은 시장 성장에 이르기까지 많은 시간이 소요되므로 큰 손해를 볼 수 있다. 또한, 시장에서 이미 포화 상태에 이른 성숙기 상품을 창업 아이템으로 삼는 것도 손실의 위험이 따른다.

05 창업자금은 크게 운전자금과 시설자금으로 구분한다. 운전자금은 인건비, 경비, 원재료 구입 등에 쓰이는 자금으로,

개업광고비, 종업원 급여 등은 운전자금으로 분류된다.

07 창업자금의 조달 방법에는 자기자본과 타인자본이 있다. 자기자본은 창업자 본인의 자본을 말하며, 타인자본은 외부에서 동원된 자본으로서 신용보증기금 지원 자금, 투자 유치금, 은행 대출 자금, 친척이나 지인으로부터 빌린 돈이 포함된다.

08 종업원 현황, 채용 계획, 담당 직무 기술, 교육 훈련은 인력 계획에 관련된 구성 요소이다.

09 창업 성공의 이유에는 성실함, 꿈을 향한 열정과 노력, 생산자와 소비자를 모두 만족시키는 전략, 좋아하는 일을 통한 기술 개발 노력, 사회 변화 예측 및 자신의 강점 파악 등이 있다.

10 창업의 유형
- 개인 창업: 시장조사, 인테리어, 홍보 등 창업과 관련된 모든 과정을 창업자 스스로 해결하는 형태
- 공동 투자 창업: 개인 투자자들이 모여서 공동으로 자본을 형성하여 창업하는 형태
- 가맹점 가입 창업(프랜차이즈): 창업자가 가맹 본부와의 계약을 통해 일정한 계약 기간 동안 사업을 하는 형태
- 기존 사업체 인수 창업: 다른 사람이 운영하던 기존 사업체를 인수하여 창업하는 형태

11 (1) 사업계획서 구성 요소 중 판매 계획은 경쟁력 분석, 판매 전략 목표, 마케팅 전략, 홍보 전략 등의 내용으로 작성한다. (2) 창업자금은 사용처에 따라 사업장 및 생산 시설 투자와 관련된 시설자금과 회사가 초기 영업 활동을 하는 데 필요한 운전자금으로 구분한다.

12 기업가정신의 4대 구성 요소: 혁신, 위험 감수, 기회 포착, 가치 창출

13 기업가는 기업가정신을 바탕으로 기업의 이익을 추구하고, 사회를 통해 '함께 주고받으며 나누어야 할 가치'를 실천하는 자세가 필요하다.

Step B 수능 대비 문제

본문 88~89쪽

01 ② **02** ③ **03** ② **04** ③

01 제시된 자료는 창업의 의미를 개인적 측면과 사회 · 국가적 측면에서 정리한 것이다. 창업은 개인뿐만 아니라 사회의 많은 사람이 물질적 풍요를 누릴 수 있도록 부를 창출하는 효과가 있다. 창업은 개인의 생활 수단인 일자리를 제공하고, 국가적으로 경제활동 인구를 늘려 실업 문제를 해결하는 방안이 된다. 또한, 아이디어와 기술력을 가진 창업을 통해서 과학 기술 발전이 촉진되며, 중소기업 육성책으로도 활용된다.

02 ㉠ 창업자는 창업에 대한 구상을 지속해서 평가하여 수정해야 하며, 창업하려는 분야의 사업에 대한 전문성과 차별성을 갖춰야 한다. ㉣ 노동 시장, 금융 시장 등과 같은 시장은 공간적 제약을 뛰어넘어 자체의 논리 속에 존재하는 추상적 시장이다.

오답 피하기

㉡ 성공적인 창업을 위해서는 창업 아이템의 차별성, 시장성, 경쟁력 분석이 선행되어야 한다. 창업자가 꼭 하고 싶은 사업 아이템일지라도 철저한 시장조사와 벤치마킹을 실시한 뒤 전문가의 조언을 듣는 것이 좋다. ㉢ 창업자금은 사업장 및 생산 시설 투자와 관련된 시설자금과 초기 영업 활동에 들어가는 운전자금으로 구분된다.

03 제시된 자료는 기업가가 지녀야 할 기업가정신을 설명하고 있다. 따라서 기업가의 특징과 거리가 먼 내용을 찾아야 한다. ② 최근에는 기업의 경제 활동에 의한 지구 오염 문제가 대두하면서 기업의 친환경적 사고가 강하게 요구되고 있다. 또한, 기업의 이해관계자들에 대한 사회적 책임이 강조되면서 윤리적 기업 경영 마인드도 기업가정신의 중요 요소가 되었다.

04 ③ 기업가정신으로 환경 변화에 신속하고 유연하게 적응하고, 혁신을 이룰 수 있다.

오답 피하기

기업가정신의 구성 요소 중 혁신성은 새로운 기업의 설립뿐 아니라 기존 기업의 지속적 성장과 변화를 위한 필수적 요소이며, 사회 변화의 첫걸음이다. 자율성은 개인적 관점에서는 스스로 목표를 정하고 목표를 달성하기 위해 노력하는 자세라 할 수 있다. 진취성은 개인적 관점에서는 도전적인 사고를 통해 앞으로 나아가는 자세이다. 미래 지향성은 미래 사회와 환경 변화를 예측하고 그에 대비하는 자세이다. 위험 감수성과 관련하여 무엇인가를 성공으로 이끈다는 것은 매우 어려운 일이므로, 굳은 마음가짐이 무엇보다 중요하다.

대단원 마무리 문제

본문 90~91쪽

01 ③ **02** ③ **03** ② **04** ②
05 (가) 경력 목표, (나) 경력 계획, (다) 경력개발
06 포트폴리오 **07** ② **08** ② **09** ④
10 ② **11** 기업가정신 **12** (가) 시설, (나) 운전

01 ③ 합리적 의사결정이란 목표 달성을 위한 여러 가지 대안 중에서 실행 가능한 최선의 대안을 결정하는 것을 말한다. ①은 직관적 의사결정 유형, ②는 의존적 의사결정 유형과 관계있다. ④ 가능한 모든 정보를 모아 각 대안을 분석하여 최적안을 결정한 후에는 그 결과를 평가하여 피드백한다. ⑤ 합리적 의사결정은 정확한 정보 수집을 바탕으로 이루어진다.

02 ③ 대안 탐색 단계에서는 정보 탐색 단계에서 파악한 여러 대안 중에서 효과적이고 실현 가능한 2~3개의 대안을 선택한다. 결과에 대한 평가와 피드백은 '계획 수립 및 실행' 단계에서 이루어진다.

03 ② 경력 초기에 필요한 활동이다.

07 ② 과거에는 모든 일을 척척 해내는 인재, 기능을 갖춘 숙련된 인재, 성실하고 책임감 있는 모범 인재, 범용형 · 획일적 인재, 지시에 따라 업무를 수행하는 인재 등이 환영받았다. 하지만 오늘날은 정보와 지식을 바탕으로 자신만의 전문성을 갖추고 자기 주도적 실행력과 개방성을 지닌 인재를 선호한다.

08. ② 직무능력 관련 사항에는 직무와 관련된 자격을 기재한다. ① 인적사항에 부모님 직업은 기재하지 않는다. ③ 경력사항에는 금전적 보수를 받고 일정 기간 일했던 이력을 기재하고, ④ 직무 관련 기타 활동에는 금전적 보수를 받지 않고 일했던 활동을 기재한다. 여기에는 산학, 팀 프로젝트, 연구회, 동아리, 온라인 커뮤니티, 재능 기부 활동 등을 포함할 수 있다. ⑤ 교육사항에는 지원 직무와 관련한 학교 교육 내용과 직업 교육 내용을 모두 기재한다.

09 ④ 프레젠테이션 면접은 문제해결능력을 평가하기 위한 것이다. 일정한 주제가 면접 직전에 주어지고 정해진 시간 안에 발표하는 형태이다. 직무와 관련 없는 당황스러운 질문에 어떻게 대처하는지를 평가하는 것은 압박 면접이다. ① 롤플레잉 면접은 다양한 상황에서 역할 연기를 진행하는 형태(예: 스튜어디스 롤플레잉 면접), ② 다차원 면접은 지원자와 면접관을 팀으로 편성하여 등산과 같은 단체 활동 등에서 어울리며 진행하는 형태, ③ 블라인드 면접은 지원자의 학력이나 전공 등 이력사항을 모른 채 진행하는 형태, ⑤ 세일즈 면접은 여러 가지 상품 중에서 하나를 선택하여 상품 판매력을 평가하는 형태로 진행된다.

10 창업의 유형에는 새로운 기업을 설립하는 것(신규 창업), 기존 업체를 인수하는 것, 프랜차이즈 가맹점으로 사업을 시작하는 것 등이 있다. ㉡ 개인사업자인 중소기업이 법인으로 전환하거나, 법인이 조직 변경 후에 변경 전과 동일한 사업을 계속하는 경우, ㉣ 폐업한 후 사업을 개시하여 폐업 전의 사업과 같은 업종의 사업을 계속하는 경우는 창업에 해당하지 않는다.

Ⅴ 근로관계와 산업안전

01 근로관계와 법

Step A 실력 점검 문제

본문 96~97쪽

01 ① **02** 고용보험법 **03** 근로기준법
04 ③ **05** ④ **06** ④ **07** ④ **08** ①
09 ③ **10** ① **11** (1) ○, (2) ○, (3) ×, (4) ○
12 ②

01 근로자의 안정적인 생활을 위해서 고용노동부에서는 매년 8월에 다음 연도 최저임금을 공표하고 있다.

03 근로기준법은 근로자를 보호하기 위해 최소한의 근로 조건을 명시하고 있으며, 반드시 지키도록 강제성을 띠고 있다. 만약 법에 제시된 근로 조건을 위반하였을 때는 벌금 등의 제재가 따른다.

04 서면으로 해고를 예고하지 않은 경우, 인사위원회 또는 해고 당사자의 해명 기회를 주지 않은 경우, 징계해고 또는 정

리해고가 아닌 경우, 해고할 수 없는 기간(업무상 부상 · 질병 치료로 휴업한 기간과 그 후 30일, 출산 전후 기간과 그 후 30일, 육아휴직 기간)에 해고한 경우 등이 부당 해고에 해당한다.

05 근로관계법의 기본 원리는 기본적인 생활 보장, 균등한 처우, 관행적 노사 관계 근절이다.

06 집단적 근로관계법에는 노동조합 및 노동관계조정법, 노동위원회법 등이 있다.

07 근로 계약은 계약 당사자인 근로자와 사용자 간에 체결된 계약으로, 근로자는 사용자에게 근로를 제공하고 사용자는 이에 합당한 임금을 지급하는 것을 목적으로 한다.

08 유급 휴가 청구권은 근로자의 주요 권리에 해당하지 않으며, 사용자는 1년간 80% 이상 출근한 근로자에게 15일의 유급 휴가를 주어야 한다.

09 근로자의 의무에는 근로 제공 의무, 근로 성실 의무, 비밀 유지 의무, 경업 금지 의무 등이 있다.

의무의 종류	내용
근로 제공 의무	근로 계약을 체결한 근로자가 사용자의 정당한 업무 지시에 따라 노동력을 제공할 의무
근로 성실 의무	사용자의 이익을 부당하게 침해하지 않을 의무
비밀 유지 의무	직무를 수행하면서 알게 된 경영상의 비밀을 제3자에게 알리지 않을 의무
경업 금지 의무	사용자의 사업과 경쟁적인 성격의 사업을 경영하거나 혹은 사용자와 경쟁관계에 있는 다른 기업을 위해 일하지 않을 의무

▲ 근로자의 의무

11 정당한 해고의 요건
- 회사의 경영이 어려워 인원을 감축해야 하는 등의 정당한 사유가 있어야 한다.
- 회사를 운영하지 못하고 폐업하는 경우 등 불가피한 경우에만 가능하다.
- 합리적이고 공정한 기준으로 해고 대상자를 선정해야 한다.
- 적어도 30일 전에 해고 계획을 예고해야 한다.
- 해고 사유와 시기를 서면으로 통지해야 한다.

12 청소년이 일할 수 없는 곳: 유흥주점, 단란주점, 비디오방, 노래방, 전화방, 숙박업, 이발소, 안마실이 있는 목욕탕이나 사우나, 만화대여점, 소주방, 호프집, 카페, 무도장, 성인오락실 및 도박장, 소각 또는 도살 업무, 유류(주유 업무 제외) 또는 양조업장 등

Step B 수능 대비 문제

본문 98 ~ 99쪽

01 ② **02** ④ **03** ② **04** ⑤

01 근로기준법은 임금 지급에 관해서 "임금은 통화(通貨)로 직접 근로자에게 그 전액을 지급하여야 한다. 다만, 법령 또는 단체협약에 특별한 규정이 있는 경우에는 임금의 일부를 공제하거나 통화 이외의 것으로 지급할 수 있다(제43조 ①)."라고 규정한다. 따라서 근로자의 월급은 전액을 통화(현금)로 지급하는 것이 원칙이다.

오답 피하기

ㄴ 임금의 일부를 제품으로 지급하려면 법령에 근거하거나, 회사와 노동조합 간 합의 등 단체협약 규정이 있어야 한다. ㄹ 노동조합이 없을 때는 근로자가 직접 회사 관계자에게 월급 대신에 제품을 받을 수 없음을 알리고 해결해 줄 것을 당부한다. 이러한 당부에도 고쳐지지 않을 때는 지방노동위원회에 신고하여 스스로 권익을 보호해야 한다.

02 (가)에 해당하는 법률은 근로관계법이다. 국가는 현실적 약자인 근로자를 보호하고자 근로관계법을 제정하여 사용자가 반드시 준수하게 하고 있다. ㄴ 근로관계법의 기본 원리는 기본적인 생활 보장, 균등한 처우, 관행적 노사관계의 근절 등이다. ㄹ 근로관계법은 개별적 근로관계법, 집단적 근로관계법, 협력적 근로관계법으로 구분할 수 있다. 개별적 근로관계법은 근로자 개인과 사용자 간의 근로 계약 관계를 규정한 개별적 계약법이며, 집단적 근로관계법은 근로자 단체와 사용자 또는 사용자 단체에 관한 법률이다. 그리고 협력적 근로관계법은 집단적 근로관계법이 사용자와 근로자가 대등한 관계를 유지하도록 하였으나 노사가 대립과 투쟁적 성격을 띠는 경우가 있어, 이를 극복하고 노사관계를 한 단계 더 발전시키기 위해 제정한 법률이다.

오답 피하기

㉠ 사용자와 근로자는 사회 · 경제적 지위가 다르므로 형식적 평등만으로는 근로자의 권리를 보장받을 수 없다. 따라서 국가가 근로관계에 개입함으로써 일정 수준 이상의 근로 조건을 법으로 보장하여, 실질적인 평등을 이룩하고자 근로관계법이 마련되었다. ㉢ 헌법과 근로관계법에 따라 우리나라 근로자들은 단결권, 단체교섭권, 단체행동권을 행사할 수 있다.

03 ㉠ 통상 시급 = 75,000원 ÷ 10시간(주5일) + 0시간(유급 주휴) = 7,500원이다. 주5일 동안 10시간을 일했으므로 유급 주휴(주휴 수당)는 발생하지 않는다. 유급 주휴는 주5일 동안 15시간 이상 근무해야 받을 수 있다. ㉡ 통상 시급 = 144,000원 ÷ (주5일 20시간 + 유급 주휴 4시간) = 6,000원이다. 1주에 15시간 이상 근무하면 사용자는 근로자에게 1주일에 평균 1회 이상의 유급 주휴(주휴 수당)를 주어야 한다. ㉢ 통상 시급 = 60,800원 ÷ [8시간 + (1시간 × 0.5)] = 7,152.9원이다. 총 10시간이나 근로기준법에 1시간을 휴게 시간으로 주게 되어 있으므로 실제 일한 시간은 9시간이다. 그러므로 연장 근로 시간은 1시간이 된다. ㉣ 주당 근무 시간 = 8시간(1일 근무 시간) × 5일(주5일) + 8시간(유급 주휴 시간) = 48시간이다. 1달이 4.35주이므로 한 달에 48시간 × 4.35주 = 209시간을 근무하였다. 따라서 통상 시급 =1,325,000원 ÷ 209시간 = 6,339.7원이다. 따라서 ㉠, ㉢은 201×년 기준 최저임금 7,000원보다 높은 경우이고, ㉡, ㉣은 낮은 경우이다.

04 ⑤ 정리 해고 시 해고 대상자 선정은 합리적이고 공정한 기준에 따라야 한다. 해고 기준을 세우는 데 남녀의 성을 이유로 할 수 없다. 따라서 여성 근로자만을 일차적 해고 대상으로 삼는다든가, 기혼 여성을 일차 대상으로 삼으면 안 된다. 또한, 합리적 사유 없이 장기 근속자를 우선 해고 대상으로 하는 것도 합리적이고 공정한 기준이라고 볼 수 없다. 반대로, 연령이 낮거나 단기간 근속한 근로자를 해고의 우선 대상으로 하는 것은 합리적이고 공정한 기준으로 본다. 왜냐하면, 일반적으로 연령이 낮은 근로자는 재취업 기회가 높고, 단기 근속자는 장기 근속자보다 회사에 기여한 공로가 낮을 것이기 때문이다.

오답 피하기

①, ②, ③, ④는 무효가 되는 근로 계약의 사례들이다.

02 고용서비스와 사회 제도

Step A 실력 점검 문제

본문 102 ~ 103쪽

01 (1) ○, (2) ○, (3) ○ **02** ① **03** ① **04** ③
05 모성보호급여 **06** ② **07** 실업급여
08 ③ **09** ⑤ **10** ① **11** ②
12 훈련연장급여, 개별연장급여, 특별연장급여

02 직업을 찾는 사람이나 고용할 근로자를 찾는 사업주에 대한 정보 제공, 직업능력개발 등을 목적으로 운영되는 공공 고용서비스를 하는 기관은 한국고용정보원과 고용센터가 있다.

03 근로자의 업무상 재해 보상 및 재활 지원은 근로관계법 중 산업재해보상보험법과 관련이 있다.

04 고용보험은 1인 이상의 근로자를 고용하는 모든 사업장에 적용된다.

05 모성보호급여에는 출산전후휴가급여, 육아휴직급여가 있다.

06 상병급여 지급 조건

- 실업 신고를 한 이후 질병 · 부상 · 출산으로 취업할 수 없어 실업의 인정을 받지 못한 경우
- 7일 이상의 질병 · 부상으로 취업할 수 없는 경우 증명서를 첨부하여 청구
- 출산의 경우는 출산일로부터 45일간 지급

08 연장급여는 구직급여의 70%가 지급된다.

09 자발적 퇴사 또는 이직의 경우에는 구직급여 대상에 해당되지 않는다.

10 수급 자격 신청 교육은 고용센터 방문 없이 온라인을 통해서도 수강이 가능하다.

12 연장급여에는 훈련연장급여, 개별연장급여, 특별연장급여가 있다.

종류	지급 대상
훈련연장급여	실업급여 수급자로서 연령 · 경력 등을 고려할 때, 재취업을 위해 직업안정기관장의 직업능력개발 훈련 지시에 의하여 훈련을 수강하는 자
개별연장급여	취직이 특히 곤란하고 생활이 어려운 수급자로서 임금 수준, 재산 상황, 부양가족 여부 등을 고려하여 생계 지원 등이 필요한 자
특별연장급여	실업 급증 등으로 재취업이 특히 어렵다고 인정되는 경우 고용노동부 장관이 일정한 기간을 정하고 동기간 내에 실업급여의 수급이 종료된 자

▲ 연장급여의 종류와 지급 대상

Step B 수능 대비 문제

본문 104~105쪽

01 ③ 02 ② 03 ③ 04 ⑤

01 제시된 자료는 고용서비스의 목적과 내용을 정리한 것이다. 고용서비스는 직업 소개, 직업 지도 또는 직업능력개발, 실업급여 등 고용을 지원하는 서비스를 말한다. ③ 고용서비스는 고용센터, 일자리 센터 등 국가 기관이나 지방 자치 단체를 통해 이루어지는 공공 고용서비스와 각종 민간 기관을 통해 이루어지는 민간 고용서비스로 구분할 수 있다. 또한, 각급 학교에서 시행하는 진로 지도 및 상담 서비스도 고용서비스에 해당한다.

오답 피하기

①, ②, ④ 고용서비스는 고용 정보, 직업 및 진로 지도, 취업 지원, 직업 능력 개발, 실업급여 등을 종합적으로 제공함으로써 개인의 직업 관련 활동과 기업의 인재 확보를 지원하고 나아가 국가 인적 자원의 흐름을 조절해 준다. ⑤ 고용서비스를 통해 구직자는 희망 분야에 취업하고, 기업은 원하는 능력을 갖춘 인력을 채용하여 인력 시장의 불균형을 해소할 수 있다.

구분	기관 또는 유형
공공 고용서비스	한국고용정보원, 고용센터, 일자리 센터
민간 고용서비스	직업소개소 사업, 직업 정보 제공 사업, 근로자 모집 사업, 근로자 공급 사업, 근로자 파견 사업

▲ 고용서비스의 종류

02 근로자의 의지와 관계없이 퇴직하게 되면 근로자의 생활 안정과 구직 활동에 필요한 급여를 지급하는 제도를 고용보험 제도라 한다. 고용보험 제도에는 고용 안정 · 직업능력개발 사업, 실업급여, 모성보호급여, 고용보험기금 등이 있다. 고용보험 가입자는 실직 후 재취업을 준비하는 동안 구직급여, 취업 촉진수당을 받을 수 있다. 단, 자발적 퇴사자는 구직급여를 받을 수 없다.

오답 피하기

①, ⑤ 회사에서 해고된 후에는 고용센터에 실업급여를 신청하여 구직급여를 받을 수 있고, 조기에 재취업한 경우는 조기 재취업 수당도 받을 수 있다. ③ 구직급여 기간이 끝났지만 취업을 하지 못하였을 때, 생계가 어려운 경우, 직업 훈련이 계속 필요한 경우에는 구직급여의 70%에 해당하는 연장급여를 받을 수 있다. ④ 우리나라에서는 고용보험의 하나로 고용 안정 사업을 시행한다. 고용 안정 사업은 근로자를 감원하지 않고 고용을 유지하거나 실직자를 채용하여 고용을 늘리는 사업주에게 정부가 비용 일부를 지원하는 사업이다.

03 ③ 모성보호급여는 고용보험에 해당한다. 출산전후 휴가급여는 출산 전후의 여성에게 60일간의 유급 휴가를 보장하는 것이고, 육아휴직급여는 만 8세 이하 또는 초등학교 2학년 이하의 자녀를 둔 근로자를 지급 대상으로 한다.

오답 피하기

①, ② 구직 급여를 받으려면 취직할 마음과 능력이 있어도 취업을 못 한 상태이고, 재취업을 위한 노력에 적극적이어야 하며, 이직 사유가 비자발적이어야 한다. 상병급여란 구직급여를 받는 근로자가 질병이나 부상으로 7일 이상 구직 활동을 할 수 없을 때 생활 안정을 위해 지급하는 급여이다. ④, ⑤ 고용 안정 사업과 직업능력개발 사업의 내용은 고용 창출 지원, 고용 조정 지원, 고용 촉진 지원, 사업주 지원, 근로자 지원, 건설 근로자 고용 지원, 건설 근로자 직업능력개발 지원 등이다.

04 ⑤ (마) 시기까지 취업을 못 하였을 때, 생계가 곤란한 경우나 직업 훈련이 계속 필요할 경우에는 구직급여의 70%에 해당하는 연장급여를 받을 수 있다. 상병급여는 구직 활동 중인 근로자가 질병이나 부상으로 구직 활동을 할 수 없을 때 받을 수 있다.

오답 피하기

(가) 실업급여의 수급 기간은 이직일 다음 날부터 12개월 이내이므로, 이직 후 바로 실업 신고를 하여야 한다. (다) 최초 실업 인정의 경우, 수급 자격 인정일로부터 7일간은 대기 기간으로 급여를 지급하지 않는다. (라) 구직 활동 기간 중 조기에 재취업할 때는 조기 재취업 수당, 광역 구직 활동 시에는 광역 구직 활동비, 취업으로 이사할 때는 이주비를 받을 수 있다.

03 산업안전과 재해예방

Step A 실력 점검 문제

본문 108~109쪽

01 안전사고	**02** ⑤	**03** ②	**04** ③
05 ⑤	**06** 산업 재해	**07** ②	
08 손실 우연의 원칙	**09** ⑤	**10** ①	**11** ③
12 ③			

02 작업 전에는 항상 안전 점검을 해야 하므로 휴식 시간 후 다시 작업을 시작할 때도 안전 수칙을 준수해야 한다. 휴식 시간에 다른 근로자가 전원을 켤 수도 있기 때문이다.

03 건설업은 높은 곳에서 작업하는 경우가 많아 떨어지는 사고가 자주 발생한다. 또한, 재해가 발생하면 인명이나 재산상의 피해가 다른 산업에 비해 크다.

04 안전사고는 불안전한 상태(복장이나 보호구가 결함이 있는 경우)와 불안전한 행동(운전 중에 기계를 청소하거나 정비하는 경우)과 같은 직접적 원인에 의해서 발생하는 경우가 대부분이다.

05 기계의 구조나 부품에 사용된 재료 등이 부적합한 경우는 안전사고의 간접적 원인 중에서 기술적 원인에 해당한다.

07 재해 발생 시 처리 절차
피해가 커지지 않게 조치 → 재해자 구출 → 재해자 응급조치와 동시에 재해자의 상황에 따라 119 구급대나 병원에 연락하여 재해자 긴급 후송 → 관리 감독 책임자에게 사고 상황 보고 → 사고 조사가 끝날 때까지 현장 보전

08 산업 재해 예방 원칙은 손실 우연의 원칙, 원인 연계의 원칙, 예방 가능의 원칙, 대책 선정의 원칙이 있다.

09 5단계(시정책 적용)는 4단계에서 선정한 기술적, 교육적, 관리적 시정책을 적용해야 한다. 전 종업원이 참여할 수 있는 안전 조직을 구성하는 것은 1단계(안전 관리 조직)에서 이루어져야 한다.

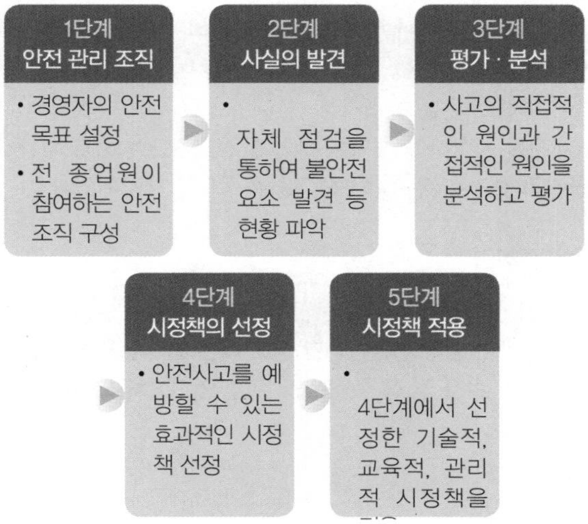

▲ 하인리히의 사고 예방 5단계

10 중대 재해의 기준
- 1명 이상 사망
- 부상자 또는 직업성 질병자가 동시에 10명 이상 발생
- 3개월 이상 요양이 필요한 부상자가 동시에 2명 이상 발생

11 산업 재해의 분류
- 업무상 사고: 작업 시간 · 출퇴근 · 출장 · 행사 중 사고, 천재지변에 의한 사고, 시설물 결함에 의한 사고 등
- 업무상 질병: 업무 수행 과정에서 화학물질 · 분진 · 병원체 · 신체에 부담을 주는 업무 등으로 인해 발생하는 질병, 업무 중 부상으로 발생한 질병, 그 밖에 업무와 관련하여 발생한 질병 등

12 산업재해보상보험급여의 종류
- 요양급여: 치료비, 간병비 등
- 휴업급여: 요양 기간에 대한 임금 보전
- 장해 및 간병급여: 후유 장해에 대한 급여와 장해 때문에 간병에 드는 비용
- 상병보상연금: 장기 요양근로자에 대한 휴업급여
- 유족급여: 사망자의 유족에 대한 급여
- 장의비: 장례를 치르는 데 드는 비용

Step B 수능 대비 문제

본문 110~111쪽

01 ④　02 ④　03 ④　04 ④

01 ㉠ 제시된 자료는 대부분 근로자가 산업 현장에서 공통으로 준수해야 할 일반 안전 수칙이다. ㉢ 산업의 종류나 작업 공정에 따라 안전 수칙은 달라질 수 있다. 각 산업 현장에서는 기계 설비, 원재료, 작업 환경 등을 고려하여 산업별(작업별) 안전 수칙을 따로 마련하고 있다. ㉣ 산업안전보건법은 산업안전·보건에 관한 기준을 확립하고 그 책임의 소재를 명확하게 하여 산업재해를 예방하고 쾌적한 작업 환경을 조성함으로써 근로자의 안전과 보건을 유지·증진함을 목적으로 제정되었다.

오답 피하기

㉡ 산업 현장에서 발생하는 안전사고의 직접적 원인은 인간의 불안전한 행동과 불안정한 상태 때문이다. 불안정한 상태로는 작업 환경 및 생산 공정의 결함, 안전장치의 결함 등을 들 수 있다.

02 ④ 안전관리 부서는 현장을 확인한 후에 현장이 훼손되지 않도록 접근 금지 등의 표시를 해야 한다. 현장을 즉시 정리하기보다는 사고 원인을 명확하게 밝히는 것이 우선이다.

업무상 사고로 인한 재해	• 작업 시간 중 사고 • 천재지변 · 화재에 의한 사고 • 작업 시간 외 사고 • 출퇴근 도중의 사고 • 출장 중 사고 • 행사 중 사고 • 제삼자에 의한 사고 • 요양 중 사고
업무상 질병	• 업무 중 화학물질 · 분진 · 병원체 · 신체에 부담을 주는 업무 등으로 인해 발생하는 질병 • 업무 중 부상으로 발생한 질병 • 기타 업무와 관련하여 발생한 질병
과로사	• 돌발적이고 예측이 곤란한 정도의 긴장 · 흥분 · 공포 · 놀람 등과 같은 급격한 작업 환경의 변화로 인해 사망한 경우 • 업무의 양이나 시간 · 강도 · 책임감 등 업무상 부담이 증가하여 육체적 또는 정신적 과로를 유발한 경우 • 업무 수행 중 뇌출혈 등이 발병하여 사망한 경우

▲ 산업 재해의 종류

03 제3단계는 재해의 직접적인 원인인 불안전한 행동(인적 원인)과 불안전한 상태(물적 원인)에 관한 것이다. ④ 업무 처리를 위해 회사를 나오던 중 민원인으로부터 폭행을 당한 경우는 제삼자에 의한 사고로서, 재해의 직접적인 원인에 해당하지 않는다.

오답 피하기

①, ③은 불안전한 행동에 의한 재해이고, ②, ⑤는 불안전한 상태에 의한 재해이다. 불안전한 행동과 상태는 재해의 직접적인 원인에 해당한다. 이밖에 재해의 간접적인 원인으로 기술적 원인, 교육적 원인, 신체적 원인, 정신적 원인, 관리적 원인 등이 있다.

불안전한 행동 (인적 원인)	불안전한 상태 (물적 원인)
• 위험한 상태를 방치하는 경우 • 기계나 기구를 잘못 사용하는 경우 • 위험물 취급 요령을 따르지 않은 경우 • 무리하게 기계의 속도를 높여 작업하는 경우 • 운전 중에 기계를 청소하거나 정비하는 경우 • 안전 대책이 없이 위험한 장소에 접근하는 경우 • 복장이나 보호구의 용도에 맞게 사용하지 않은 경우	• 기계 설비의 결함이 있는 경우 • 생산 공정의 결함이 있는 경우 • 복장이나 보호구가 결함이 있는 경우 • 가공하려는 자재 등이 결함이 있는 경우 • 조명 시설의 고장과 같은 작업 환경의 결함이 있는 경우 • 전기톱의 덮개 등과 같은 안전 방호 장치가 결함이 있는 경우 • 기계 배치로 인해 작업 공간이 좁거나 작업장 바닥에 콘센트 등 돌출물이 있는 경우

▲ 산업 재해의 직접적인 원인

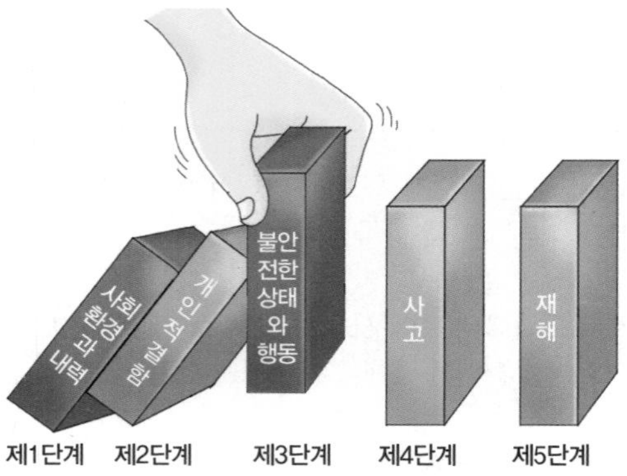

▲ 하인리히의 재해 이론

04 ④ 심야와 새벽에 사고 발생 빈도가 낮은 것은 근로자의 정신력 문제가 아니고, 작업장에서 일하는 근로자의 숫자가 적기 때문이라 볼 수 있다.

오답 피하기

①, ② 오전 10시~12시, 오후 2시~4시 사이는 반복된 작업이나 장시간 작업으로 근로자가 정식적 · 신체적으로 피로해지는 시간이다. 근로자의 피로가 쌓이면 사고 발생 위험이 커지고 재해 발생 빈도도 높아질 것이다. ③ 오후 10시부터 다음날 오전 6시 사이에 재해 발생률이 낮은 것은 작업장에서 일하는 근로자 수가 적기 때문일 것이다. ⑤ 작업장에는 안전사고의 위험이 항상 존재하므로, 안전 관리에 최선을 다해야 한다.

04 협력적인 노사관계

Step A 실력 점검 문제

본문 114~115쪽

01 개별적, 집단적 **02** (1) ○ (2) ○ (3) × **03** ②
04 ① **05** ④ **06** 노동조합, 사용자 단체
07 ② **08** ① **09** 노사 문화 **10** ⑤
11 ④ **12** ②

02 사용자는 인사권, 경영권, 직장폐쇄권을 행사할 수 있다.

04 노동 3권은 단결권, 단체교섭권, 단체행동권을 말한다.

05 노동조합은 근로자가 주체가 되어 근로자의 사회적 지위 향상을 목적으로 만든 단체이다.

07 노동 입법 등과 관련하여 근로자의 의견을 대변하는 역할을 하는 것은 노동조합이다.

08 기업의 윤리 경영과 고용 안정에 대한 문제는 노동조합과 사용자가 협력하여 해결해야 한다.

10 상생의 노사 협력 목표 달성을 위한 방법에는 신뢰 구축, 노사 리더십, 공동체 문화 형성, 열린 경영, 생산성 향상, 교육 훈련 등이 있다.

11 근로 조건의 개선을 통해 노사가 함께 기업의 경쟁력을 높이는 것이 바람직하다.

Step B 수능 대비 문제

본문 116~117쪽

01 ⑤ **02** ④ **03** ② **04** ①

01 ⑤ 근로자와 사용자는 이해관계에 있어 대립적 관계를 형성하지만, 상호 이익 증진을 위해서는 양보하고 타협하며 협력하는 관계이기도 하다. 노사 양측이 협력과 조화를 통해 생산성 향상을 이루어갈 때, 고용 안정과 기업의 지속적 발전도 가능한 것이다.

오답 피하기

① 정부, 근로자, 사용자는 노사관계를 형성하는 주체이다. ② 좁은 의미의 노사관계는 근로자와 근로자로부터 노동력을 제공받고 임금을 주는 사용자와의 관계를 가리키지만, 넓은 의미의 노사관계는 사용자와 근로자 그리고 정부와의 상호관계를 모두 포함한다. ③ 근로자는 헌법과 법률에 따라 노동 3권(단결권, 단체교섭권, 단체행동권)을 보장받으며, 노동조합을 결성하여 사용자와 교섭할 수 있다. ④ 사용자는 경영권을 행사하여 기업을 유지 · 발전시키는 데 힘쓰며, 노동자와 대립이 격화될 때는 직장폐쇄권을 행사하기도 한다.

02 회사는 근로자 대표나 노동조합에 당면한 어려움을 허심탄회하게 설명하고, 함께 문제를 풀어갈 것을 요구해야 한다. 또한, 근로자(노동조합)의 요구 사항을 적극적으로 검토하고 반영하여 고용 안정을 보장하고, 노사가 상호 협력하여 해결 방안을 마련해야 한다.

오답 피하기

㉠ 직장 폐쇄는 근로자의 쟁의에 대한 사용자의 대항적 쟁의 행위이다. 그러나 사용자가 근로자와 대화나 타협 없이 일방적으로 직장을 폐쇄할 경우 노사 대립을 더욱 격화시킬 수 있다. 따라서 직장 폐쇄는 최대한 신중하게 결정해야 한다. ㉢ 사용자는 정리 해고 전에 고용 유지에 최선을 다하고, 근로자(노동조합)와 협력하여 문제를 해결하려는 노력을 기울여야 한다. 또한, 경력이 많은 근로자부터 정리 해고하는 것은 부당해고에 해당할 수 있다.

03 ㉠ 노동조합은 노동자와 마찬가지로 노동 3권(단결권, 단체교섭권, 단체행동권)의 주체로서 활동한다. 노동 3권은 근로자가 사용자와 동등하게 협상할 수 있도록 헌법으로 보장된 기본권이다. ㉡ 노동조합은 근로 조건의 유지 · 개선, 근로자의 경제적 · 사회적 지위 향상 등을 목적으로 활동한다. ㉣ 노동조합의 가장 중요한 역할이라 할 수 있다.

오답 피하기

㉢, ㉤ 한국경영자총협회(경총), 전국경제인연합회(전경련) 등은 사용자의 입장을 대변하는 사용자 단체이다. 사용자 단체는 내부 규율을 정하여 분쟁 등에 대한 대응과 단체 교섭 등을 한다. 또한, 노동 관련 법률을 만들 때 사용자들의 입장을 정치적으로 대변한다.

04 ① 노사 간의 갈등과 대립보다는 상호 신뢰와 협력을 통해 형성할 수 있다.

오답 피하기

② 상생의 노사 문화를 이룩하기 위해서는 노사 간 갈등을 조절하고 협력해야 한다. 즉, 노사 간 단체교섭, 단체 협약 및 경영 참가제, 노사 협의제 등과 같은 노사 협력 제도의 도입이 필요하다. ③ 도표에서 표시된 것처럼 근로자(노동조합)의 응집력과 세력이 약하고 생산량만 강조되면 근로자의 정당한 권리가 외면되고, 반대로 근로자(노동조합)의 응집력과 세력이 강하고 생산량이 적어지면 기업 경영에 어려움이 생길 수 있다. ④ 상생의 노사 협력 목표는 노사관계에서 사용자와 근로자가 가능한 많은 것을 합리적으로 얻는 것이다. 목표를 달성하기 위해서는 신뢰 구축과 생산성 향상, 노사 대표의 리더십, 열린 경영, 공동체 문화, 교육과 훈련 등 적어도 한 개 이상의 공동 목표를 가지고 이를 달성하는 방법을 모색해야 한다. ⑤ 상생의 노사 문화를 가진 기업은 단순히 명맥을 유지하는 데 그치지 않고 교육 훈련 등의 인적자원에 대한 투자를 늘리고 높은 성과를 지속해서 내는 장수 기업으로 발전할 수 있다.

대단원 마무리 문제

본문 118~119쪽

01 ④ **02** ③ **03** 간접 고용
04 (1) ㉠, (2) ㉡, (3) ㉣, (4) ㉢ **05** ③ **06** ②
07 ④ **08** 인적, 물적 **09** ⑤ **10** ④
11 ③ **12** ②

01 ④ 휴업 수당은 사용자의 책임으로 일을 계속하지 못하는 근로자에게 지급하는 수당으로, 근로자의 불이익을 최소화하려는 조치이다.

02 ③ 사용자는 회사의 사정이 어렵다고 해서 근로자를 일방적으로 해고할 수 없다. 근로자는 사용자가 근로 조건을 위반하면 손해배상 및 부당해고 구제 신청을 할 수 있다.

06 공공 고용서비스를 제공하는 기관은 한국고용정보원, 고용센터 등이 있고, 민간 고용서비스를 제공하는 업체는 직업소개소 사업체, 직업 정보 제공 사업체, 근로자 모집 사업체, 근로자 공급 사업체, 근로자 파견 사업체 등이 있다.

07 ①, ②, ③, ⑤는 고용보험 제도에 해당한다. ④ 국가직무능력표준(NCS)은 산업 현장에서 직무 수행에 필요한 지식, 기술, 태도 등의 내용을 국가에서 체계화한 것이다.

09 ①은 요양 중 사고, ②는 천재지변에 의한 사고, ③은 행사 중 사고, ④는 출퇴근 도중의 사고로서, 모두 업무상 사고로 인한 재해에 해당한다. ⑤는 범죄 행위이므로, 업무상 사고로 인한 재해에 해당하지 않는다. 즉, 업무 수행 중에 부상, 장해, 사망 등의 재해를 당했더라도 그 원인이 근로자의 고의나 자해 행위, 혹은 범죄 행위에 해당한다면 업무상 사고로 인한 재해로 볼 수 없다.

10 ④ (라) 산업재해에 관한 보험급여 사항을 심사하고, 지급 여부를 결정하는 기관은 근로복지공단이다.

11 노사 간 갈등으로 근로자가 파업하게 되면 회사가 정상적 영업을 할 수 없게 되어 수익이 줄어들 뿐만 아니라, 국민에게 불편을 주고 국가 경제와 사회 전반에 악영향을 미칠 수 있다. 또한, 국내외 시장의 소비자에게 제품이나 서비스를 제때에 제공할 수 없게 되어 기업의 이미지가 나빠지고 기업 가치가 크게 하락할 수 있다. 반면에 노사 협력이 잘 되는 기업은 노사관계가 안정되어 기업의 실적이 좋아지고 기업의 경쟁력이 향상된다.

Ⅵ 직업윤리와 직업 사회

01 사회 문제와 직업윤리

Step A 실력 점검 문제

본문 124~125쪽

01 ㉠ 직업윤리, ㉡ 윤리적 의사결정 **02** ② **03** 공동체 윤리 **04** ⑤ **05** ② **06** 보편성의 원칙 **07** ④ **08** ⑤ **09** ⑤ **10** ② **11** ② **12** 개인윤리적 방안

02 윤리적인 인간은 자신의 이익보다는 공동의 이익을 우선하는 사람이다.

03 근로 윤리와 공동체 윤리
- 근로 윤리: 일에 대한 존중, 근면 성실하게 업무에 임해야 할 의무
- 공동체 윤리: 인간 존중을 바탕으로 봉사하고 책임, 준법정신을 준수하며 업무 중 접하게 되는 사람들에게 예의 바른 태도로 대하는 것

04 윤리적 의사결정의 4대 원칙
- 보편성의 원칙: 의사결정에 의해 영향을 받는 사람들이 모두 받아들일 수 있는 선택인가?
- 공개성의 원칙: 의사결정의 기준이 공개되더라도 떳떳할 수 있는가?
- 공정성의 원칙: 사람과 상황에 대한 처리가 공정하고 임의적이지 않은가?
- 불가피성의 원칙: 같은 상황에서 누가 결정을 하더라도 똑같은 선택을 할 수밖에 없었는가?

05 사람은 사회적인 동물이므로 다른 사람들과의 관계가 매우 중요하다. 이러한 관계를 유지하기 위해서는 다른 사람이 전하는 말이나 행동이 사실일 것이라는 믿음이 있어야 한다.

07 문제에서는 공자의 정명사상(正名思想)을 설명하고 있다.
- 예치주의(禮治主義): 인간의 욕구는 예(禮)를 통해 자제되어야 더 큰 만족을 얻을 수 있다.
- 성실재근(成實在勤): 성공의 열매는 부지런함에 있다.
- 인의예지(仁義禮智): 맹자(孟子)가 주창한 인간의 도덕성에 관한 말
- 겸양지덕(謙讓之德): 겸손하게 사양하는 미덕

08 일반적으로 직업윤리가 개인윤리에 포함되지만, 가끔은 충돌하기도 한다.

09 윤리적 의사결정 기준
- 목표: 최대 다수를 위한 최대 이익인가?
- 규칙: 모든 사람이 동일한 행동을 한다면 어떻게 될 것인가?
- 관계: 내가 대우받고자 하는 대로 다른 사람을 대우하는가?

11 직업윤리의 5대 원칙
- 공정경쟁의 원칙: 법규를 준수하고 공정하게 행동하는 원칙
- 고객 중심의 원칙: 고객에 대한 봉사를 최우선시하는 원칙
- 객관성의 원칙: 모든 일을 숨김없이 투명하게 처리하는 원칙
- 정직과 신용의 원칙: 본분과 약속을 지켜 신뢰를 유지하는 원칙
- 전문성의 원칙: 업무에 대한 전문가로서의 능력과 의식을 갖는 원칙

Step B 수능 대비 문제

본문 126~127쪽

01 ③ **02** ④ **03** ② **04** ④

01 ③ 잘못된 직업윤리가 사회 전반으로 확산할 경우 국가 신용도에 악영향을 주고 국가 경쟁력까지 약화될 수 있다.

오답 피하기

① 진정한 직업적 성공은 부와 명예, 그 이상의 자부심과 긍지, 소명의식과 봉사의식을 포함하는 것이다. ② 오늘날 평생 직장의 개념이 사라지면서 소명의식이나 천직의식 등이 희미해지고 있다. ④ 세계화, 정보화 등으로 다른 사람과의 상호 작용이 확대됨에 따라 직업윤리의 중요성은 더욱 커졌다. ⑤ 최근에는 직업을 선택할 때 남녀의 경계가 허물어지고 있다. 전통적으로 여성의 직업이라 여겼던 간호사나 승무원으로 일하는 남성이 늘어났고, 반대로 남성의 직업이라 여겼던 군인이나 경찰에 지원하는 여성도 크게 늘었다.

02 ④ 사회 변동에 따라 가치관이 변화하고, 과학 기술의 급격한 발전으로 새로운 사회 문제가 발생함에 따라, 직업윤리의 내용과 우선순위가 달라질 수 있다.

오답 피하기

① 복잡해지는 사회와 직업 구조 속에서 신용과 정보의 정확성, 상호 관계의 연계성 등이 더 강조되는 중이므로 개인이 사회 구성원으로서, 특히 직업이라는 사회적 경제적 활동에서 책임져야 하는 윤리적 의무가 더 중요해지고 있다. ② 대학생은 외국어 능력을 중요하게 생각하였다. 외국어 능력은 직업생활에 필요한 직무능력에 해당한다. ③ 예를 들어 공무원 · 교사 · 환경미화원 등에게 우선적으로 요구되는 직업윤리가 성실이라면, 디자이너 · 만화가 · 게임기획자 등은 창의성, 의사 · 소방관 등에게는 책임감이 우선적인 직업윤리라 할 수 있다. 이처럼 직업에 따라 강조되는 윤리의 덕목은 다를 수 있다. ⑤ 은행원이 거래의 비밀을 누설한다거나 신용거래의 원칙을 깨어 버릴 때 어떻게 될지 상상해 본다면 기업 인사 담당자들이 왜 직업윤리를 인사 선발 기준의 1순위로 생각하는지 알 수 있을 것이다.

03 제시된 글은 극한 상황에서도 선장으로서의 본분을 잊지 않았던 리처드 필립스의 직업윤리를 조명하였다. 따라서 이 글과 관계있는 탐구 주제는 '직업윤리와 책임의식'이라고 할 수 있다.

오답 피하기

① 기업가정신(entrepreneurship)은 위험을 무릅쓰고 새로운 기회와 가치를 추구하는 것을 말한다. 즉, 미래의 불확실성과 높은 위험에도 불구하고 주도적으로 기회를 포착하고 도전하며 혁신 활동을 통해 새로운 가치를 창조하는 것이다. ③ 산업안전은 직업 현장에서 준수해야 할 안전 수칙에 관한 것이고, 근로관계는 근로자가 회사, 고용주 등과 맺는 직업적 관계를 의미한다. ④ 산업 재해는 근로자가 일하다가 다치거나 사망 또는 질병에 이르는 것을 말한다. 산업 현장에서는 산업 재해가 발생하지 않도록 철저히 예방하고, 발생 시에는 그 피해를 최소화하도록 신속하고 정확하게 처리하여야 한다. ⑤ 제시문은 직업적 성공과는 거리가 먼 내용이다.

04 제시된 지문은 직업윤리, 윤리경영, 개인윤리적 방안, 사회윤리적 방안 등 모든 쟁점과 관련이 있다. 그런데 글의 핵심은 직장에서 근무하는 직업인으로서 개인윤리적 방안과 사회윤리적 방안 사이에서의 갈등이라 할 수 있다. 직업생활 중 다양한 윤리적 갈등이나 문제가 발생할 때, 자신의 양심이나 태도의 선택으로 그 해결책을 찾는 것을 개인윤리적 방안이라 하고, 직업생활 중 발생하는 문제의 원인과 처방을 사회, 구조, 정책적 관점에서 접근하는 것을 사회윤리적 방안이라 한다. 이 글의 화자는 두 방안 사이에서 갈등하고 있다.

02 미래의 직업 사회

Step A 실력 점검 문제

본문 130 ~ 131쪽

01 ⑤ **02** ④ **03** ③ **04** 4차 산업혁명
05 ① **06** ③ **07** ③
08 ㉠ 65, ㉡ 14, ㉢ 65, ㉣ 20 **09** ②
10 유연 근무제 **11** ① **12** ②

01 직업생활의 방향은 개성과 개인 생활의 존중으로 바뀌고 있다.

02 인구 구조는 65세 이상의 노인 인구가 증가하고, 1~2인 가구의 수가 늘어나는 추세이다.

03 과학 기술의 발달로 인해 기계와 로봇으로 대체 가능한 단순 노동 직업의 수요가 줄어들 것이다.

05 미래에는 한 직장에 소속되기보다는 여러 직장의 경계를 넘나드는 무경계 경력이 증가할 것이다.

06 미래에는 개인의 이력을 활용하여 원하는 일이나 일하는 방식을 스스로 정하는 경우가 많아질 것이다.

07 산업 구조의 변화로 인해 제조업 종사자는 줄고, 서비스업 종사자는 늘고 있다.

08 UN 기준으로 65세 이상 노인 인구 비율이 7% 이상이면 고령화 사회, 14% 이상이면 고령 사회, 20% 이상이면 후기 고령 사회(초고령 사회)로 분류한다.

11 저출산 현상으로 인한 경제 활동 인구 감소와 세계화 추세가 맞물려 외국인 근로자와 다문화 관련 직업은 증가할 전망이다.

12 생산자와 소비자가 온라인과 모바일을 통해 직접 거래하는 경우가 늘어나면 도 · 소매 업체 등 중간 상인의 수는 줄어들 것이다.

Step B 수능 대비 문제

본문 132~133쪽

01 ⑤ **02** ③ **03** ② **04** ⑤

01 ⑤ 대량 생산 체제를 기반으로 한 양적 성장 대신에 여가와 삶의 질을 중요시하게 되었다.

오답 피하기

① 국가 간 교류의 증가로 경제 활동의 형태와 방식이 변화하고 있고, 정보화 사회로 진입하면서 전 세계 지식이 공유되어 국가 간 경쟁이 치열해지고 있다. ② 고령화 사회로 접어들면서 개인의 경제 활동 기간이 연장되어 평생 한 직장에 머무르지 않고 직장과 직업을 여러 번 바꿀 수 있게 되었다. ③ 단순 노동의 직업들은 기계로 대체됨으로써 사라져 가고 있으며, 사회적 변화에 따른 다양한 직업이 새롭게 등장하고 있다. ④ 여가와 삶의 질을 우선시하는 가치가 중요시되면서 직업인들은 프리랜서나 시간의 자유를 누리는 직종을 선호하게 되었고, 서비스 · 관광 · 레저 등의 산업도 활성화되고 있다.

02 ㉡ 화석 연료 과다 사용에 따른 자원 고갈과 환경 오염 문제가 심각하게 대두하고 있으므로, 미래에는 화석 연료를 대체할 신재생 에너지 관련 산업이 발전할 것이다.
㉢ 컴퓨터를 통해 구현하는 가상 현실 기술이나 가상 공간과 현실 공간을 결합한 증강 현실 기술이 직업 영역으로 확대되어 실용화할 것이다.
㉣ 세계화의 확대로 프로젝트를 따라다니며 한 도시 또는 국가에서 일정 기간 머물다가 다른 도시 또는 국가로 이동하는 전문직 직업인이 증가할 것이다.

오답 피하기

㉠ 향후 인공 지능을 지닌 로봇이 여러 분야에서 인간을 대신하겠지만, 모든 분야에서 인간을 대신하지는 못할 것이다. 오히려 인공 지능 로봇이 위험하고 힘든 일이나, 단순 계산 업무 등을 맡게 되면, 인간은 정신적 · 문화적인 분야에서 한층 창의성을 발휘할 수 있을 것이다. ㉤ 정보 통신 기술의 발달은 창의성과 아이디어를 갖춘 소규모 기업이나 1인 기업의 성장을 촉진할 것이다.

03 ② 첨단 과학 기술이 발달한 4차 산업 혁명 시기에는 인공 지능 로봇, 3D 프린터 등의 보급으로 인간이 할 수 있는 일이 점점 줄어들 것이다. 이에 따라 많은 사람이 전일제 근로자가 아니라 임시직이나 시간제 일자리, 용역 계약자로 근무하게 될 것이다. 이러한 상황에서는 평생직장의 개념이 사라지고 평생 취업이 대세가 될 것이다.

오답 피하기

① 전통적 출퇴근 방식 대신에 원격 사무실 근무, 재택근무 방식이 일반화될 것이다. ③, ④ 정보 통신 기술, 인공 지능, 사물 인터넷(IoT : Internet of Things) 등의 발달로 인간의 생활과 소통 방식이 크게 달라질 것이다. ⑤ 4차 산업 혁명은 2차 지식 정보 혁명이라고도 할 수 있는데, 이러한 지식 정보 혁명은 빅 데이터를 바탕으로 이룩할 수 있다.

04 ⑤ 유목민처럼 전 세계를 돌아다니면서 일하는 잡 노마드(job nomad)가 증가할 것이다.

오답 피하기

① 한 분야를 깊이 아는 전문가보다는 여러 분야에 걸쳐 폭넓고 깊은 전문 지식을 갖춘 인재의 중요성이 커질 것이다. 또한, 혁신적 · 창의적인 부가가치를 창출할 수 있는 지식 근로자가 환영받는 등 인재상이 변할 것이다. ② 단순 기능직은 줄고 전문직과 서비스직은 늘어나면서 새로운 직업이 많이 증가할 것이다. ③ 평생직장과 완전 고용의 개념이 사라지고 평생 직업이나 평생 취업의 개념이 강화될 것이다. ④ 정보 통신 기술, 지식 산업 등에 바탕을 둔 소규모 기업, 1인 기업들이 중심이 되어 새로운 직업을 창출할 것이다.

대단원 마무리 문제

본문 134~135쪽

01 ⑤ **02** ⑤ **03** (1) ㉢, (2) ㉠, (3) ㉡
04 윤리적 의사결정 **05** ⑤ **06** ③
07 개인윤리적, 사회윤리적 **08** ④ **09** ⑤
10 ② **11** 고령화, 고령, 후기 고령(초고령)
12 ⑤ **13** ②

01 직업윤리의 덕목은 직업생활과 사회생활에서 기본적으로 갖추어야 할 마음가짐이나 태도를 말한다. 직업윤리의 덕목으

로는 소명 의식, 전문가 의식, 직분 의식, 천직 의식, 봉사 의식, 책임 의식 등을 들 수 있다.

02 모든 직업에는 공통으로 요구되는 윤리 원칙이 있다. ① 공정 경쟁의 원칙, ② 전문성의 원칙, ③ 고객 중심의 원칙, ④ 객관성의 원칙 그리고 정직과 신용의 원칙 등이다.

03 (1)은 순자의 예치주의, (2)는 공자의 정명사상에 관한 것이다. (3) 맹자는 살아갈 수 있는 일정한 재산이나 생업을 의미하는 항산(恒産)의 중요성을 강조하였다.

05 직업인으로서 지켜야 할 윤리적 범주에는 근로 윤리와 공동체 윤리가 있다. 근로 윤리란 근면, 성실, 정직하게 일해야 할 의무를 말한다. 또 공동체 윤리란 인간 존중을 바탕으로 봉사하고 책임지며, 준법정신을 준수하고 업무 중 접하게 되는 사람들에게 예의 바른 태도로 대하는 것이다.

06 비례성의 원칙(과잉금지의 원칙)은 국민의 기본권 보장을 위한 법적 원칙이며, 윤리적 의사결정 원칙과 거리가 멀다. 이는 국민의 기본권을 제한할 경우 국가 작용의 한계를 명시한 것으로, 목적의 정당성, 수단의 적합성, 침해의 최소성, 법익의 균형성 등의 요건을 갖추어야 한다.

08 직업윤리의 5대 원칙에는 객관성의 원칙(숨김없이 투명하게 처리하는 것), 전문성의 원칙(업무에 대한 전문가가 지녀야 할 능력과 의식을 갖는 것), 공정경쟁의 원칙(법규를 준수하고 공정하게 행동하는 것), 고객 중심의 원칙(고객에 대한 봉사를 최우선하는 것), 정직과 신용의 원칙(본분과 약속을 지켜 신뢰를 유지하는 것) 등이 있다. ④ 업무 중심이 아니라 고객 중심이어야 한다.

09 직업생활 중 발생한 갈등이나 문제 중에서 ①, ②, ③, ④는 자신의 양심이나 태도로 해결할 수 있으므로 개인윤리적 방안의 대상이다. 한편, ⑤는 개인의 도덕적 판단이나 양심의 차원을 넘어 제도적 차원에서 해결해야 하므로, 사회윤리적 방안의 대상이다.

10 ② 산업 사회에서는 대량 생산을 추구하였으나, 지식 정보 사회에서는 다양한 소비자의 욕구를 충족하기 위하여 다품종 소량 생산이 주로 이루어질 것이다.

12 저출산이 계속되면 학령 인구와 학급당 학생 수가 감소하고, 고령화가 급속하게 진행되면 경제 활동 인구가 감소하여 여성과 노인의 경제 활동 참여가 늘어나고 노동 시장이 유연해진다. 경제 활동 인구의 감소는 국가의 경제적 활력을 떨어뜨려 비정규직 일자리가 확대되고, 청년 실업이 증가하게 된다. 노동 시장의 변화는 재택근무의 확산, 프로젝트별 고용, 글로벌 취업 경쟁 심화, 유연 근무제 확산 등을 촉진하게 된다.

13 ② 오늘날 개인주의가 심화하고 1인 가구가 급증하는 반면, 공동체 의식은 점차 사라지고 있다. 이러한 경향은 앞으로도 계속될 것으로 보인다.

발 행 일	2023년 4월 20일
저　　자	교재연구회 저
발 행 인	신재석
발 행 처	**(주) 삼양미디어**
등록번호	제10-2285호
주　　소	서울시 마포구 양화로 6길 9-28
전　　화	02-335-3030
팩　　스	02-335-2070
홈페이지	**www.samyangM.com**
정　　가	10,000원
I S B N	978-89-5897-386-7(53300)